DES
MILIEUX
DE
TRAVAIL
À
RÉINVENTER

DU MÊME AUTEUR

Vers un nouveau pouvoir, Montréal, H.M.H., 1969
Nationalisme et religion, 2 vol., Montréal, Beauchemin, 1970
Stratégies sociales et nouvelles idéologies, Montréal, H.M.H., 1971
Nouveaux modèles sociaux et développement, Montréal, H.M.H., 1972
Symboliques d'hier et d'aujourd'hui, Montréal, H.M.H., 1973
Le privé et le public, Montréal, Leméac, 1974
Des milieux de travail à réinventer. Un cas type, Montréal, P.U.M., 1975

DES MILIEUX DE TRAVAIL À RÉINVENTER

JACQUES GRAND'MAISON

1975
LES PRESSES DE L'UNIVERSITÉ DE MONTRÉAL
C. P. 6128, MONTRÉAL 101, CANADA

CET OUVRAGE A ÉTÉ PUBLIÉ GRÂCE À UNE SUBVENTION ACCORDÉE PAR LE CONSEIL CANADIEN DE RECHERCHE EN SCIENCES SOCIALES ET PROVENANT DE FONDS FOURNIS PAR LE CONSEIL DES ARTS DU CANADA.

ISBN O 8405 0 272 9
DÉPÔT LÉGAL, 2ᵉ TRIMESTRE 1975 —
BIBLIOTHÈQUE NATIONALE DU QUÉBEC

Qu'on pense en termes d'expériences quotidiennes ou de grandes questions politiques, le travail reste un référent majeur de la vie concrète des hommes. Bien sûr il ne tient pas la même place dans les différentes échelles de valeurs des familles idéologiques modernes. Alors comment nier sa position privilégiée au cœur de la lutte pour le pain et la vie, au milieu des combats sociaux, économiques et politiques ? Les nombreux conflits de travail constituent une trame importante du débat public. Pouvoirs anciens et nouveaux s'affrontent sur ce terrain. Dans un congrès récent, la Centrale des syndicats nationaux rappelait que le travail quotidien est le lieu le plus proche, le plus permanent de la lutte démocratique à la portée de la majorité des citoyens. C'est dans cette aire que se renouvelle, sous des formes inédites, le même vieux taylorisme désormais diffusé dans toutes les institutions de la société. Situer le problème à ce niveau, c'est vraiment regarder les choses à partir de la base sociale la plus visible et la plus vitale encore qu'il ne s'agisse pas d'en faire l'unique point de référence.

Albert Meister, dans son évaluation de l'autogestion yougoslave, nous révèle les limites des stratégies de réorganisation de travail dans les unités locales, ou même dans les changements des grandes structures économico-politiques. Des questions redoutables demeurent : tels les rapports entre les travailleurs de la base, les experts et les dirigeants politiques ; tels les rapports entre le plan, l'instance idéologique et l'autogestion comme telle. On ne vainc pas non plus facilement les vieux modèles culturels d'aliénation, de soumission, de dépendance ou même de fatalisme. On n'avait pas prévu, par exemple, que la liquidation de certaines dominations ne résolvait pas le défi des « inégalités naturelles ». Celles-ci ressortent davantage dans un contexte poussé de démocratisation. Les plus intelligents, les plus habiles, les plus entreprenants inventent d'autres formes d'intérêts particuliers, d'autres formes de pouvoir. Et nous pourrions allonger cette liste des enjeux de la transformation du travail. Celle-ci coûte beaucoup de temps, d'énergie et d'argent. Elle implique aussi un bouleversement des autres secteurs sociaux : éducation, famille, habitat, services publics, loisirs, instances politiques, etc. Ici comme ailleurs, on ne s'entend pas sur les nouveaux rôles de l'État et des autres grandes institutions. Il nous faudra reprendre les mêmes interrogations dans notre propre régime économico-politique.

Toutes ces considérations nous ont amené à mieux cerner le contexte actuel sur quoi se fondent les questions nouvelles de l'organisation du travail. C'est un des principaux objectifs du présent ouvrage. Mais nous n'avons pas voulu en rester à cette approche englobante. Le travail lui-même fait ici l'objet d'une réflexion critique de type philosophique. On atteint forcément un tel palier quand on parle d'humaniser cette activité importante de la vie. L'humain dans le travail, c'est quoi au juste ? On glisse sur le sujet. On se limite à de vagues références. N'est-ce pas l'expérience de tant de discussions autour du problème ? Dans ce premier volume, nous suggérons un cadre de réflexion bien modeste, bien sommaire. Dans un deuxième sera mise à l'épreuve cette esquisse d'une philosophie du travail au sein d'une expérience concrète de réorganisation d'une usine.

INTRODUCTION

NOTRE DÉMARCHE ET SES LIMITES Un premier regard sur certaines expressions privilégiées dans notre société est déjà gros de toute une philosophie de la vie. Par exemple, « les biens de consommation » qualifient toute une façon de voir très répandue. On dira : j'*ai* du travail, des diplômes, de la santé, du plaisir. L'activité proprement humaine est résorbée dans une possession superficielle, en quelque sorte extérieure à l'homme, à son être, à sa dynamique de vie. Même le vouloir est substantivé, « chosifié », comme le note Y. Illich. L'éducation est un bien, une chose à acquérir et non une activité autolibérante, autoconstructrice de l'homme. Et que dire du travail devenu un pur instrument pour obtenir des biens de consommation. Le travail moderne a pris de plus en plus les caractéristiques de la machine. Chez bien des gens, il ne fait plus partie intégrante du projet de vie. Les centres d'intérêts humains sont ailleurs.

Au nom de la civilisation postindustrielle, d'aucuns croient que le travail a perdu ses lettres de noblesse. À quoi bon instaurer un procès des organisations industrielles, alors que le centre de gravité n'est plus là. Peu importe si l'activité laborieuse a été vidée de ses contenus humains, il faut chercher des solutions dans d'autres champs d'expérience.

Et pourtant, nous sommes encore dans un monde qui continue d'industrialiser et de commercialiser toutes les dimensions de la vie individuelle et collective. L'homme est plus industrialisé que jamais, et cela, selon des modèles de plus en plus aliénants. Les milieux de travail soumis aux nouvelles contraintes de l'administration programmée révèlent une insatisfaction croissante. Mauvaise utilisation de ces précieux apports technologiques ? Le problème est plus profond. Il appelle une critique non seulement politique, mais aussi philosophique. « L'homme est plus grand que ses œuvres », disait récemment G. Friedmann. Qu'arrive-t-il quand celles-ci l'écrasent ou lui enlèvent ce qu'il y a de plus cher dans son humanité ? Ne songeons pas uniquement au dossier noir des guerres incessantes, des pollutions sans retour. Ne nous limitons pas non plus aux servitudes de l'automobiliste dans le centre-ville, à la passivité du téléspectateur, à l'aliénation du travailleur à la chaîne. Il y a plus : l'exploitation de l'homme par l'homme, au travail comme ailleurs, la réification de la plupart des activités personnelles et sociales.

Nous ne rêvons pas l'homme « total » des sociétés primitives ou l'autosuffisance de la commune idéalisée. Il faut garder prise sur le pays réel. Que faut-il faire pour que l'outil lui-même n'échappe pas au contrôle de l'homme, pour vaincre une organisation qui fait de celui-ci un pur instrument ? Avouons d'abord que les robots de Huxley et de tant d'autres techno-futuristes ont la vérité de certaines caricatures. Même au moyen-âge on rêvait de fabriquer un homoncule en laboratoire, pour remplacer des serfs encore trop intelligents et critiques. D'une époque à l'autre, depuis la plus lointaine antiquité, les conceptions négatives du travail se sont imposées dans la plupart des cas. Les aspects positifs venaient de l'extérieur, par exemple, le succès matériel des efforts comme bénédiction divine chez les puritains. Il s'agissait toujours d'une vertu extra-déterminée. Déterminismes et conditionnements ont pris tout simplement d'autres visages. Le néo-behaviorisme d'un R. Skinner nous montre les énormes possibilités nouvelles de manipulation des hommes par des techniques sociales de plus en plus raffinées ; ce qui ajoute aux révélations inquiétantes des autres structuralismes scientifiques.

Vue sous l'un ou l'autre angle, la question du travail nous renvoie aux principaux défis de notre civilisation et plus profondément à nos conceptions de l'homme et de la société, au sens de l'agir humain, aux options fondamentales des aventures personnelles et collectives. Certains se contentent de viser une humanisation interne au travail sans accepter de critiquer les conditions structurelles et idéologiques qui aliènent le travailleur et son activité propre. D'autres se placent carrément dans une perspective politique, souvent de type révolutionnaire, où la libération du travail dépendra de l'instauration d'un nouveau système sociopolitique. Quelques-uns formulent des points de vue plus stratégiques. Tel ce syndicaliste qui disait récemment : « Le consomme et tais-toi est la règle d'or du néo-capitalisme. Nous ne nous résignons pas à ce que la finalité de la production reste ce qu'elle est. L'affranchissement de la pauvreté, les moyens de vivre à l'extérieur de l'entreprise, l'utilisation des loisirs ne sauraient masquer la nécessaire libération dans le travail, c'est-à-dire la démocratisation du processus de production. »

Le mouvement ouvrier a payé cher le dur combat qu'il a soutenu depuis les débuts de l'industrialisation. Se peut-il qu'on ait perdu en cours de route certaines pratiques et intentions du départ ? A-t-on compris le retournement philosophique et politique que Marx voulait opérer dans les vieux modèles culturels ? Nous pensons ici à la « praxis » vue comme modèle de connaissance et de transformation du monde. Tout le contraire de la fausse conscience idéologique dont se servaient les pouvoirs dominateurs pour maintenir des vieux modèles de soumission au cœur des rapports sociaux. Nous avons souvent fait le jeu des superstructures imposées en adoptant des réflexions critiques et des stratégies « d'en haut ».

Chez Marx, *l'expérience du travailleur, de son travail, de son milieu de vie offrait le premier terrain d'exercice de la dynamique historique, à la fois critique et créatrice, du monde ouvrier. D'où l'importance qu'il accordait à une démarche praxéologique capable d'articuler le vécu, l'action et la pensée, le savoir être, vivre, dire et faire collectif des travailleurs, l'expérience réfléchie, la conscience de classe et la création collective.* Bien sûr, nous ne retenons ici qu'un aspect de sa riche vision de l'homme et du monde qu'on a si souvent réduite dans l'une ou l'autre filière de nos descriptions modernes : sociologie, économie, politologie ou philosophie. Idéologue attardé, prophète du XXIe siècle, penseur éclectique, que n'a-t-on pas dit pour faire l'économie de cette praxéologie qui exige un retournement anthropologique radical. Et, c'est précisément par une réflexion critique sur les praxis de travail et sur les rapports sociaux correspondants que Marx a opéré un tel renversement de perspective.

Notre propre démarche emprunte à cette intelligence historique transformante, peut-être d'une façon bien maladroite. Les spécialistes des disciplines précitées, à tour de rôle, pourront nous servir de sévères critiques. Le terrain circonscrit de notre réflexion s'y prêtera fort bien. Nous n'avons pas évoqué ici le vieux Marx pour nous couvrir artificiellement et prétentieusement d'une grande autorité ou pour nous donner des petits airs de gauche. Nous savons notre propos très limité et très vulnérable. Il s'agit plutôt ici de signaler où nous avons trouvé cette dynamique de la praxis. Depuis longtemps, cette influence a joué sur notre façon de penser et d'agir. Nous avons découvert, dans de multiples expériences en milieux populaires, comment les praxis vécues étaient des lieux privilégiés d'une analyse, d'une pédagogie et d'une stratégie d'action inséparables. Évidemment, il existe d'autres voies de pensée et d'action. La diversité des sciences humaines en témoigne. Mais nous croyons qu'il faut toujours retourner à cette liberté concrète de l'expérience réfléchie, surtout quand on aborde des questions comme celles du milieu de travail, des praxis quotidiennes, des cadres familiers d'existence.

Est-ce nous condamner à de courts horizons ? Nous avons tenté d'éviter cette chausse-trappe en prospectant certains grands courants culturels qui commencent à féconder le sous-sol des milieux de vie. Cette gestation n'a pas encore produit des fruits visibles. Ce sont des intuitions, des aspirations, et même des anticipations qui n'ont pas encore des formes sociales ou politiques bien définies. Mentionnons ici quelques-unes de ces grandes tendances praxéologiques qui peuvent contribuer à inventer de nouveaux milieux de vie et de travail.

LES POINTES ACTUELLES DES PRAXIS NOUVELLES

1. *Une dynamique d'autodétermination et d'autodéveloppement collectifs* qui mise d'abord sur les ressources du groupe ou du milieu. Ce n'est un secret pour personne, nos sociétés modernes en « surspécialisant » l'homme, le travail, les institutions ont accru le coefficient de dépendance. Nos grandes villes, dans une nouvelle économie de pénurie, connaîtront peut-être des crises encore plus graves de ravitaillement, de congestion. Pensons à nos expériences de panne d'électricité. Plus grave encore est la situation du citoyen de la *mégalopolis* et de l'automation. Il sait faire peu de chose surtout pour ce qui a trait aux activités et aux besoins primaires. Il a perdu cette plasticité de l'homme des communautés auto-suffisantes de jadis. Les progrès techniques nous empêchent d'idéaliser les communautés primitives dont nous connaissons les servitudes. Par ailleurs, on pose trop rarement ce problème de la vulnérabilité de l'homme, de la ville, de la société moderne. Le modèle chinois est un exemple d'invention sociale d'une nouvelle forme d'autosuffisance collective. Il existe sans doute d'autres possibilités plus accordées à nos sensibilités et particularités culturelles. C'est ce que suggérait récemment R. Dumont dans *l'Utopie ou la mort* (Seuil, 1973). Une telle orientation commence souvent par un autre style de travail, comme premier jalon d'un nouveau projet de société. Nous retrouvons ici une préoccupation de Marx. Et nous voulons reprendre à notre compte cette visée praxéologique.

2. *Une dynamique transhiérarchique* Notre démocratie libérale, en dépit de ses prétentions récentes à la participation, montre des modèles hiérarchiques descendants. Les pouvoirs, les savoirs et les avoirs suivent cette échelle hiérarchique. On a multiplié les strates, les statuts, les structures intermédiaires, les paliers de décision au point de faire oublier le vieux modèle autarcique toujours prévalant. C'est sans aucun doute dans l'organisation économique que ces fictions démocratiques peuvent

être dénoncées le plus crûment. Sous un angle positif, cela laisse entendre que des gains du côté d'un travail autogéré auraient des effets catalyseurs de mutations profondes.

Les appoints de la technocratie pour servir les pouvoirs dominants sont parvenus à des limites critiques. Par exemple, on en arrive à des terribles congestions bureaucratiques. Il faut *réinventer des structures courtes*. Le monde de l'organisation du travail, comme nous le verrons, nous apparaît comme un premier test de vérité et un premier banc d'essai. Déjà les programmations de l'ordinateur révèlent leurs limites quand il s'agit d'organiser le travail quotidien d'une usine, d'une banque, d'un hôpital ou d'une école. C'est à la base, dans le milieu de travail lui-même, que ça ne fonctionne plus. Encore ici, nous avons acquis la conviction qu'une technique ne suffit pas pour inventer une praxis collective dans un champ humain d'activité. Il serait illusoire de croire qu'il s'agit tout simplement d'aider les travailleurs à maîtriser cette nouvelle technologie, sans pour cela remettre en cause les hiérarchies de pouvoir, les monopoles de l'expertise technocratique et les labyrinthes bureaucratiques.

3. *La fonction critique libératrice* C'est en éducation surtout que certains changements culturels révolutionnaires s'expriment. Des modèles d'imitation, de soumission et d'assimilation, on est passé à des modèles d'adaptation fonctionnelle pour déboucher sur des modèles critico-créateurs. Moins soumis à certaines contraintes économiques, les milieux d'éducation ont vu l'émergence d'une fonction critique libératrice véhiculée par une jeune génération qui jouissait d'une liberté inédite, peut-être, dans l'histoire. D'où cette révolution culturelle qui s'exprime dans ce champ privilégié. Bien sûr la fonction critique s'exerce aussi sur le plan politique. Certains analystes voient ce phénomène comme une caractéristique de l'époque actuelle. Le sens critique s'est aiguisé. Il s'est même donné des formes poussées de contestation. Il a défini des dynamiques historiques de libération. La pédagogie en éducation essaie de harnacher cette tendance diffusée partout dans la société. Or, qu'arrive-t-il dans un milieu de travail traditionnel envahi par une jeune génération autrement plus critique que les précédentes ? On a très peu évalué ce choc psychologique et culturel et ses conséquences politiques dans le contexte actuel, et surtout dans un avenir rapproché. Combien de théories et de pratiques de l'administration ne résisteront pas à cette poussée ?

4. *La création collective* Y a-t-on jamais cru ? Ce qu'il y a de sûr, c'est que notre société libérale a misé sur un darwinisme individualiste. En matière culturelle, on continue d'exalter le génie personnel ou le héros

au-dessus de la plèbe. Le chef reste un symbole clef. Bref, plusieurs hésitent à s'engager dans le risque des créations collectives. Cela sert bien les visées idéologiques et potestatives des « élites » bourgeoises. Visées que partagent d'une façon non critique beaucoup d'hommes du peuple. Le mouvement ouvrier l'a compris en faisant précéder cette deuxième phase d'une première expérience de libération collective. Les militants ont appris le prix et l'importance de la solidarité ouvrière. Mais, à notre avis, ils tardent trop à mettre à profit les dynamismes refoulés de créativité collective. Il nous faudra d'abord faire la preuve par la négative en montrant les conséquences énormes d'un statut de pur exécutant au travail, en pointant aussi les possibilités d'expériences collectives fécondes avec leurs retentissements sur les autres dimensions de la vie privée et publique. La créativité collective est constitutive d'une praxis sociale du travail. Son absence est désastreuse dans un itinéraire humain et dans une classe sociale. Peut-il même y avoir une politisation à long terme sans elle ? Nous ne sommes pas sûr que beaucoup de militants ont pris au sérieux cette question ? Des mouvements de base ont pourtant indiqué clairement cette orientation de leurs aspirations et de leurs praxis sociales. Ils ont dû se créer des terrains autonomes ou même des structures parallèles pour libérer la créativité collective. De grandes institutions de combat comme les partis et les syndicats ont mis du temps à comprendre cet élan nouveau qui véhicule des dynamismes indéniables. Ne faut-il pas faire pénétrer ceux-ci dans les grands circuits collectifs, dans le trafic quotidien ordinaire pour une plus large diffusion ?

5. *Le nouveau statut de citoyen* Une simple observation de l'évolution sociale et politique récente, chez nous, nous fait découvrir une conscience nouvelle et plus accusée du statut de citoyen. Est-ce un résultat des efforts plus ou moins réussis de démocratisation de l'école, de l'hôpital, du service social, des partis, des regroupements régionaux ou encore des rénovations urbaines ? Les sources viennent de phénomènes plus profonds, comme ceux que nous venons de mentionner. Même des citoyens jugés conservateurs deviennent plus critiques, plus vigilants. Des minorités de plus en plus larges revendiquent des responsabilités d'évaluation et de contrôle. Elles veulent exercer, au nom d'une citoyenneté plus démocratique, une influence plus déterminante sur les choix et les décisions dans les divers secteurs de la vie collective. Évidemment, il y a des contre-courants chez des majorités silencieuses qui favorisent un pouvoir unifié, contraignant et sécuritaire. Les crises récentes ont projeté le balancier d'un extrême à l'autre. Mais nous croyons, au bilan, que la conscience du citoyen est devenue plus alertée, plus active. Elle aspire à d'authentiques responsabilités, à un exercice plus poussé de sa liberté.

Des tendances idéologiques commencent à mieux se dessiner en dépit des énormes forces de manipulation et de neutralisation de l'opinion publique. Les débats autour de l'information en font foi. De même, l'impact des scandales politiques et financiers. Les crises économiques récentes, celles de la monnaie ou du pétrole, ont forcé les grandes entreprises privées à sortir de leur *underground* insaisissable. C'est souvent par le biais des problèmes de consommation que des questions importantes ont fait surface sur la scène publique. Il s'agit d'une bien timide percée qui n'a pratiquement pas mordu sur le monde si important de la production et sur les pouvoirs économiques décisifs. Ici, le nouveau statut de citoyen reste périphérique. Mais l'évolution marquée sur d'autres terrains pourrait ou devrait refluer au cœur de l'activité économique comme telle.

Fallait-il passer par cette première phase ? A-t-on commencé par le bon bout ? S'enferme-t-on dans une démocratisation résiduelle et inoffensive ? Le mouvement ouvrier, historiquement, n'a-t-il pas visé l'univers de production comme cible prioritaire ? Est-ce que ce nouveau statut du citoyen ne sert pas d'écran à l'aliénation du travailleur, de son travail, de sa classe sociale ? Est-ce que l'univers privilégié de la consommation engendre une psychologie apolitique de classes moyennes ? Atteint-on les problèmes de fond en développant parallèlement des politiques sociales de redistribution des richesses selon les prétendus minima démocratiques, le revenu garanti par exemple ? Autant de questions qui surgissent chez les travailleurs les plus lucides. Elles les amènent de plus en plus à interroger leur expérience de travail comme principal carrefour critique.

6. *Les nouveaux modèles sociaux*   Nous avons tenté de les décrire et de les analyser dans un ouvrage récent (*Nouveaux modèles sociaux*, H.M.H., 1972). Retenons une constatation importante en l'occurrence, à savoir leur quasi absence dans l'organisation du travail. Comment expliquer que cette activité quotidienne a été *peu* touchée par les militants et les créateurs sociaux ? L'explication semble être facile : on agit plus difficilement sur des terrains qu'on ne possède pas. Alors les forces sociales, culturelles et politiques se concentrent sur des institutions qui relèvent déjà de la propriété collective. « Mauvais calcul, diront certains, puisque les forces économiques étrangères à la collectivité et à ses intérêts gardent un pouvoir décisif, pour défaire, neutraliser ou marginaliser ces nouvelles formes de solidarité, d'action et de vie collective. » Et pourtant, n'y a-t-il pas en celles-ci un stock impressionnant d'expériences précieuses ? Le milieu de travail est-il si différent des autres milieux de vie quand il s'agit de certaines praxis sociales fondamentales ? Voyons un exemple.

Certaines démarches sociales ou politiques sont marquées par des attitudes qui révèlent la primauté de l'un ou l'autre modèle social.

Attitudes « contractuelles » qui s'ajustent sur le *contrat* provisoire négocié, formulé, exécuté, contrôlé, par les parties dans un champ très circonscrit. Attitudes « juridiques » toutes centrées sur le *code* comme modèle clé de pensée et d'action.

Attitudes « politiques » dont le modèle principal est le *projet-cadre,* qui initie au processus démocratique comportant des fonctions fondamentales : formulation démocratique de divers diagnostics sur la situation commune, façonnement d'un cadre cohérent de débats, établissement d'objectifs et de priorités, programmation et contrôle de l'exécution.

Cette typologie non exhaustive et un peu simpliste a du moins l'avantage de nous alerter sur les modèles plus ou moins implicites qui sustentent certaines praxis. Pensons ici à l'activité syndicale où l'on est passé tour à tour du contrat au code du travail avant de déboucher récemment sur des modèles plus politiques comme le projet-cadre. Mais dans quelle mesure plusieurs milieux de travail ne sont-ils pas restés enfermés dans le contrat libéraliste privé ? Les travailleurs de base ont-ils été initiés à de vraies démarches politiques dans l'exercice quotidien de leur expérience de travail ?

Il existe d'autres faisceaux de modèles sociaux qu'il faut mieux connaître parce qu'ils interviennent invisiblement dans certaines confrontations entre les travailleurs.

Modèles *hiérarchiques* centrés sur les valeurs d'autorité, de stabilité, de fidélité et de sécurité.

Modèles *fonctionnels* qui valorisent l'efficacité, la rentabilité, l'adaptation, la capacité individuelle.

Modèles *relationnels* plus attachés aux valeurs de solidarité, de liberté gratuite, de vie communautaire.

Modèles *interactionnels* qui articulent fonction critique et fonction créatrice, technique et politique, sécurité et risque, liberté et responsabilité, participation et efficacité.

Ceux qui ont une certaine expérience de l'intervention collective dans l'une ou l'autre aire de notre société, savent ce qu'il en coûte pour façonner une cohérence politique minimale, soit dans les débats ou dans les luttes, soit dans les projets, soit dans les expériences de concertation. Les milieux homogènes sont plutôt rares, même dans ses secteurs limités de la base. Il faut donc mieux s'équiper pour assumer une complexité sociale grandissante.

L'ARCHITECTURE DE L'OUVRAGE Voilà nos principales orientations de recherche et d'expérience. Notre travail va se déployer en deux temps, d'abord une approche plus analytique sur la praxéologie du travail, puis une approche plus opérationnelle dans l'expérimentation d'un cas type. Cet ouvrage est consacré au premier temps.

Nous commençons par cerner le champ historique actuel des praxis sociales par rapport au monde du travail. Un deuxième chapitre prospectera les dynamiques collectives du travail.

Nous aborderons ensuite certaines grandes études qui analysent les expériences récentes de réorganisation du travail. Un cadre critique d'évaluation viendra jauger les différentes tendances dégagées auparavant.

Enfin, nous traiterons du milieu de travail comme tel. À quelles conditions peut-il être un vrai milieu de vie ? Comment le transformer par des démarches d'animation ? Quelles praxis culturelles, économiques et politiques précèdent, accompagnent et dépassent une organisation du travail qui se déploie dans des milieux toujours circonscrits, surtout au niveau des travailleurs de base.

En conclusion, nous renouons avec le cadre praxéologique de la première partie pour ouvrir des nouveaux horizons au champ d'action des praxis collectives actuelles dans le mouvement ouvrier.

L'ampleur de tels objectifs contraste avec la pauvreté de nos moyens et le caractère inchoatif de notre recherche-action. Mais ne sommes-nous pas dans un domaine où la plus petite contribution peut avoir un certain intérêt ? Il n'existe pas beaucoup de travaux de ce genre au Québec. Cette modeste introduction incitera peut-être à aller à des sources plus fortes, à des études plus poussées et plus satisfaisantes.

I

LE CADRE
PRAXÉOLOGIQUE
ACTUEL

LE MILIEU DE TRAVAIL DANS NOTRE CONTEXTE HISTO-RIQUE Les pratiques institutionnalisées de l'organisation du travail s'inscrivent dans un champ historique d'action avec ses tendances collectives tantôt convergentes, tantôt divergentes, tantôt parallèles. C'est ce que j'appelle un cadre praxéologique « situé ». Il y a bien des façons de prospecter un tel champ. Ainsi, au cours des dernières décennies, j'ai tenté de cerner les dynamismes de l'évolution du Québec à partir d'expériences de base où j'étais profondément impliqué ; chacun des ouvrages, selon un angle particulier, portait un diagnostic provisoire tout en dégageant certaines pistes nouvelles d'action. Cette étude marque un autre jalon. Après quinze années de travail social acharné dans le monde populaire — celui qui révèle peut-être le mieux les Québécois — je suis persuadé qu'on ne change pas grand-chose si les gens ne commencent pas à maîtriser leur milieu de vie immédiat. Comment participer à des activités politiques complexes, à des grands débats publics, si on n'a aucune prise sur sa vie quotidienne, sur ses communautés de base, bref sur ce qui est à portée de la main ?

Beaucoup d'initiatives sociales ont visé surtout des problèmes de consommation, d'habitation, d'éducation, de loisirs, d'assistance sociale, de chômage. Mais on n'a pratiquement pas touché, de l'intérieur, à l'activité la plus déterminante des hommes : leur travail quotidien. Bien sûr les crises sociales des dernières années ont véhiculé des critiques percutantes sur les pouvoirs, le système socio-économique, les idéologies dominantes, etc. Mais n'a-t-on pas escamoté des étapes essentielles ? Déjà certains mouvements de base ont compris qu'il fallait redonner à la quotidienneté une certaine consistance communautaire, un style de vie plus humain et solidaire. Mais on s'est limité surtout au pôle résidentiel. Dans cet ouvrage, je voudrais montrer comment le pôle-travail est autrement plus décisif. Il charrie non seulement ce qui est déterminant dans la vie quotidienne, mais aussi ce qui définit les grandes institutions de la société. C'est dans ce secteur que se façonnent, d'une façon plus décisive, les mentalités et les modèles sociaux. On pourrait faire la preuve par la négative : *l'homme, « exécutant » à son travail, sera souvent un citoyen dépendant, un consommateur « manipulable », un auditeur crédule, un spectateur non critique, bref un être socialement passif.* On connaît les maîtres-mots d'une certaine militance : conscientisation, socialisation, politisation, idéologisation. Il faut comprendre que tout cela commence d'abord dans l'expérience du travail. Autrement on fait du laboratoire hors-circuit, on se crée des terrains artificiels d'animation.

Même dans le cas du syndicalisme, je soupçonne que certains échecs récents viennent du peu d'intérêt accordé à l'organisation du travail comme tel. On a trop agi à partir des structures syndicales, et pas assez à partir du milieu et de la communauté de travail. Baptiste a pu participer à des sessions, militer dans un groupe de citoyens, s'associer aux grandes manifestations, suivre les activités d'un parti... et en même temps rester passif, impuissant dans son département où il vit huit à dix heures par jour pour atteindre ses objectifs les plus vitaux. Dans le débat syndical sur l'action politique, certains simplifiaient passablement les choses. D'une part, les uns voulaient revenir au groupe d'intérêt consacré au bénéfice exclusif de ses membres, et souvent dans la ligne du libéralisme dominant ; d'autre part, les autres préconisaient un militantisme politique pour poser les problèmes socio-économiques dans l'ensemble du système, selon une ligne de rupture socialiste, souvent révolutionnaire. Un tel clivage polarisait des opinions réductrices, peu propices à la recherche de démarches sociales, économiques et politiques plus fécondes. À la limite, je me demande, si les deux camps ne se ressemblaient pas malgré eux. Leur attitude commune était purement idéologique et peu politique. Ni les uns ni les autres ne parlaient de maîtrise collective de l'activité quotidienne. On passait d'un syndicalisme d'intérêt individuel au parti prolétarien. Certains auraient pu se poser, par exemple, une question aussi simple que celle-ci : est-ce qu'on peut organiser la société en fonction de la propriété collective des moyens de production, sans de nouvelles praxis de travail, sans une maîtrise progressive du milieu et de l'activité de production ? Même l'objectif d'autogestion ne saurait être atteint sans des étapes bien orchestrées et finalisées, surtout dans l'environnement nord-américain que l'on connaît [1].

Nous venons de parler ici des militants. Mais que dire de la majorité de ceux qui ne participent à rien ? L'univers économique organisé sans eux leur laisse entendre implicitement que la société aussi peut fonctionner sans eux. Il faut donc inverser la vapeur. On a voulu les atteindre de l'extérieur, à travers des structures artificielles d'information, d'animation, de formation et d'engagement, souvent dans des organismes ou des initiatives parallèles. Les uns et les autres restaient démunis quand ils réintégraient leurs collectifs quotidiens. Ils ne savaient pas quoi faire dans leurs lieux naturels de vie, au travail, dans le quartier, dans leurs groupes primaires d'appartenance. Ils ne savaient pas mettre à profit leur propre vie comme tremplin de conscience sociale, d'interaction communautaire ou de libération collective.

Le vital restait privé, individuel. Combien de citoyens se sont sentis vite mal à l'aise dans les contestations des dernières années, parce que les militants et les définisseurs quittaient rapidement la vie réelle pour faire « gros », « public » ? Par atavisme, on a l'absolu facile. Les grands symboles, ça nous connaît. Les vastes horizons missionnaires aussi. Le propos idéologique se veut large, englobant. On pense système. On aime les grandes idées. Le problème est toujours global ; il entraîne tout : la société, le gouvernement, l'Église et que sais-je encore. De Saint-Clet, on part à l'assaut de Washington ou du Parlement de Québec ou d'Ottawa. Évidemment, ne sommes-nous pas à l'âge du *Global Village* ?

Encore si nous assumions mieux les plus valables de nos solidarités historiques, le peuple a une mémoire autrement plus réaliste. Il retient davantage les sueurs qui l'ont façonné comme société. Il se souvient qu'il a reconquis son territoire pouce à pouce après la débâcle gigantesque de 1760. Il a avancé dans l'histoire avec un entêtement digne et fier. Bien sûr, ses élites n'ont cessé de l'aliéner dans divers cieux idéologiques,

---

1. Au 23e congrès de la Centrale des enseignants du Québec (C.E.Q.) en 1973, on a commencé à poser le problème que nous venons de souligner. « Notre travail quotidien est vidé de son sens et récupéré. Notre activité, toute décrétée ou conventionnée qu'elle soit, est déviée de sa fin propre pour être non seulement neutralisée, mais tournée au détriment même de la classe des travailleurs. Si nous découvrons, à l'aide de luttes sur nos lieux de travail et d'enquêtes locales, que nous contribuons à la reproduction des inégalités sociales, à la transmission de valeurs aliénantes, au maintien d'une structure de domination et d'exploitation, à ce moment et alors seulement nous pourrons prétendre à une conscience de classe et à une politisation réelle. Il faut passer par là pour forger un projet de société au service de la majorité populaire... Voilà le premier chantier du syndicalisme québécois et du nouveau pouvoir à bâtir. »

aujourd'hui comme hier. Mais son fond vert a toujours offert une résistance sourde et latente, même dans l'âge d'or de la chrétienté mythique. Il a toujours protégé sa vie quotidienne malgré les cléricalismes anciens et les nouveaux. Bien sûr, il a commis des erreurs et connu de terribles aliénations et exploitations qui l'empêchent d'idéaliser son histoire. J'ai l'impression qu'il a accumulé assez d'expériences pour distinguer avec bon sens et par lui-même ce qui le fait vraiment avancer ou reculer. Pour le moment, il reste silencieux devant la nouvelle bataille des élites et la diversité inédite des partis. Il sait que le contexte nord-américain réel l'oblige à jouer des cartes très serrées et des risques bien calculés. Il sent le besoin de redonner cohérence et horizon à sa vie de tous les jours. C'est à ras le sol qu'il veut mesurer les obstacles, harnacher ses dynamismes et créer de nouveaux projets de libération et de promotion ; il garde sa réserve. Il ne se laisse plus saisir aussi facilement par les manipulateurs de divers horizons. Il sent bien que son pays réel est laissé pour compte dans les débats des hautes sphères.

Bien sûr, il y a la face négative de cette sagesse paysanne : attitude défensive et méfiante, résignation un peu fataliste, refus des nouveaux risques. Le travailleur québécois démêle difficilement l'écheveau de tendances aussi diversifiées chez les minorités militantes. Il commence quand même à reconnaître la part de vérité de certaines luttes radicales. Il supporte de moins en moins sa sujétion économique et politique. Mais, il rejette les extrémismes récents qui ont fait trop facilement l'économie de sa situation réelle, de ses défis quotidiens, au profit de lointains horizons de libération.

Il y a bien des façons de verser dans la mythologie et la mégalomanie. On peut construire une Expo idéologique aussi factice que les embardées d'un *headship* bien connu. Les Québécois se trouvent alors coincés entre des utopies sans mains, sans politiques, sans projets croyables. Ils se replient alors sur l'immédiat. Ils attendent. Ils votent selon leur angoisse. Le risque collectif et calculé ne semble pas à leur portée pour le moment. Pourtant, un jour, n'ont-ils pas forcé leur destin en risquant de devenir un peuple dans la vaste Amérique ? Mais cette aventure collective, ils l'ont vécue par une reconquête progressive du territoire, par des communautés vivantes bien enracinées. Aujourd'hui plusieurs ont l'impression d'avoir à choisir entre le recul dans l'abîme ou le saut en avant dans le vide. D'où ce nihilisme des derniers temps. Bien sûr nous sommes peut-être au creux de la crise, ou du moins, à un tournant décisif, sinon majeur de notre histoire. L'heure n'est pas au travail à la pièce. Il existe certaines options stratégiques pour l'ensemble de la société. Mais en même temps il ne faudrait pas oublier la stratégie quotidienne du pouce à pouce. Celle-ci est à la portée de tout le monde. Elle présente des tâches humbles, mais possibles. Elle peut être source de réalisme et d'espoir. Elle correspond à une certaine dynamique de notre histoire. Évidemment les modalités et les objectifs relèvent d'horizons bien différents de ceux de la colonisation d'hier. Mais qui sait si nos racines historiques et culturelles ne pourraient pas nous aider à mieux nous reconnaître les uns et les autres en deçà des nécessaires affrontements idéologiques et politiques ? Même le dialogue des générations et des sous-cultures ne sera possible que dans l'assumation de nos appartenances premières.

LA PREMIÈRE PRAXIS À FAÇONNER À notre avis, c'est sur le terrain du travail quotidien que nous façonnerons des praxis sociales, économiques, culturelles et politiques plus accordées à notre situation réelle et à nos aspirations. Cette approche n'a rien d'exclusif. Elle constitue une piste d'action parmi d'autres, et en même temps un lieu privilégié d'identification, d'intervention et de créativité. Peut-on trouver un carrefour plus universel pour la vie quotidienne ? L'histoire du mouvement ouvrier en témoigne. Combien de militants sociaux, syndicaux, politiques l'ont oublié ? *On reconnaît les peuples au travail comme on classe les hommes en les mettant à l'action.* Sans céder ici à l'économisme du capitalisme et d'un certain socialisme, nous croyons que l'homme se révèle et se façonne par son activité quotidienne. C'est à ce niveau que se tissent des solidarités réalistes et fécondes, des responsabilités collectives, des liens communautaires profonds. À l'inverse, un travail solitaire et aliéné sécrète des attitudes asociales et antipolitiques. En laissant l'organisation du travail telle quelle, les travailleurs reproduiront toujours malgré eux les attitudes principales du libéralisme le plus haïssable : l'intérêt individuel et privé à n'importe quel prix, le profit immédiat comme objectif exclusif, le refus d'une instance politique déterminante dans la vie collective, la concurrence aveugle entre pairs ou sur le dos des plus faibles, les rapports de domination au détriment de la justice qui veut *faire* des égaux, etc. Le peuple québécois ne fera jamais des choix politiques décisifs pour sa libération et son affirmation collectives sans assumer les solidarités fondamentales de sa vie quotidienne, sans cette appartenance commune au même sujet historique, à la même culture de base.

Les grands projets collectifs de la dernière décennie ont connu de terribles seuils critiques, peut-être à cause de la faiblesse des communautés locales et des tissus communautaires de base. Comment des milieux de vie aussi défaits, aussi peu dynamisés de l'intérieur pouvaient-ils supporter tant de nouvelles et grosses structures ? Prenons l'exemple le plus primaire d'implication collective : la consultation. On a inventé ici de nouveaux rituels tout en maintenant des démarches essentiellement technocratiques et bureaucratiques. L'expérience de vie, le savoir pratique des commettants restaient périphériques. Ils devaient juger à partir de modèles qui leur étaient étrangers. Tout le contraire d'une pédagogie qui cherche à donner d'abord cohérence aux dynamismes de vie avant de redéfinir ou de créer une instance institutionnelle.

Encore ici, on a reproduit l'expérience désastreuse de l'organisation socio-économique. Les savoirs officiels, au service des pouvoirs dominants, ont conçu des modes de travail, sans tenir compte du savoir pratique et vital des travailleurs eux-mêmes. Les théories organisationnelles du *management* ou les systèmes de relations humaines sont des modèles aussi étrangers à la dynamique du travailleur que l'était le *time and motion study* du taylorisme. Alors que d'autres pays, dans un régime socio-économique semblable au nôtre, ont commencé depuis longtemps à redonner initiative et responsabilité aux travailleurs, le monde nord-américain maintient encore, derrière une technologie avant-gardiste, une organisation primaire et inhumaine du travail lui-même. D'où la mise en échec de plus en plus brutale de toute cette belle mécanique programmée. Baisse de productivité, grèves sauvages, instabilité de la main-d'œuvre, absentéisme, atmosphère irrespirable, sabotage, désintérêt vis-à-vis de l'entreprise, révolte aveugle devant des pouvoirs insaisissables et des administrations lointaines, dévalorisation du travail comme dynamisme humain, etc., autant de symptômes de notre univers socio-économique.

Dans le diagnostic habituel des media, on s'attache plus souvent aux grands débats sur les multinationales et les États, sur les macro-politiques économiques, sur la crise monétaire, bref sur les problèmes des super-structures. Les structures quotidiennes de travail n'attirent pas l'attention. Sans ce raccord entre les premières et les secondes, les travailleurs ordinaires n'y comprennent rien. Plusieurs se contentent alors de réclamer uniquement le maximum de salaire ; toute la logique de la société actuelle les amène à cette seule perspective. Ne voient-ils pas les groupes d'intérêt, déjà nantis, agir uniquement de cette façon ? Par exemple, les compagnies visent exclusivement le coût minimal pour le maximum de profit, quitte à demander à l'État-vache-à-lait d'assurer les coûts sociaux, les charges les plus pénibles et les protections légales. Paradoxe étrange que cette super-rationalisation technologique et bureaucratique sur un écheveau inextricable d'intérêts privés où les groupes patronaux, syndicaux ou autres se disputent des avantages immédiats sans tenir compte de leurs contradictions avec leurs puretés idéologiques. Certains militants peuvent, sans esprit critique, réclamer de l'État la semaine de trente-deux heures pour tel service public, même si 30% ou 40% des travailleurs de leur communauté locale doivent faire 70 heures pour survivre et payer chèrement l'augmentation conséquente des taxes et du coût de la vie. Nous ne sommes pas à une incohérence près. Combien de revendications, sous des dehors idéologiques généreux, aboutissent à dresser les travailleurs les uns contre les autres et à faire le jeu des pouvoirs économiques et politiques en selle ? Sans compter une autre question aussi tragique : agit-on effectivement pour donner au Québec francophone une économie progressive et concurrentielle, une base matérielle solide et durable, une quotidienneté plus solidaire ?

LE RETOUR À LA BASE Malgré les tâtonnements des derniers temps, des enjeux collectifs commencent à se clarifier dans l'esprit de plusieurs. Il nous fallait et les « utopistes » et les « politiques ». Des radicaux ont fait ouvrir des portes qui, sans eux, seraient restées fermées. Et partant, de nouvelles aspirations sont nées. Les résistances populaires peuvent nous ramener à des démarches plus réalistes. Des mouvements de base ont révélé les vrais vécus des Québécois et ont suscité des expériences collectives modestes, mais aussi, prometteuses. De grands organismes de promotion collective se sont réveillés. D'abord les syndicats, puis les institutions coopératives ; certains partis politiques présentent pour la première fois des programmes sérieux. Mais plus profondément, il y a eu des changements invisibles dans le sous-sol québécois. Les uns et les autres ont le goût de reprendre les choses par le fond, par la base, par la vie réelle avec ses dynamismes existants ou possibles, tout en ne perdant pas de vue les grands objectifs de développement et les luttes de libération collective sociale, économique et politique. Nous savons mieux les limites de certaines solutions technocratiques, celles du B.A.E.Q., de l'Opération 55 et des super-agences sociales du Bill 65. Après le mythe du Saint-Laurent transmué en Expo et en Olympiades, après le mythe du grand Nord hypostasié en Baie James-miracle, les Québécois sentent le besoin de revenir à des pratiques et à des politiques collectives plus accordées à leur vraie situation.

Il faut inverser le mouvement. *Jusqu'ici on bâtissait des « grosses patentes » et on dépensait autant d'énergies pour que les citoyens s'y adaptent.* Combien d'institutions investissent énormément pour ces mécanismes d'adaptation par en haut ? Suffit-il maintenant d'adapter ces énormes bureaucraties aux besoins d'en bas ? Le problème de fond ne serait pas changé. Il faut au contraire, dans la diversité culturelle et idéologique actuelle, libérer les dynamismes et les cohérences que des milieux de vie divers peuvent se donner. Ce qui exige une armature institutionnelle plus légère, plus mobile. D'ailleurs, n'est-ce pas retourner à la genèse constitutive de toute institution vraiment accordée à la vie, aux besoins et aux aspirations des hommes et des milieux concrets ?

Nous devons prospecter beaucoup plus sérieusement et profondément les besoins humains avant d'élever tours et monuments. L'Amérique ressemble au géant aux pieds d'argile. Ses bases humaines apparaissent de plus en plus fragiles. Notre culture nord-américaine manque de profondeur, d'âme, de racine. Les Québécois participent à ce défi. Ils se laissent entraîner dans les mêmes réflexes de surface. Ils ont eu longtemps conscience d'appartenir à un continent prestigieux, même s'ils bénéficiaient peu de ce riche environnement. Celui-ci se révèle tout à coup précaire et très menacé. Ce sont les hommes, les milieux de vie qui craquent. Il se passe des choses étranges dans le sous-sol : glissements de terrain, effondrements, lézardes, éruptions violentes, etc. Les relations humaines les plus fondamentales se disloquent. Serait-ce parce qu'on n'a pas appris à maîtriser son propre terreau de base ? Bon gré mal gré, il faudra bien y retourner. Qui sait s'il n'y a pas des richesses enfouies, des filons prometteurs et des sources vives depuis longtemps ignorés ? Les mouvements sociaux des derniers temps ont cherché une telle prospection. Celle-ci a fait découvrir des praxis plus humaines, plus acculturées, plus libérantes. Assumer efficacement et lucidement ce qu'on a sous les pieds et créer une vie quotidienne plus solidaire et dynamique, voilà une visée première et essentielle. Il faut bâtir le pays réel et ne pas se laisser coincer entre le pays imposé des pouvoirs établis et le pays idéologique des doctrinaires.

Il nous a semblé que la maîtrise responsable et solidaire de l'organisation du travail était une des tâches primordiales à la portée du peuple. N'est-ce pas une première conquête qui conditionne toutes les autres ? Certains conflits récents ont véhiculé cette intuition. Évidemment, on peut rêver de répandre partout le projet de Cabano. Ce serait brûler les étapes. D'ailleurs, il n'existe pas une seule solution. Toute stratégie sociale, économique et politique, comporte une polyvalence d'interventions, un ensemble de concertations et puis des étapes, des objectifs de court, de moyen et de long termes, des essais divers, des projets immédiats et lointains, etc. Il faut expérimenter de nouvelles formes de travail et mener ici des luttes réalistes qui redonnent espoir et esprit créateur. Notre contexte socio-économique est loin d'être homogène. Ce qui est possible dans tel secteur, ne l'est pas encore dans un autre. On ne liquide pas du jour au lendemain une emprise aussi puissante que celle des États-Unis. De même, on ne se donne pas un système politique autonome ou une stratégie de développement en un tour de main. Agir sur le travail, c'est atteindre la base quotidienne de l'économie et du système social.

Cette praxis nous fera mieux évaluer la pertinence des grands débats publics en la matière, la cohérence de nos options idéologiques et de nos comportements réels. Le travail charrie les problèmes les plus vitaux et les rapports sociaux les plus fondamentaux. Qui sait si, en allant au bout de ce défi, nous n'accrocherons pas tout au passage, même les grandes visées de l'avenir du Québec. Cette fois, nous ne partirons pas d'en haut, de modèles étrangers, d'idéologies d'emprunt ou de lointains bureaux d'étude. Nous ne pouvons pas demeurer d'éternels dénonciateurs de l'impérialisme, sans nous équiper pour bâtir une économie, une politique et une culture qui soient vraiment nôtres. Nous devons savoir conjuguer les grands enjeux avec les défis quotidiens, pour éviter à la fois un empirisme à courte vue et un idéalisme qui nous a si souvent aliénés.

UNE RAMPE DE LANCEMENT POUR TOUS HORIZONS
Le travail, c'est la première praxis sociale libératrice et créatrice, c'est la rampe commune de lancement, le tremplin quotidien par excellence. Il offre le matériau de base d'une militance soutenue, d'une solidarité permanente, d'une maîtrise patiente et féconde de la vie ; bien assumé, il démasque les fausses évasions et ramène au réalisme du pain. Il permet de jauger les libertés vraies ou illusoires. Bref, il est le premier agent constructeur de la société et de l'homme lui-même. Aliéné, il détruit ce qu'il y a de plus profond et de plus noble chez les hommes ; il fait des êtres impuissants, résignés, étrangers à eux-mêmes et au monde ; il décourage tout goût du risque, toute velléité de créativité, toute dynamique de responsabilité.

Nous ne voulons pas ici oublier les grandes luttes historiques polarisées autour du tandem capital-travail. La critique de Marx, dégagée des conjonctures de son temps, garde sa pertinence. Les révolutions culturelles récentes ont radicalisé et redéfini le travail. Nous devrons en tenir compte. Voilà des grandes références qui se sont diffusées dans les peuples au cours des dernières décennies. Elles ont eu une influence implicite dans bien des comportements actuels, en deçà des plaidoyers idéologiques abstrus. Par exemple, il est trop facile de dire qu'il n'y a pas de tradition socialiste en Amérique du Nord. Cette expérience des derniers cent ans nous a influencés d'une certaine façon. Elle est au centre de bien des enjeux collectifs. Elle déborde de toutes parts les minorités qui la véhiculent, d'une façon bien maladroite, avouons-le. Elle déborde les systèmes qui ont tenté de l'appliquer ailleurs, ou les théories simplistes qui la défigurent, à droite comme à gauche. Or au cœur de ce jeune mouvement historique, il y a cette intuition : il faut d'abord transformer radicalement le travail pour changer et la société et les hommes.

Là commencent un style de vie plus solidaire, une existence populaire féconde, une authentique libération des masses, un développement intégral de l'homme, enfin une quotidienneté vivante. Le peuple se réapproprie lui-même en récupérant la maîtrise et les fruits de son propre travail. Tout le reste, les institutions, les politiques, les délégations doivent se définir en fonction de cette première praxis d'un travail par lequel l'homme s'autoconstruit tout en construisant le monde comme il le veut, selon ses propres aspirations. Les autres déterminants idéologiques ou institutionnels nous apparaissent seconds par rapport à cette instance première. Il y a place pour bien des formes de systèmes social, économique et politique. Quant à nous, nous n'accepterons jamais de nous laisser enfermer dans un modèle dogmatique, qu'il soit socialiste ou libéraliste. Les systèmes actuels, à l'Est comme à l'Ouest, ont assez de failles pour nous empêcher de chercher ici ou là copie conforme de l'idéologie pure et parfaite qu'on a définie en laboratoire politique.

Le réalisme du travail parle un autre langage et invite à des praxis plus souples et diversifiées. Il véhicule ce qu'il y a de plus profond et spontané dans la personnalité des individus et des collectivités, dans les cultures et les sous-cultures, dans l'identité particulière d'un peuple, dans l'âme populaire elle-même. Eh oui ! les Québécois ont aussi leurs propres façons de travailler. Sans céder ici au particularisme facile, nous croyons qu'il faudra mettre à profit nos expériences historiques de travail et de solidarité dans la création de nouveaux modèles. Rien ici d'une québécitude défensive. Cela ne préjuge pas des nécessaires rapports avec le patrimoine technologique sans cesse croissant, et des impératifs d'insertion dans les grands circuits économiques internationaux. Il en est de même de la carte nord-américaine qui sera toujours sur la table, au cœur et par delà les luttes anti-impérialistes nécessaires.

Une meilleure prospection des conditions et des milieux de travail au Québec, nous apparaît très utile pour repérer des sources nouvelles de dynamisme culturel et économique. Mais il nous faudra aller plus loin et nous donner des mains en vue de réaliser de nouveaux projets d'organisation du travail dans le sens d'une authentique libération et promotion collective du peuple québécois. Voilà une voie parmi d'autres. Elle n'exclut ni les grandes luttes politiques, ni les interventions modestes dans d'autres collectifs quotidiens comme l'école, le quartier, les loisirs, la consommation, les services publics, etc. Dans cet ouvrage, nous privilégions le travail comme angle de vision et d'action. Nous croyons même qu'il est premier par rapport aux autres. Il nous faudra le prouver.

TROIS PALIERS À ASSUMER Pour clarifier certains débats nous pourrions d'abord distinguer trois niveaux d'approches du monde du travail :

1. *Le palier de la condition laborieuse* Il existe un ensemble de caractéristiques qui distinguent les travailleurs d'exécution des travailleurs de gestion dans notre régime socio-économique. Ainsi « tous les individus dont la condition économique, juridique, psychologique, culturelle et sociale, liée à une activité professionnelle d'exécution subordonnée et dépendante, présente assez de traits sinon toujours identiques du moins analogues pour être rangés dans un même ensemble social [2] ». Il s'agit bien de conditions objectives observables dans les divers milieux de travail. Si l'on savait garder toujours en vue ce palier quotidien de profondeur, bien des divisions syndicales seraient surmontables. On ne placerait pas l'affrontement et le pluralisme idéologiques internes aux mauvais endroits. Une solide prise sur ce tissu commun initierait peut-être des stratégies concertées et des fronts communs moins provisoires et mieux ancrés dans les milieux de travail. La base des solidarités s'élargirait, de même celle d'un pouvoir populaire déterminant à bâtir. Ne serait-ce pas le terrain le plus propice à l'extension de l'action à l'échelle de la société ?

2. *Le palier de la prise de conscience* Il y a évidemment des degrés divers de conscience ouvrière. Certains ont tôt fait de nier ici l'existence d'une classe sociale, précisément à partir de cette première considération, et aussi de la multiplication des strates socio-économiques, des statuts professionnels, des couches sociales, des catégories syndicales, des groupes d'intérêts divergents. On noie l'essentiel dans des modalités plutôt secondaires. Il faut revenir constamment au premier palier. En plus des traits communs observables, il y a un sentiment commun d'appartenance, plus ou moins latent et invisible, une sorte de communauté de condition qui appelle une position commune face à l'ensemble du régime économico-politique.

---

2. M. David, *les Travailleurs et le sens de leur histoire*, p. 29.

L'histoire du mouvement ouvrier nous montre comment la lente émergence d'une telle conscience collective a pu induire en erreur ceux qui réduisaient le phénomène à des catégories quantifiables. Par exemple, certaines enquêtes sociologiques étaient conçues de telle sorte qu'on ne pouvait saisir la moindre conscience de classe. Celle-ci déborde tout système rigide de compréhension, toute approche fonctionnaliste qui voudraient la circonscrire d'une façon exhaustive. Bien sûr, il y a des indicateurs de niveaux de vie, des critères de langage, de manières de vivre ou de penser. Mais cette catégorisation ne rejoint pas certains contenus collectifs de conscience avec leurs impondérables importants et leur vision propre de la société et du monde. Il existe dans notre société un bloc « possible » de travailleurs d'exécution qui peuvent prendre le relais historique du mouvement ouvrier constitué en tradition vivante dans le monde occidental depuis une centaine d'années.

Les travailleurs d'ici perçoivent de plus en plus, malgré les apparences, leur position sociale commune. Il suffit de suivre l'évolution précipitée du syndicalisme des dernières décennies pour dresser un bilan positif. Les inquiétudes soulevées par le syndicalisme québécois ne sont que l'envers de la reconnaissance d'une force montante, qui contraste avec la régression du syndicalisme canadien et américain. Beaucoup de chemin reste à parcourir, sans compter des reculs possibles. Mais le goût de la lutte qui se diffuse, au delà de certaines dépolitisations récentes, constitue un indice important. Certains parlent même d'une « nouvelle classe ouvrière » qui renoue avec une dynamique politique historique à l'origine du mouvement ouvrier.

On avait décrété trop vite la fin des classes, des idéologies, des sous-cultures dans la société postindustrielle programmée. La technostructure suscite une opposition qui pourrait être aussi concentrée. L'écart grandissant des niveaux de participation aiguise une critique qualitative. Et une révolution culturelle inédite n'est pas étrangère au cul-de-sac d'une société bloquée. Ajoutons ici que la doctrine métasociale de la chrétienté avait masqué longtemps les conditions de classe chez nous. M. David résume bien ici notre propos : « La classe ouvrière, comme la nation, est de ces notions qui, requérant le passage du vécu au conçu, de l'en soi au pour soi, sont toujours en deçà de leur plénitude d'adéquation à la vie [3]. » Le moins qu'on puisse dire, c'est qu'il y a feu sous la cendre d'un certain repli populaire actuel. La paupérisation des dernières années pourrait bien devenir une mèche incendiaire. Mais ne cédons pas au prophétisme facile. De telles perspectives exigent beaucoup de rigueur critique et d'esprit responsable.

---

3. M. David, *les Travailleurs et le sens de leur histoire,* p. 359.

3. *Le palier de l'organisation et de l'action collective* On pense tout de suite à la condition ouvrière, transmuée en conscience de classe, et prolongée dans l'action syndicale et politique. Ce palier connote aussi les moyens institutionnels des travailleurs, les modes d'intervention, les différentes formes de lutte, les initiatives communautaires sur différents terrains : habitat, éducation, consommation, etc. La nouvelle poussée coopérative, par exemple, est grosse de l'anticipation des rapports sociaux que l'on voudrait dans le monde de ses aspirations. Il en est de même du mouvement intensif de professionnalisation des dernières années, et cela malgré certaines ambiguïtés contestables. La diversification des fronts d'action manifeste déjà la force de ce palier. Elle déborde les instances proprement syndicales. Pensons aux initiatives innombrables des mouvements sociaux de base.

Malgré toutes les réticences ou même les refus, une action idéologique et politique d'envergure commence à se mériter une place légitime. Elle n'a pas encore de fortes assises populaires. Elle est entachée de dogmatismes excommunicateurs. Mais n'est-ce pas le lot de tout mouvement historique nouveau ? On ne clarifie pas du jour au lendemain la position des travailleurs dans une lutte d'indépendance nationale, dans un projet socialiste original, etc. Par ailleurs, il faut que les travailleurs s'appliquent à eux-mêmes les instruments critiques dont ils se servent pour juger les autres classes. Ne ferme-t-on pas trop les yeux sur certaines revendications syndicales qui se font indirectement mais brutalement sur le dos des prolétaires et sous-prolétaires ? Les façons de vivre les rivalités syndicales n'empruntent-elles pas beaucoup aux rapports de domination qu'on dénonce ailleurs ?

LE DÉBAT SYNDICAL Le monde ouvrier a besoin de figures d'anticipation du type de solutions qui auraient cours dans une société de son choix. Prenons un exemple bien actuel. Au risque d'être simpliste, disons en gros que la Confédération des syndicats nationaux et la Corporation des enseignants du Québec ont un peloton de gauche à leur pointe, la Fédération des travailleurs du Québec un peloton centriste, et la Confédération des syndicats démocratiques un peloton de droite. Ces forces idéologiques existent au sein du monde des travailleurs. Rien ne sert de se boucher les yeux ; la qualité de l'action politique globale trouvera son test de vérité dans celle des confrontations de ces trois forces internes. Sera-t-on capable d'un vrai pluralisme démocratique, d'un vrai débat politique ? En restera-t-on à trois orbites parallèles sans chercher patiemment les rapprochements de trajectoires nécessaires à certaines luttes qui concernent tous les travailleurs d'exécution ? Sera-t-on plus juste, plus humain, plus fraternel qu'on ne l'est dans les partisaneries des formations politiques actuelles ? Quelle place fera-t-on aux diverses tendances à l'intérieur d'une même centrale ? Il ne s'agit pas d'éroder les positions des uns et des autres et de chercher un syncrétisme insipide et incolore.

Il faut d'abord songer à l'avenir du mouvement ouvrier dont l'appui principal est un esprit de solidarité ancré dans une condition commune et des libertés collectives inséparables. « Voyant leurs camarades syndiqués s'affronter avec violence, se traiter réciproquement sans aménité, comment les hésitants seraient-ils attirés vers un milieu qui tend à limiter les bienfaits de relations fraternelles à la vie interne de chaque organisation prise isolément (et encore n'est-ce pas toujours le cas) et non dans son rapport avec les autres ! La tentation est forte pour les inorganisés de renvoyer dos à dos leurs camarades et de renoncer à tout engagement tant que ceux-ci ne se seront pas mis d'accord entre eux [4]. Rien n'est plus tragique que l'anti-syndicalisme planté en plein cœur des milieux ouvriers. Ne retenir que des harmonies idéologiques préétablies, flairer partout des chausse-trappes, multiplier les discriminations de chapelle, justifier le maraudage, voilà bien des attitudes qui brisent toute velléité d'action collective à la mesure du monde des travailleurs.

Disons tout de suite qu'il est dangereux de simplifier les choses. Au Québec, par exemple, le monde du travail a subi des transformations très profondes. La récente syndicalisation des secteurs publics a déplacé la plupart des conflits majeurs dans cette aire. Certains n'ont pas tellement compris que cette nouvelle institutionnalisation des forces du travail exigeait une profonde restructuration des vieux appareils juridiques et étatiques. D'aucuns ont accusé les artisans du front commun 1972 de vouloir changer le contrat social de base du système libéral. D'autres, plus nuancés, soutenaient que cette contestation devait emprunter les canaux démocratiques habituels des partis soumis au jugement de l'ensemble de l'électorat ; une telle bataille politique faisait d'une minorité un groupe de pression capable de mettre en échec l'ensemble de la société, sans subir l'épreuve d'un choix de l'électorat. On niait donc une forme nouvelle d'action politique qui débordait les scénarios habituels et exigeait une conception plus large de l'intervention publique des collectifs organisés. À la limite, le système actuel ne retient que l'intervention officielle des politiciens et des gouvernements quand il s'agit de la sphère politique explicite.

Bien sûr, les pouvoirs économiques influencent fortement les décisions, mais cela se fait souvent en dehors de tout contrôle démocratique. Comment alors reprocher aux syndicats d'exercer une force politique qui

---

4. M. David, *les Travailleurs et le sens de leur histoire*, p. 333.

est autrement plus démocratique puisqu'elle se déploie à ciel ouvert, dans l'aire publique. De plus, dans les circonstances, il s'agit bien de l'État employeur directement impliqué dans un conflit avec une partie des citoyens. Ce nouvel Asbestos ne pouvait qu'avoir une forte dimension politique. Il obligeait l'État à jouer de nouveaux rôles : celui de se situer différemment par rapport aux pouvoirs économiques privés ; celui de permettre à ses fonctionnaires et à ses autres agents publics d'exercer des responsabilités plus critiques et déterminantes dans les politiques. Les pouvoirs financiers ont vu le danger de diffusion de cette réclamation : une base de $100/semaine pour tous les travailleurs et une participation réelle à la gestion. D'où ce front commun implicite des politiciens, des financiers et des juges. La contradiction se radicalisait donc et remettait en cause le système social actuel.

Pour la première fois, le monde syndical pouvait poursuivre une action politique systématique et assez efficace. Le seul exemple semblable fut Asbestos. Mais, à ce moment-là, il s'agissait d'un conflit privé à incidence publique. Ce contexte laissait place à tout un trafic d'influence dans l'*underground,* alors qu'en 1972, le front commun des centrales syndicales reportait ouvertement le débat sur l'orientation globale de notre société. Voilà une évolution majeure. En effet les affrontements traditionnels très circonscrits entre le capital et le travail n'empêchaient pas habituellement la machine sociale de fonctionner. L'État pouvait servir de tampon, de neutralisateur ou de butoir sans être directement impliqué. Cette fois, le gouvernement devait se comprommettre au su et au vu de tous. Et les syndiqués savaient qu'ils tenaient en main un véritable pouvoir qu'ils n'avaient jamais eu auparavant. Ont-ils voulu aller trop vite ? Ont-ils saisi l'impact sur une population en général peu politisée, une population qui craignait un éclatement irrémédiable sans projet de rechange ? Tel est bien le cas. Sans classe ouvrière globalement organisée, sans parti propre, sans projet de rechange, sans stratégie nouvelle d'organisation socio-économique et de développement, on a voulu briser le système. Naïveté politique ? Erreur de stratégie ? Mauvaise évaluation de la situation réelle ? Ne risque-t-on pas d'être injuste en demandant aux agents de cette percée une maîtrise lucide d'un contexte déjà tissé de toutes ces contradictions que nous venons de mentionner ? Quelque chose vient de se passer dans le monde du travail et dans le corps politique, qui constitue un nouveau palier d'existence collective.

Évidemment, nous sommes encore au creux de la crise avec toutes ses ambiguïtés et ses profondes discordances. Pensons à la redéfinition inévitable des rôles du syndicat (jusqu'ici groupe de pression) de l'État, du Parlement, du parti, de la fonction juridique, du service public, de l'entreprise publique ou privée. Plus profondément, il y va des conséquences du nouveau statut du citoyen acquis après deux décennies de militance sociale intense, et préparé par de longues luttes particulièrement dans le monde ouvrier et syndical. *Ce statut revalorisé du citoyen reflue à l'intérieur du monde du travail et vient heurter le secteur le moins démocratique de la société.* Ce qui s'est passé dans l'aire des services publics commence à déborder sur les secteurs économiques privés. Ce ne sont pas les législations réactionnaires récentes qui arrêteront le mouvement. De tels défis exigeront beaucoup plus de lucidité de la part des divers agents d'intervention.

On ne peut donner cohérence aux conflits, si l'on maintient des structures, des statuts, des politiques, des processus empilés pêle-mêle dans un écheveau inextricable de contradictions. C'est peut-être l'État lui-même qui les cumule toutes actuellement : État employeur, législateur, arbitre, entrepreneur, courroie de la finance, animateur social (ex. : projet P.I.L.), instrument d'un parti, et que sais-je encore. Le syndicalisme n'est pas en laisse ici : lui aussi veut fédérer des rôles mal articulés : intérêts particuliers de ses divers groupes (parfois en concurrence, C.S.N. *vs* F.T.Q.), conquête du pouvoir politique et du pouvoir économique ; bref, action sur tous les fronts, et cela sans qu'on précise ce qui ressort des autres instances dans l'avenir : instances des partis politiques, des gouvernements, des professions, des autres organismes sociaux, des non-syndiqués, des assistés sociaux. Il en va ainsi des diverses conceptions de l'entreprise : privée, mixte ou nationalisée, multinationale ou autochtone, cogérée ou autogérée, coopérative ou étatique.

Et l'on pourrait continuer de dévider un pareil écheveau de plus en plus complexe et incohérent. On a ajouté cordage sur cordage. Le leader comme le simple citoyen se retrouve dans la situation de l'enfant incapable de démêler les nombreuses ficelles de son dévidoir-jouet. Un tel imbroglio est autrement plus grave quand il engage le sort de toute une société. Nous avons à jouer la carte d'une société ouverte, pluraliste, multiforme, plus libre. Avons-nous compris que cette option commande un maximum de responsabilité, de cohérence, de liberté structurée, de concertation volontaire, d'autodétermination concertée, etc. Quand un petit groupe peut mettre en échec total ce type de société, il lui faut être extrêmement juste et judicieux. Autrement, il continue, même pour la bonne cause, à ne miser que sur la loi du plus fort. Certains gros syndiqués ressemblent aux capitalistes et font perdre la crédibilité d'un mouvement historique payé de sueurs et de sang par les petits de la société. Dans un tel contexte, seulement des groupes puissants et des personnalités fortes se font une place sous le soleil. Le peuple, plus aliéné que jamais, pourrait bien se tourner vers des petits dictateurs en pareil cas. Et on sait quelle sorte de dictature !

Nos sociétés occidentales ne peuvent pas continuer à vivre sous cette menace de crise permanente ou d'irruptions volcaniques imprévisibles et violentes. La plupart des hommes ne tiennent pas le coup dans cette crainte permanente d'explosion. Ils choisissent alors la sécurité la plus aveugle et la plus mécanique, celle de la carotte, pour prendre un euphémisme. Au moment où tombent des grands pans de fausses légitimités et légalités, ce n'est pas le temps de perdre une crédibilité chèrement obtenue par des luttes authentiques de justice. Bien sûr, le chaos actuel est inévitable si on en juge par les grands tournants historiques précédents. Mais il y a des chaos autodestructeurs et des chaos régénérateurs. De cela aussi, l'histoire témoigne. Le coefficient de créativité, de projet, de politique nouvelle ne doit pas être noyé dans une psychologie simplificatrice de guerre aveugle.

Le radicalisme authentique porte des germes de vie qu'il faut féconder dès aujourd'hui, même au moment des plus durs conflits. Est-ce utopique ? Les hommes avancent dans la mesure où ils ont devant eux de nouveaux possibles, des horizons neufs un peu plus clairs, un certain avenir meilleur et identifiable. Il faut des projets et des politiques de rechange, de véritables stratégies qui progressivement redonnent confiance à ces nombreux citoyens encore sur la défensive. N'y a-t-il pas des étapes à franchir, des secteurs prioritaires à gagner ? Celui du travail nous apparaît, répétons-le, décisif, sinon premier. Nous allons d'abord clarifier certains enjeux collectifs dans cette perspective avant d'aborder des pistes d'action possibles. Vues du champ du travail, les contradictions à surmonter commencent à se révéler avec plus de netteté.

LES CONTRADICTIONS MISES À NU PAR LES TRAVAIL-LEURS 1. D'une part une société bâtie sur l'idéologie démocratique, et d'autre part, une vie économique dont les pouvoirs décisifs échappent en grande partie au contrôle des citoyens, des élus, des gouvernements. Il faudrait être aveugle pour nier cette évidence qui peut être vérifiée à partir des communautés locales jusqu'aux grands blocs internationaux. Les correctifs récents non seulement sont timides et inefficaces, mais ils accroissent parfois cet état de chose. Pensons aux nouveaux programmes gouvernementaux qui remettent dans les mains des pouvoirs privés d'énormes ressources publiques. On nous dira que, dans les conjonctures internationales, les États nationaux ne peuvent faire autrement. Mais combien exercent vraiment un contrôle politique et démocratique sur ces subventions tirées des biens collectifs ? En tout cas, nos propres gouvernements n'ont pas exagéré en ce sens. Dans un tel contexte, les travailleurs eux-mêmes ne pèsent pas beaucoup dans la balance. Jusque dans leur vie quotidienne, dans leur activité propre, ils ont souvent à subir des structures autoritaires anachroniques, antidémocratiques, asociales. Tout est mesuré à l'aune des besoins et des avantages purement économiques de l'entreprise. L'organisation du travail n'est qu'une courroie de transmission dans une machine qui s'assujettit aveuglément les travailleurs eux-mêmes. Les correctifs d'humanisation, aux yeux de ceux-ci, ne sont que des formes subtiles d'incitation à une plus grande productivité. On nous dira que le Canada et l'Amérique du Nord connaissent un formidable problème de productivité par rapport à l'évolution rapide de plusieurs pays concurrents. Mais ceux-ci, en bien des cas et dans une certaine mesure, ont redonné au travail son caractère social, et au travailleur un statut et une dignité ignorés dans nos milieux économiques nord-américains. Bien sûr, dans certaines catégories, les salaires sont alléchants, mais à quel prix humain ! De toute façon, on aboutit présentement tout autant à l'inefficacité qu'à l'aliénation. Les insatisfactions mal identifiées s'expriment alors sur des terrains extérieurs à leurs lieux d'origine. Il s'agit de s'arracher la meilleure part du gâteau, soit en salaires, soit en profit. La qualité du gâteau n'est pas soumise à une critique judicieuse. Ceux qui le produisent ou le consomment, ne négocient que des quantités. Dérive tragique d'une vie économique aveugle, à cent lieues des vrais enjeux humains. De bas en haut de l'échelle des agents de production, la plupart trouvent leur travail monotone et aliénant. Certains font le procès de l'automation, du gigantisme, ou du bureaucratisme. Est-ce là le problème fondamental ? N'a-t-on pas plutôt défini le travail de l'homme lui-même à partir de modèles mécanistes qui font de l'agent humain et de la communauté de travail, plus des instruments que des sujets et des fins. Voici que l'homme ne vaut plus pour lui-même dans l'un des secteurs les plus importants de sa vie. Il nous faut songer à une tout autre philosophie sociale, économique et politique. Déjà l'expérience démocratique interroge les formes autocratiques d'organisation du travail.

2. Il existe d'autres phénomènes actuels qui accusent cette contradiction. Tout le style d'éducation a été profondément bouleversé. Dès le bas âge, l'enfant est amené à créer, à imaginer, à prendre des initiatives et des responsabilités, à travailler en équipe solidaire. On tend à éliminer la compétition interindividuelle. Il en va de même des autres champs d'activités marqués par la nouvelle culture. Dès l'arrivée sur le marché du travail, il se produit un choc psychologique et socioculturel qui parfois débouche sur des refus ou des violences plus ou moins aveugles. *Le style de travail est tellement en contradiction avec le style d'éducation et les styles de vie de la nouvelle culture.* Comment être surpris du caractère explosif de bien des milieux de travail ?

Notre inconscience et nos inconséquences sociales devant de telles contradictions sont des obstacles ahurissants quand il s'agit d'envisager des solutions lucides et des politiques réalistes. Nous voyons ici les faiblesses d'une société qui a perdu la trace d'une sagesse capable de maîtriser son évolution. Toute cette belle rationalité technocratique n'a pas su rencontrer les exigences minimales de certains équilibres fondamentaux. On ne réforme pas une institution majeure comme l'école sans la situer dans une stratégie plus large de changement, dans une politique de développement qui recouvre le réseau des principales institutions et des activités collectives majeures.

À la limite, on peut se demander si les réformes n'ont porté que sur des changements intermédiaires et parallèles de type bureaucratique, sans cadre politique au sommet et sans soutiens communautaires à la base. Tout semble avoir porté sur des structures d'entre-deux : une multiplicité de paliers sans clef de voûte et sans fondation solide. La pléthore du secteur tertiaire en témoigne, et plus encore la déstructuration de la culture première et de ses tissus familiaux, scolaires, religieux et autres. On a « fonctionnarisé » le travail dans une multitude de secteurs. On a minimisé exagérément l'importance des communautés locales. Voici que des dynamismes collectifs commencent à s'exprimer à tous ces niveaux, mais ils ne rencontrent que des encadrements bureaucratiques et un vide politique désarmants. Nous aurons à revenir sur cette contradiction qui prend des proportions souvent insoupçonnées.

3. Jusqu'ici les travailleurs obtenaient leur sécurité minimale par leur emploi rémunéré. Voici que des mesures sociales plus unifiées et plus efficaces évoluent vers le revenu garanti. À première vue, il n'y a rien de problématique dans ces deux constats successifs. Voyons les choses de plus près. Chez les Québécois francophones particulièrement, il existe une très forte couche de petits salariés. *Qu'est-ce qui va amener ceux-ci à poursuivre un travail déshumanisant, alors que les mesures sociales nouvelles peuvent leur apporter la sécurité minimale, et parfois des avantages matériels supérieurs ?* Nous ne contestons pas la perspective de revenu garanti, mais plutôt son incohérence par rapport au système social actuel qui continue d'identifier et de valoriser les hommes par leur travail. Il va se produire une sorte de distorsion de la conscience sociale entre la démocratisation de la sécurité et la jungle inhumaine du monde du travail. *Instaurer le revenu garanti et ne pas toucher les structures économiques !* Voilà la nouvelle entourloupette politique que veulent nous vendre les néo-capitalistes et les politiciens au pouvoir. Pourtant, il s'agit de choix majeurs qui devraient être soumis au jugement de la collectivité. Choisir *d'abord* le plein emploi (avec son sens relatif) ou choisir *d'abord* le revenu garanti, relèvent de deux conceptions différentes de l'homme et de la

société. Le travail n'y occupe pas la même place dans l'échelle de valeurs. L'économie n'a plus le même sens dans les deux cas. Ni le dilemme libéral : plus de chômage, moins d'inflation et vice versa. Les économistes de service ne sauraient nous leurrer avec certaines solutions acrobatiques. Dès qu'on aborde ces problèmes par le biais social, ils nous disent que ça ne concerne pas la rationalité économique. Quelle rationalité ! Et pourtant, ils se font fort d'orienter des décisions politiques qui comportent inévitablement des facteurs sociaux et humains inhérents aux démarches économiques elles-mêmes. Car, il s'agit bien ici d'une activité humaine d'une importance capitale. Combien de sorts humains y sont liés ? Keynes lui-même avait plus de scrupule social quand il a présenté des voies nouvelles de solutions à divers gouvernements !

Encore ici, d'autres incidences interviennent. L'écheveau de contradictions se complique. Les politiques sociales peuvent bien s'indexer en fonction du coût moyen du panier de consommation. Mais celui-ci dépend d'un réseau privé de production et de consommation qui échappe à un véritable contrôle démocratique. *À la limite les politiques sociales actuelles sont d'inspiration étrangère à celle de pouvoirs économiques privés et en définitive, aussi déterminantes que dominantes.*

Si on considère maintenant la vie quotidienne, surtout celle des milieux populaires, une autre difficulté tragique apparaît. Les nantis comme les nouveaux émancipés l'ignorent très souvent. Dans le monde populaire, la division traditionnelle du travail entre les sexes est encore assez rigide. L'homme a comme fonction quasi exclusive d'être le gagne-pain par son travail. La femme cumule pratiquement toutes les autres fonctions du foyer. Combien de drames j'ai vus ! La femme ne supporte pas que son homme en chômage reste à la maison. *Elle acceptera plus facilement d'être mère nécessiteuse que d'être l'épouse d'un chômeur.* C'est bien compréhensible, en l'occurrence. Et le pauvre homme n'aura que le choix entre une quête incessante de travail ou bien la désertion du foyer. Si la situation dure assez longtemps, le travailleur se démolit irrémédiablement, ou bien il accepte n'importe quelle « jobine », quitte à travailler 70 heures par semaine (temps supplémentaire, double emploi, etc.) et être rarement à la maison. Le problème s'accroît par le fait que des nouveaux modèles conjugaux et familiaux incitent à un nouveau partage de tâches entre l'homme et la femme, particulièrement à la maison. C'est pour le moins un luxe contraignant pour les gens du milieu populaire. Disons en passant que certaines féministes extrémistes sont peu conscientes des transpositions de leur style d'émancipation sur des conditions de vie bien différentes de la leur. Le mâle québécois n'a jamais connu peut-être une situation aussi difficile. Et les partenaires masculins-féminins du milieu populaire se voient imposer des solutions ajustées aux classes moyennes et bourgeoises qui n'ont pas de problèmes de travail aussi aigus, et peuvent se donner des moyens d'adaptation ou de réajustement à ces nouveaux rôles. Encore une fois, ce sont les petits qui écopent des conflits entre les bourgeoisies existantes.

4. Un quatrième réseau de contradictions va nous amener plus près de notre préoccupation centrale. *De nombreuses études récentes ont montré comment bien des problèmes de santé, d'éducation, de comportement social, de vie familiale originent de conditions de travail plus qu'insatisfaisantes.*

Combien d'ouvriers peu valorisés à leur travail et par leur travail, transposent dans tous les autres secteurs sociaux leur complexe d'infériorité. Ils n'osent se mettre les pieds dans les associations de leur communauté locale. On ne les voit pas aux réunions de parents à l'école. Ils restent silencieux dans les assemblées publiques. Ils fuient tous les organismes officiels autres que leur syndicat. Et même là, ils s'en remettent facilement à leurs représentants, et surtout aux technocrates de leur centrale. Parfois leur système de travail (les trois huit, la semaine continue, le travail de nuit) les décourage de toute participation soutenue. Ils vivent alors à côté de la vie collective. Les rythmes brisés provoquent chez eux un constant déséquilibre biologique, psychologique et social. Plusieurs cherchent des succédanés dans les gadgets de la consommation, tout en développant une passivité de spectateur de T.V. Ceux qui connaissent ces milieux de l'intérieur savent combien la vie familiale devient extrêmement tendue. C'est au prix de très lourds sacrifices que ces foyers arrivent à créer une atmosphère respirable, surtout quand la femme travaille à l'extérieur. On ne peut se payer ni gardienne, ni autres soutiens du genre. Boulot, dodo et métro, voilà le lot exclusif de plusieurs. Le travail conditionne tout le reste. Et quel travail !

Col-bleu ou col-blanc, le petit salarié mobilise toutes ses énergies dans la maximisation des heures de travail pour être dans la course échevelée de l'inflation galopante et de la consommation débridée. Souvent il imite ceux qui se tuent à travailler pour consommer follement. Le réseau production-consommation se tient bien ensemble à tous les niveaux. C'est la masse des hommes qui écope de ce cercle vicieux aveugle d'une société qui s'interroge bien peu sur ce qu'elle produit et consomme. La techno-structure planifie la rentabilité matérielle, certaines minorités en profitent, et la majorité des hommes entrent, impuissants, dans ce cercle infernal. Ils consomment comme ils travaillent, c'est-à-dire sans maîtrise minimale de leurs gestes quotidiens les plus vitaux. Leurs aspirations les plus humaines comme leurs besoins les plus profonds, restent marginaux par rapport à ce réseau de pratiques sociales, qui constituent l'assise de l'exis-

tence. Ils commencent par être objets au travail avant d'être sujets mani-
pulés dans la consommation. Ce style de vie aliénant se répercute dans
tous les autres domaines. Par exemple, le type de loisirs correspondra à
la forme de travail ; il sera aussi peu créateur et gratifiant. Encore ici,
bien des enquêtes le prouvent[5]. D'ailleurs, il suffit d'observer le monde
des loisirs et des sports commercialisés. Même les relations humaines les
plus fondamentales, les rapports sociaux les plus familiers, auront des traits
semblables à ceux de l'organisation du travail, comme nous le verrons
dans les chapitres subséquents.

Pour nous en convaincre, faut-il prendre des exemples plus évidents ?
Le dossier noir travail-santé est très lourd. Par exemple, on a découvert
une forte corrélation entre les maladies mentales nerveuses, coronariennes
ou autres et des conditions de travail peu gratifiantes : insécurité matérielle,
relations tendues, travail insignifiant et peu reconnu, fort coefficient d'instabilité et de mobilité, déséquilibre par rapport aux autres dimensions de la
vie, absence de sécurité d'emploi, pauvreté de support venant du milieu
de travail, etc. L'aliénation au travail n'est pas un pur critère de critique
idéologique. Elle se traduit d'abord dans la condition physique et psychique. Elle donne le sentiment d'un avenir bloqué, d'une vie emprisonnée,
d'un bonheur impossible. Elle réduit l'aire de la lutte pour la vie à la
survivance ou à l'existence brute. D'où la démission biologique, personnelle et sociale qui l'accompagne souvent. On ne le dira jamais assez : les
pires frustrations de l'adulte viennent de ses insatisfactions au travail. Ce
sont celles qu'il domine le moins, surtout dans une culture qui accroche
tout à la capacité productive de l'homme, jusqu'au statut social et à
l'identification personnelle.

Aux aspirations déçues succède une anxiété aussi insaisissable que
brutale. La pression environnante devient très forte pour accroître le sentiment d'inutilité de son travail et de futilité de sa vie. Les thérapies de
réhabilitation, de prévention ou d'adaptation s'avèrent de bien pauvres
soutiens en pareil cas, surtout quand elles sont présentées naïvement ou
faussement comme un retour à la vie normale ! « C'est quoi, la vie normale ? Le travail qui m'a démoli, n'a pas changé. Mais moi, j'ai changé.
Et je puis encore moins le supporter. » Combien de ceux qu'on a renvoyés
à la « vie normale » dans le cadre du programme gouvernemental qui porte
ce nom, corroboreraient cet aveu d'un des leurs ? Évidemment la médecine
pharmaceutique réussit artificiellement à endormir les maladies « lucides »
des travailleurs conscients et critiques. Mais elle ne change rien aux
problèmes de fond.

---

5. Pour ne pas alourdir le texte, nous renvoyons le lecteur à la longue
bibliographie qui termine cet ouvrage.

La société mise sur le travail des citoyens comme fondement de son progrès, tout en considérant les difficultés des travailleurs comme des épiphénomènes, des effets malheureux ou des conséquences indirectes d'un système économique érigé en vérité absolue. Toute la logique des causes et des effets est ici sens dessus dessous. Les violences aveugles, les agressivités pathologiques ont bien des sources quelque part ! On s'inquiète des coûts prohibitifs et croissants des politiques de santé. L'épargne pourrait peut-être venir davantage de la maîtrise des sources réelles de la maladie !

Au bilan, il faut avoir le courage de nous demander si la cohérence de politiques sociales unifiées et bien articulées a toutes les vertus que nos politiciens et technocrates veulent nous vendre. Nous ne boudons pas cet effort rationnel et ce souci d'efficacité administrative. Qu'il s'agisse d'aide, de thérapie ou même de prévention, les politiques sociales rénovées ne touchent pas les sources profondes qui ont multiplié par deux ou par cinq les symptômes et les assistés. Un système social qui sécrète autant de déséquilibres et de déchets défera à mesure la pertinence des meilleures politiques sociales et des services les plus efficaces. Réadapter des chômeurs, des assistés, des malades psychiques à un organisme social aussi peu humain et consistant, c'est prendre les choses par le mauvais bout. Nous ne nions pas la nécessité de ces services. Mais si les milieux de vie, les institutions normales, les activités quotidiennes n'ont plus de cohérence et de finalités humaines valables, on ne fait qu'entretenir le cercle vicieux.

Assurer la qualité du travail, par exemple, c'est le test de vérité de la qualité de la vie dans notre société. Qu'avons-nous fait en ce domaine ? Voilà peut-être la contradiction la plus profonde des politiques actuelles. Sans doute, on peut bien changer des choses à ce niveau, mais on change peu les hommes eux-mêmes parce qu'ils ne sont pas rejoints là où ils peuvent mettre à profit davantage et d'une façon quotidienne les dynamismes qu'ils portent. Il nous faut peut-être redécouvrir la signification et la force du travail pour redonner aux hommes courage, dignité, élan et espoir, goût de vivre et de lutter, joie de réaliser ensemble quelque chose de valable. « Si tu veux qu'ils se battent entre eux, donne-leur du pain, si tu veux les unir, fais-leur bâtir une tour. » Ou encore, mieux vaut montrer à pêcher que de donner un poisson à l'affamé.

TROIS LIGNES D'ACTION INSÉPARABLES On ne peut tout ramener à la critique des contradictions. Celle-ci ne définit pas par elle-même des objectifs pour l'action collective des travailleurs. Malgré ses enfermements et ses aliénations notre société demeure ouverte. Il y a possibilité pour une action collective même très radicale. Par exemple, les gigantesques moyens de communications de masse, en dépit de leurs asservissements à certains pouvoirs financiers, permettent de rejoindre de vastes collectifs populaires, autrefois maintenus hors de tous les circuits culturels et politiques. Pour autant que ces moyens sont réorientés, on imagine le soutien structurel qu'ils apporteraient à une conscience collective et à une solidarité populaire plus critique. Je ne suis pas sûr que militants et citoyens ordinaires aillent au bout de ce qu'ils sont en mesure de faire dès maintenant.

Production, consommation, information et culture de masse ont bien servi certains intérêts investis. Mais rien ne prouve que cette unanimité conditionnée n'est pas perméable à une transmutation en politique du peuple, si tant est qu'on n'associe pas la démocratie de base à du *wishfull thinking* stérile. Des chefs de file du mouvement ouvrier historique ont su voir dans tous les phénomènes accumulés de concentration démographique, technique et financière, non pas seulement une menace, mais aussi un tremplin possible pour de larges solidarités populaires. Déjà, le monde syndical a fait l'expérience de certaines mises en échec de firmes multinationales par des fronts ouvriers internationaux concertés. Le mouvement est à peine amorcé.

Notre insistance sur la transformation de milieux quotidiens circonscrits ne nous fait pas oublier ces impératifs de solidarité internationale. Les extrêmes du patelin et de la planète se rejoignent dans le tournant actuel de l'humanité. C'est par une évaluation de leurs conditions quotidiennes de vie au travail que les exécutants aliénés des pays riches et pauvres vont se reconnaître en eux, et non pas seulement par une conscience globale de l'impérialisme. Les uns ont à mieux identifier les illusions d'une certaine abondance comme version moderne du pain et des jeux. Les autres ont à démystifier des raretés fatales et irrémédiables auxquelles on voudrait les condamner. Deux façons différentes d'exténuer la dignité et le dynamisme de l'esprit. Nous nous demandons même si les pays pauvres n'ont pas gardé davantage cette force spirituelle propre à des engagements exigeants. Raison de plus pour relier les enjeux populaires d'ici et d'ailleurs. Après vingt ans d'action en milieu ouvrier, nous ne nous souvenons pas d'un seul conflit local « industriel » qui n'avait pas une certaine incidence internationale.

Mais n'oublions pas notre propre défi bien exprimé par M. David : « Parmi les travailleurs des pays occidentaux, il n'est pas exclu que soit en train de se répandre un nouveau type d'homme, relativement satisfait de ce qu'il retire de la société de consommation, et qui, tout à ses préoccupations de bien-être et de sécurité, perde le sens de ce qui dépasse la satisfaction de ses besoins matériels. Entre cet homme et le militant dont le mouvement ouvrier n'est sans doute pas près de manquer, est-il exagéré de présumer que l'incompréhension risque d'aller s'élargissant [6]. » Il ne suffira pas de surmonter les divisions actuelles des forces organisées des travailleurs. Il faudra atteindre ce palier de profondeur commune qui recèle tout autant les dynamismes latents que les aliénations majeures. Pour ce faire, nous allons reprendre ici nos trois paliers déjà esquissés dans l'introduction pour dégager les trois lignes de force correspondantes, à l'horizon d'une politique populaire qui vise « tout l'homme en chaque homme ». Dans la foulée de nos premières hypothèses, nous les rattachons au travail lui-même, conçu comme première catégorie sociale et économique. Qu'on nous entende bien, nous n'érigeons pas le travail en fin ultime ! Mais pour nous, il est le véhicule principal de la dynamique humaine. Nous essaierons de le montrer dans le prochain chapitre. Pour le moment, nous voulons voir les conjonctures actuelles à travers trois objectifs particulièrement rattachés aux problèmes et aux aspirations des travailleurs : la sécurité, le pouvoir, la culture. Nous avons déjà abordé ces trois aspects dans *Vers un nouveau pouvoir* (H.M.H., 1969). Mais l'évolution récente nous oblige à un second regard à la fois plus critique et plus constructif.

1. *La sécurité, son ambivalence et son au delà*   Quand on voit les choses à ras de condition ouvrière, on comprend que les luttes des travailleurs accordent une grande importance aux sécurités minimales d'un revenu décent, d'un emploi stable, d'un régime humain de travail et d'un bien-être non aléatoire et sans cesse menacé. Les préoccupations de sécurité peuvent connaître des modalités diverses, des centres de gravité différents. Mais elles constituent dans tous les cas une certaine assise commune pour tous les travailleurs.

Mais voici que s'opèrent des glissements de terrain dont il faut mesurer l'impact. L'établissement de politiques sociales, comme nous l'avons vu, peut faire perdre le fer de lance de la contestation du caractère asocial de notre régime économique capitaliste. Le danger est plus grave encore que celui de ne pas toucher aux structures effectives de pouvoir. En effet, la collectivité va-t-elle limiter ses horizons à la sécurité sociale, surtout dans un contexte libéraliste où l'on se contente de viser l'objectif de la sécurité de l'individu, tout en concédant une certaine socialisation par les équipements collectifs ? C'est une bien minime démocratisation que celle des nouvelles représentations des citoyens dans les services publics. Vaincra-t-on ici les aliénations de ce nouveau type d'homme dont nous faisions état ? Assurera-t-on un contexte dynamique de liberté et de créativité collective à la portée des masses ?

---

6. M. David, *les Travailleurs et le sens de leur histoire*, p. 198.

« Supposons que la sécurité sociale, assortie d'un équitable système fiscal réalise pour de bon une redistribution du revenu national. Admettons également qu'un ordre juridictionnel social voie le jour, qui rende les principes généraux du droit compatibles avec l'appréciation des lois sociales la plus favorable à l'intérêt des travailleurs et qu'une magistrature économique et sociale départage en toute indépendance les interlocuteurs sociaux. Ce ne serait là qu'instaurer le règne d'une société sécuriste qui amputerait les travailleurs de toute la partie d'eux-mêmes qui s'appelle goût des responsabilités et du risque, répugnance à vivre en assistés, volonté de contribuer à bâtir une cité où la fraternité se mesure autrement qu'en termes de prestation sociale. En somme les structures de la société, pour répondre aux vœux des travailleurs fidèles à leur histoire, appellent bien d'autres transformations que celles qui sont relatives à la sécurité sociale. Elles doivent leur permettre d'épanouir leur personnalité non seulement par une sécurité qui peut être lénifiante, mais aussi par l'accession au pouvoir et à la culture [7]. »

Il faudrait ajouter ici les impératifs de dynamiques collectives des forces populaires que le primat exclusif des politiques sociales laisse pour compte. On n'a qu'à faire un bilan rapide de toutes les formes nouvelles de dépendance qui ne sont pas étrangères aux dépolitisations massives. Le capitalisme ancien, et le nouveau, a une puissance extraordinaire d'imagination pour exténuer tout potentiel d'action collective déterminante dans le peuple, et pour protéger les intérêts décisifs de ses élites possédantes. Ce sécurisme renoue avec les grandes oligarchies impériales de l'histoire qui ont tenté de freiner leur décadence par un tel recours. Si les travailleurs veulent prendre les devants dans le renouvellement radical de la civilisation, ils devront bien évaluer leur participation à ce genre de socialisation et à ces objectifs inavoués.

2. *La conquête du pouvoir, sa nécessité, ses limites* Une conscience historique minimale repère ce cheminement de l'esclave au serf, au sujet, au citoyen, au syndicaliste. Une évolution plus vécue que conçue. Les dernières décennies ont marqué une volonté d'orienter cette évolution d'une façon à la fois plus consciente et plus politique.

« Sans la possibilité d'éprouver leur sens des responsabilités au sein même des organes où se prennent les décisions qui les concernent et dont dépend de surcroît le devenir de la société, il n'est pas pour les travailleurs de vraie sécurité.

« Embarqués dans cette captivante et redoutable aventure, qui ne leur laissera de cesse qu'ils aient fait de l'exercice effectif de leurs prérogatives

---

7. M. David, *les Travailleurs et le sens de leur histoire*, p. 337.

politiques le couronnement d'une vie civique enracinée en plein cœur des instances économiques et sociales, les militants ouvriers n'imaginèrent guère d'avoir à découper le pouvoir en tranches pour n'accéder qu'à certaines d'entre elles. Selon eux, pouvoir politique et pouvoir économique sont trop étroitement interdépendants pour qu'ils admettent d'avoir à s'emparer des leviers de l'un sans toucher à l'ordonnancement gestionnaire de l'autre [8]. »

L'enjeu est clair ; le sont moins le discernement et la stratégie politiques, surtout chez certains « politisés » qui pensent et agissent comme si toute démarche politique visait toujours des transformations réalisables d'un seul coup. Bien sûr, les travailleurs contemporains ont à donner une forme politique, cohérente et dynamique, à cette praxis historique lentement mûrie par leurs prédécesseurs. Pensons aux gains acquis en certains pays pour accéder à la gestion. Nous aurons à les analyser dans les prochains chapitres. Disons ici, que même des conquêtes d'un pouvoir plus déterminant ne libèrent pas automatiquement une dynamique politique chez l'ensemble des travailleurs de base. Habituellement, on inverse ce raisonnement pour dire qu'on n'obtient rien sans le pouvoir total. C'est une conception de l'action, à la limite antipolitique. En plus d'exténuer la possibilité de luttes et de conquêtes d'étape, elle prête flanc à un néo-élitisme, à une « nouvelle classe » de privilégiés du pouvoir.

Il ne suffit pas de déplacer les pouvoirs. Il faut libérer chez les citoyens ordinaires et les forces populaires leur capacité de responsabilités socio-économiques et politiques. Tout le contraire de l'élitisme d'un nombre restreint de militants qui téléguide le « peuple » dans leur propre sillage pour *leur* conquête du pouvoir. Certains leaders ont parfois d'étranges liens de parenté avec les politiciens les plus traditionnels. Leurs contestations sont parfois d'un simplisme déroutant : du refus global à la solution-panacée des coopératives ouvrières de production. Pendant ce temps, l'existence concrète et actuelle des travailleurs reste sans la moindre petite responsabilité collective qui leur donnerait le goût d'aller plus loin. Il y a eu chez nous, depuis quelque temps, une consommation massive de discours sur le pouvoir, qui a fait de celui-ci un *deus ex machina*, étranger à la réalité contemporaine et aux nouvelles composantes complexes du pouvoir dans une société ouverte, pluraliste, multipolaire.

Nous comprenons les réticences devant les dangers de récupération, d'adaptation fonctionnelle et servile, d'intégration douteuse, dans la participation à la gestion. Mais les puretés sans mains valent-elles mieux ? Il ne reste alors que l'opposition défensive globale en attendant le renversement des pouvoirs établis. Certaines stratégies de la social-démocratie ont

---

8. M. David, *les Travailleurs et le sens de leur histoire*, p. 338.

gagné des majorités en certains milieux occidentaux, alors qu'un certain radicalisme doctrinaire s'est aliéné pour longtemps peut-être les masses laborieuses. L'exemple du N.P.D. (Nouveau parti démocratique) dans l'Ouest canadien peut servir de leçon à certaines gauches de l'Est. Il n'y a pas que le risque global. Des risques partiels ont souvent l'avantage d'apporter expérience, confiance, goût de dépassement. On ne franchit pas les frontières en se contentant de les nier. Cultiver le complexe du choix entre l'abîme ou le ciel comporte un étrange relent de chrétienté. N'y a-t-il pas ici un manque de confiance dans la possibilité d'un véritable cheminement démocratique qui amènerait les travailleurs à préciser des démarches politiques efficaces pour atteindre des objectifs qu'ils auront eux-mêmes définis dans leur vrai cadre d'existence, dans leurs conjonctures réelles ?

Cela ne préjuge pas de la nécessité d'acquérir un pouvoir décisif. Mais c'est une tout autre affaire que de le façonner à même les dynamismes existants, là où vraiment ils se trouvent. Nous pensons fermement que déjà le travail de base autogéré et les luttes de participation à la gestion peuvent contribuer à prendre le néo-capitalisme à son propre jeu, et cela sur son propre terrain, par le biais de rapports industriels profondément transformés (d'ailleurs les réticences patronales devant de telles perspectives témoignent en faveur de cette forme d'action ouvrière). Les contradictions fondamentales seront mises à nu. Pendant ce temps, les travailleurs commenceront à sortir d'une attitude purement négative et méfiante et à élaborer des contre-propositions constructives. L'élaboration de celles-ci charrie un apprentissage social, économique et politique d'une inestimable valeur, bien au delà de certaines luttes rituelles de pouvoir érigé en solution automatique. Le pouvoir vaut par son contenu et la qualité des hommes qui le portent. Il renvoie aux fins que l'on poursuit. Il se révèle aussi dans son exercice quotidien. Pourquoi n'y aurait-il pas avantage à se battre dans des réformes réalisables, si les objectifs derniers sont constamment maintenus par une militance vigilante ? Ce ne sont pas des comités d'action politique plus ou moins parallèles ou marginaux qui assureront une action quotidienne largement alimentée par toutes les richesses et les défis de la vie ouvrière. Cet apparent progrès d'une nouvelle instance purement structurelle pourrait bien constituer le rétrécissement d'une peau de chagrin déjà assez ratatinée par une conception simpliste et réductrice du pouvoir, et assez engoncée dans un vieil élitisme qui ne croit pas vraiment à la démocratie. On ne fait qu'accréditer les convictions inavouées des pouvoirs anciens et des nouveaux bien installés.

3. *Les enjeux culturels, leur portée illimitée*   Nous avons souligné précédemment le danger d'isoler ou d'ignorer les questions majeures de « contenus humains » dans les luttes de sécurité et de pouvoir. Voilà le principal

terreau où les travailleurs puiseront force, motivation et orientation d'action. Encore ici, il faut attenter à une autre vision étroite des choses. Certains voient la culture comme un hors-d'œuvre pour consommation bourgeoise. Toute l'histoire du mouvement ouvrier proteste, et non pas seulement au nom des dures luttes de démocratisation scolaire. Une lignée de militants sont conviés à la barre des témoins par M. David :

« Ils ne peuvent prendre partie de la coexistence de deux cultures, l'une fine, distinguée, désintéressée, réservée à une étroite minorité de privilégiés de la naissance et de la fortune, l'autre fruste, mal dégrossie, laissée en pitance aux éléments populaires. Ce dualisme leur paraît d'autant plus intolérable que les bourgeois qui barrent toutes les avenues menant à la culture se gardent bien d'engager à son service le tout de leurs personnes. Pour autant qu'ils y affectent le trop plein de leurs bénéfices, ils entendent être bien servis par des professionnels de la culture, qui font alterner les morceaux de bravoure de l'académisme le plus désuet avec la légèreté boulevardière et l'encanaillement pseudo-populaire. [9] »

Depuis quelques années, nous avons assisté à la montée des clowns populaires chez nous. Pensons à Deschamps, Tremblay, Sol et tant d'autres. Nos chansonniers, poètes, romanciers et cinéastes ont fait vibrer bien des fibres de notre chair. Ont-ils exprimé l'âme profonde de notre peuple ? Ils ont sûrement offert une catharsis pour exorciser des aliénations trop longtemps cachées ou camouflées. Mais ont-ils révélé nos propres dynamiques culturelles ? J'en doute. Cette bile abondante nous a fait rire jaune. Et puis après ? Nous craignons une culture cantonnée dans le monde du spectacle, dans l'univers des arts et des lettres, sur l'écran de media omniprésents, ou même dans les cadres scolaires. Les mouvements de base ont davantage véhiculé une certaine créativité collective originale, plus que bien des radicalismes populistes, démagogiques et étrangement abstraits.

Il y a dans l'histoire de notre peuple des richesses culturelles qui attendent des stratégies d'assumation. Certaines initiatives collectives dans les couches populaires ont mis en valeur cette capacité d'auto-investissement total dans une créativité solidaire ; tout le contraire d'un certain bourgeoisisme qui ne s'implique pas vraiment, qui dissocie la culture seconde et la culture première. Seul le peuple peut opérer des raccords renouvelés de ces deux composantes de tout sujet historique. L'évolution de la société industrielle a été marquée par des dissociations tragiques entre technologie et culture, entre fête et travail, entre rêve et conditions de vie, entre besoins et aspirations, entre symboles et vécus. Autant de divorces pour déraciner la culture des praxis quotidiennes. Nous savons bien que la culture est

---

9. M. David, *les Travailleurs et le sens de leur histoire*, p. 344.

aussi distance critique pour faire éclater les frontières de l'immédiat. Mais elle est davantage synergie dialectique du vécu et du conçu particuliers d'un sujet historique.

Or, c'est là la marque première de la culture populaire. Celle-ci se révèle, d'une façon privilégiée, dans un travail libéré, dans les solidarités vitales. On ne fera pas l'économie de cette longue expérience culturelle des peuples qui ont tissé leurs propres modes d'être, de vivre, de penser et d'agir à même cet échange vital et articulé du travail et de la fête, de la nature et de la culture, des œuvres collectives et des symboles spontanés, des rites et de la quotidienneté gratuite. Il y a un certain test de vérité dans le jaugeage de l'aliénation culturelle au travail. Comme nous le verrons, ce fut le pire effet du taylorisme que de boucher ce que Marx appelle les pores de respiration du travail humain. De là, ont découlé la mort de la fête, la surdétermination pléthorique de la culture seconde, la marginalisation de l'éthique et des objectifs humains d'une vie collective épanouissante.

Les travailleurs d'exécution, par delà une indéniable aliénation, appartiennent vitalement au monde spirituel de l'homme nu, situé, qui a été le point de départ des révolutions authentiques, qu'il s'agisse de l'anawim de Jésus ou du prolétaire de Marx. Nous ne nous orientons pas ici vers une sorte d'immaculée conception de la culture prolétarienne ou de la pauvreté évangélique. Que de fausses interprétations n'a-t-on pas prêtées à ces diverses versions radicales de l'homme ! Notre propos est plus humble et moins théorique qu'il n'en a l'air. Pour nous, le sens aigu de la justice, d'une certaine égalité foncière des hommes, d'une libération solidaire, d'un engagement total, d'une certaine transcendance de l'homme nu sur tous les habillements, appartient à une culture populaire capable de grandes fécondités collectives. Certains plaidoyers restent aristocratico-bourgeois quand ils veulent étendre l'aire culturelle bourgeoise aux génies oubliés du monde populaire, aux talents exceptionnels égarés malheureusement dans le petit peuple. Celui-ci globalement appartiendrait à un univers culturel de médiocrité et d'impuissance.

Les remises en cause actuelles des réformes scolaires démocratiques réjouissent ces pouvoirs d'hier et d'aujourd'hui qui ont voulu s'asservir les savoirs. Évidemment, ces réformes n'ont pas tenu leurs promesses. Mais au moment où les classes populaires pourraient accéder à l'école, à la culture, certaines bourgeoisies de gauche (eh oui !) s'appliquent à détruire l'école. Le monde ouvrier n'y comprend rien. Il a l'impression de se faire flouer une fois de plus. On lui a dit d'abord que la démocratie lui permettrait de vaincre son aliénation politique. On sait la suite. On lui a dit que ses luttes au travail devaient vaincre son aliénation la plus fondamentale, c'est-à-dire économique et voici qu'on annonce l'avènement de la

« civilisation des loisirs », de la « civilisation heureuse » où le travail sera un épiphénomène. Comment, lui qui investit tout au travail, se sent-il dans ce prétendu nouveau contexte ? Et maintenant, on tente de le convaincre que l'aliénation culturelle est la plus profonde et en même temps il voit saboter ce qui lui semble des équipements nécessaires, très dispendieux pour ses goussets, et aujourd'hui apparemment accessibles. Certaines gauches le désarçonnent davantage que les droites. De part et d'autre, on l'accuse de conservatisme étroit et immédiatiste. Tantôt complice du pouvoir et ennemi de la révolution, tantôt frein du progrès économique et scientifique, que n'a-t-il pas à supporter des procès déguisés qui lui donnent la tentation de céder aux démagogues ?

Dans cet ouvrage nous essaierons de dégager des praxis sociales, culturelles, économiques et politiques susceptibles de mettre en valeur les dynamismes collectifs des milieux de travail. Si l'économie fournit l'assise matérielle, si la politique joue surtout une fonction de cohérence, c'est la culture qui génère les dynamismes et spécifie les finalités humaines. De telles affirmations devront être prouvées. *Nous reviendrons tout au long de cet ouvrage sur l'explicitation de ces trois lignes de force dont nous regardons ici les diverses facettes à partir d'une même orbite de vision : le travail.* Nous avons le goût d'évoquer ici une constatation mille fois renouvelée : c'est toujours à travers leur expérience de travailleurs que les adultes du milieu ouvrier m'ont révélé la fine pointe de leur être, et cela même à travers les processus cumulatifs d'infériorisation qu'ils ont vécus d'abord au travail, et partout ailleurs. Culturellement, économiquement ou politiquement toute praxis passe par ces tripes et par ce cœur à vif d'une expérience humaine beaucoup plus riche qu'on ne le pense. Il faut pousser plus loin notre recherche dans cette veine. Mais retenons que la désaliénation politique ou économique n'écarte pas automatiquement l'aliénation culturelle et vice versa. Il y a ici une interdépendance obligée de trois praxis.

DYNAMIQUES
COLLECTIVES
DU TRAVAIL

« *Le travail est l'activité propre au travailleur, l'expression personnelle de sa vie. Et cette activité vitale, il la vend à un tiers pour s'assurer les moyens nécessaires à son existence. Si bien que l'activité vitale n'est rien sinon l'unique moyen de subsistance. Il travaille pour vivre. Il ne compte point le travail en tant que tel comme faisant partie de sa vie ; c'est bien plutôt le sacrifice de cette vie. C'est pourquoi le produit de son activité n'est pas le but de son activité. Ce qu'il produit pour lui-même n'est pas la soie qu'il tisse, l'or qu'il extrait de la mine, le palais qu'il élève. Ce qu'il produit pour lui-même, c'est le salaire ; la soie, l'or, le palais se réduisent pour lui à une quantité de moyens de subsistance, tels qu'une veste de coton, de la menue monnaie et le petit logis où il habite. Voilà un ouvrier qui tisse, file, perce, tourne, bâtit, creuse, casse ou charrie des pierres. Ces heures de tissage, de filage, de perçage, de travail au tour ou à la pelle, ou au marteau à tailler la pierre, l'ouvrier les considère-t-il comme une expression de son existence, y voit-il l'essentiel de sa vie ? Non, bien au contraire. La vie commence pour lui quand cette activité prend fin, à table, au bistrot, au lit. Les heures de travail n'ont pas de sens pour lui en ce qu'il les passe à tisser, à filer, à tourner, mais en ce qu'il gagne de quoi aller à table, au bistrot, au lit. Si le ver à soie filait pour joindre les deux bouts en demeurant chenille, il serait le salarié parfait.* »

KARL MARX, *Travail salarié et Capital*, 1849

VALEUR DU TRAVAIL CONTESTÉE Sans travail, la vie se corrompt ; mais quand le travail n'a plus d'âme, la vie se meurt. Voilà ce que disait un jour A. Camus. Nous sommes ici au carrefour de bien des remises en cause qui charrient le meilleur et le pire de l'expérience contemporaine. Les critiques viennent de toutes parts. Non seulement les fruits du travail, mais aussi sa dynamique humaine seraient enlevés à la masse

des producteurs au profit d'une poignée de nantis ; que ce soit les privilégiés de l'argent ou les privilégiés de pouvoir, et cela dans certains pays
socialistes comme dans les pays capitalistes [10].

Mais il y a plus, on évoque le néo-taylorisme bureaucratique, l'aliénation du manager comme du dernier exécutant dans l'appareil de la technostructure. Les grands systèmes de notre civilisation n'auraient misé en
définitive que sur la croissance économique aveugle et sur un « travaillisme » abêtissant. L'ennui et l'insignifiance de la vie moderne commence-
raient dans cette névrose collective au travail.

Selon certains, il faudrait renverser cette échelle de valeurs et redonner le primat à la fête, au jeu, à la vie gratuite et au bonheur sans
contrainte. Ne serait-ce pas d'ailleurs une conséquence logique de l'évolution technologique qui permet de confier à la machine la plupart des
travaux traditionnels assumés par les hommes eux-mêmes ? Mais pour
atteindre ce but, il serait nécessaire de démystifier cette culture du travail
et lui opposer la contre-culture de la civilisation heureuse. Ici, les jeunes
générations nous montreraient la voie : « C'est le début d'un temps
nouveau... les hommes ne travaillent plus... travaillent plus... Le bonheur
est l'unique vertu », disait-on dans une mélodie récente. On accole étrangement cette aspiration à la vie libre des primitifs, au grand dam des
ethnologues qui ont une tout autre vision de ce prétendu âge d'or de
l'expérience humaine.

D'autres objecteurs prennent le contre-pied de cette récente escalade
utopique. La grande majorité des êtres humains en est encore à la lutte
pour le pain, le travail et la survie. Pour faire la joie des nouvelles minorités
d'entretenus « petits bourgeois », une masse de tâcherons devra suer encore
longtemps. Ceux-ci auront à servir non seulement les maîtres de toujours,
mais aussi ces nouveaux petits tyrans déguisés en *peace and love,* en communards de luxe, en pèlerins de l'Absolu qui ont changé les objets de
consommation sans se départir de la mentalité correspondante : du pain
et des jeux. La civilisation des loisirs, à la portée de tout le monde ?
Allez-y voir ! Le petit peuple ne se reconnaît pas dans ces utopistes qui ont
la grève facile quand leur bourse diminue. Parfois le paradoxe devient
brutal. D'une part, la dénonciation de l'école comme préparation ou
apprentissage au travail, d'autre part, la revendication, chez de nombreux
travailleurs, pour une formation plus adaptée aux requêtes du marché du
travail. L'écart entre ces deux attitudes est plus accusé qu'on ne le pense
habituellement. Le peuple dégoûté retourne à ses vieux maîtres, moins par
séduction que par rejet de ces faux-monnayeurs qui semblent se foutre de

---

10. G. Martinet, *les Cinq communismes.*

ce qui préoccupe l'homme ordinaire dans les conditions actuelles de vie : gagner son pain, avoir un travail valable, pouvoir faire face à ses responsabilités familiales, s'assurer une sécurité pour l'avenir comme pour le présent. Enlever aux classes populaires le travail comme point d'appui de leur libération et affirmation collective, c'est leur couper les mains, accroître leur dépendance, et surtout leur enlever le terrain le plus familier et naturel de solidarité, d'action et d'engagement. N'est-ce pas les amener à fuir le vrai champ de lutte entre les forces de production et les rapports de production ? N'est-ce pas préparer de gigantesques conflits d'intérêt entre les boursiers et les assistés ? N'est-ce pas faire croître le nombre des « sans nom » dans une société, qui, encore pour longtemps, identifiera les hommes par leur travail, par leur rôle dans l'existence collective ? Bien sûr, il faut transformer radicalement les structures économiques et vaincre les pouvoirs oppresseurs. Mais le fera-t-on dans le *no man's land* de la contre-culture, dans les loisirs commercialisés, avec les forces dispersées et atomisées de chômeurs, d'assistés, de communards ? Comment faire fi de cette longue expérience historique des travailleurs qui, à partir de leur travail, se sont donné des structures syndicales, des instruments de lutte sociale, économique et politique ? Qu'un certain syndicalisme ait fait le jeu des pouvoirs et des idéologies dominantes, personne ne le niera. Mais faire déboucher ce procès sur la non-pertinence de cet instrument fondamental, c'est une imposture très grave.

DES RAPPORTS PLUS JUSTES ENTRE TRAVAIL, SYNDICALISME ET POLITIQUE L'action ouvrière a révélé sa multidimensionnalité : militance quotidienne, action syndicale, lutte sociale, affrontement politique, clarification idéologique. Mais ce sont les rapports entre ces diverses composantes qui ne sont pas encore élucidés et articulés. Évidemment, l'action politico-idéologique peut refluer sur le travail pour l'ouvrir à des horizons plus larges et plus critiques. Ce sont des fruits qu'on pourrait compter obtenir des expériences récentes. Mais ce résultat positif n'est pas si sûr, précisément parce qu'on a peu fait pour dégager les dynamiques et les praxis internes au travail lui-même. C'est une autre perspective que de permettre, dans une militance quotidienne, de faire des milieux de travail le premier lieu naturel de la conscientisation, de la socialisation et de la politisation. Le premier lieu aussi d'un engagement critique, solidaire et soutenu, d'une affirmation personnelle et collective, d'une responsabilité compétente et entreprenante, enfin d'une vie assumée, maîtrisée, finalisée. Certains militantismes récents ont perdu de vue ces données simples et fondamentales de l'expérience ordinaire des hommes au travail. Je sais bien qu'il s'agit d'une seule dimension dans le défi social et politique des travailleurs, mais c'est celle-là que nous voulons rappeler ici avec force.

UNE RÉVOLUTION HISTORIQUE MAL ASSUMÉE ? Au cœur de la constitution de la société industrielle, le mouvement ouvrier a opéré une sorte de retournement violent vers les pratiques sociales effectives. La démocratie libérale avait maintenu des fictions juridiques et idéologiques qui empêchaient de saisir les véritables conditions de vie, les situations réelles des rapports sociaux de base. Bien plus, les contradictions entre ces deux paliers allaient s'élargissant. D'une façon encore plus subtile, l'homme ordinaire, aliéné dans son travail, s'appauvrissait davantage dans les faux espoirs d'un recours démocratique inaccessible et dans des absolus étrangers à son expérience vitale. Il se pensait à partir d'un univers de valeurs et de modèles reçus qu'il n'avait pas produits.

Or, on découvrait en même temps le rapport fondamental entre le travail et son produit. Ce rapport s'exprime mieux en anglais : *work*-travail, *works*-œuvres. Du coup apparaissait la brisure d'une dynamique humaine essentielle, dans la mesure où on comprenait que le système socio-économique rejetait le travail et le travailleur en dehors du circuit des biens, des fruits du travail, des structures et des pouvoirs qui se les appropriaient. Deux lignes de force échappaient au travailleur : la création et l'auto-création qui l'accompagne, d'une part et d'autre part, le contrôle de cette création. La fonction centrale de libération et de désaliénation du travail laissait place à son opposé : l'aliénation par le travail.

Peu à peu le mouvement comprit que c'est la dynamique sociale interne au travail qui pouvait inverser un système économico-politique qui plaçait une élite dominante au-dessus d'un peuple asservi jusque dans son activité la plus près de lui. Pour redevenir agents historiques de cette révolution, les travailleurs devaient d'abord reprendre le contrôle de leur activité de producteur et redonner sa dimension d'autodétermination collective au travail lui-même. N'était-ce pas la première voie de réinterprétation de leur situation historique propre dans la société ? Ils ont donc entrepris de regarder critiquement celle-ci à partir de ce champ d'expérience et de vision. Ce faisant, il inversait l'intelligence sociale habituelle qui allait des valeurs indiscutées et indiscutables aux événements, des modèles et pouvoirs imposés aux applications contingentes, des institutions établies aux comportements correspondants, d'une éthique idéaliste aux accommodements opportunistes des intérêts investis.

« L'homme ne s'est défini par son travail que lorsque celui-ci a pris la forme de l'oppression sociale la plus directe et la plus complète, lorsque l'ensemble de la vie d'un homme, chacune de ses heures et chacun de ses gestes, a été déterminé par l'action manifeste des forces sociales dominantes.

« Il importe peu que la dépendance de l'esclave ait été juridiquement plus complète que celle du prolétaire ; la naissance de la grande industrie a accentué la dépendance du travailleur, la discipline du travail est devenue plus stricte, l'exploitation de la force du travail plus systématique, la marge d'autonomie de l'individu plus réduite. Jamais les liens sociaux et les expressions culturelles d'une collectivité n'avaient été aussi radicalement refoulés loin de la surface officielle de l'histoire [11]. »

Voilà bien exprimée la prise de conscience des liens critiques entre les styles de rapports sociaux et ceux des forces dominantes de production. Les premiers devenaient radicalement dépendants des seconds, jusqu'à priver la majorité des hommes de leur responsabilité et de leur liberté sur le terrain normalement le plus susceptible d'humanisation et de socialisation, et d'assumation de leur destin. On décrochait ainsi le travailleur de ses solidarités primaires, de son rôle créateur, de ce qui est à l'origine d'une action démocratique autodéterminée dans la vie sociale et politique. Il n'appartenait à la société que comme rouage « réifié » d'une machine économique au service d'élites décrochées du peuple. Le travail conçu comme pur moyen de subsistance marque déjà cette aliénation foncière.

L'intuition du mouvement ouvrier a été précisément de saisir les contradictions sur ce terrain, et surtout d'y puiser sa dynamique de libération et d'action collective. Ce que bien des « politisés » d'aujourd'hui ont oublié. L'élan historique est venu moins de la misère que de la dynamique du travail comme telle. Dynamique de conscience dans et par le travail, dynamique de redéfinition et de transformation de la société dans et par le travail, dynamique de classe qui commence à miser sur ses forces internes et non pas seulement sur la critique de la classe dominante. Rien ne sert de tuer le maître, si l'on ne sait qu'être esclave dépendant, ahuri, sans identité. L'opposition même radicale est au service de l'homme que l'on porte en soi, de la vision dynamique du monde qui naît de son expérience réflexive et assumée en communauté de destin. Les conditions réelles du travailleur aliéné permettent ces constats. Mais il faut aller plus loin. « Il n'existe aucun moyen de passer de la situation matérielle du travail à l'organisation sociale et à l'ensemble des formes de vie sociale si on ne définit pas le travail comme le rapport, chargé de sens, du travailleur et de ses œuvres... l'important ici est de reconnaître qu'à la base de la société se trouve non pas ses moyens de subsistance mais le travail [12]. »

---

11 A. Touraine, *Sociologie de l'action,* p. 41.

12. *Ibid.,* p. 52.

À ce niveau de profondeur, le mouvement ouvrier se place à la pointe de l'histoire. Il amène la société démocratique à reprendre le contrôle des activités économiques, et cela en fonction de la première autodétermination et de la première appropriation humaine, celle du travail et de ses œuvres. Bien plus, c'est par le travail autogéré que les hommes, dans leur vie familière, peuvent se percevoir comme acteurs sociaux historiques, comme agents démocratiques, comme créateurs de leur propre destin. C'est la condition non seulement pour que la société se reprenne en mains et se perçoive comme un projet à concevoir, à réaliser, mais aussi pour que le peuple lui-même ait enfin la véritable maîtrise des choix et des décisions politiques majeures. Même des normes qui régissent le corps social doivent être conçues à l'intérieur de cette praxis de base. Le travail est la première école et la première politique des « orientations normatives d'action ». Évidemment, il n'y a pas que l'*homo faber,* pensons à l'*homo socius,* à l'*homo loquens* ou même *ludens.* Mais comment nier le caractère originaire de l'homme qui crée et s'autocrée par l'activité la plus proche de ce dynamisme ? Les conditions les plus élémentaires de toute praxis sociale se retrouvent ici concrètement :

des fins traduites en objectifs clairs et précis

un système quotidien de relations sociales

un ensemble de signes d'identification et de compréhension

une cohérence de pratiques organisées et finalisées

une dynamique de création, d'innovation, « d'attribution de sens ».

Pour libérer une action collective qui ne soit pas une simple réponse à une situation sociale, même explosive, l'homme ordinaire a besoin de vivre une maîtrise effective et socialisée de son expérience de travail partagée avec son groupe d'appartenance. Voilà la première source des mouvements historiques de base, la première force capable de changer radicalement les mentalités et les structures, les idéologies et les pouvoirs imposés, et les fondements du système social que l'on conteste ou rejette. Étrange paradoxe que cette société d'abord définie par le « changement audacieux », et par le projet démocratique, mais en même temps constituée pour enlever au peuple lui-même sa première force quotidienne d'autodétermination. Le mouvement ouvrier chez nous a commencé à peine à se situer dans le prolongement de la première foulée révolutionnaire du travail. C'est peut-être l'issue principale d'un syndicalisme qui recherche actuellement sa voie. Peut-être, lui faut-il revenir à l'expérience originelle du travail. Il y trouvera un second souffle, une deuxième jeunesse. De toute façon, nous ne croyons pas inutile de prospecter dans tous ses filons ce riche terreau.

UN DOSSIER RÉVÉLATEUR : WORK IN AMERICA Dans *Work in America* [13], on montre bien comment l'orientation des individus, des groupes et de la société se révèle dans ces questions : « *How we define work, what we conceive work to be, what we want to be, and whether we successfully uncover its meaning and purpose.* » On ne saurait élaborer des politiques cohérentes et justes, une utilisation sensée des ressources privées et publiques sans revoir les conceptions et les conditions de travail. Par exemple, si le travail ne signifie qu'un emploi rémunéré, on jugera la vie sociale uniquement à l'aune de l'échelle de revenus. Ainsi, un homme vaudra cent fois plus qu'un autre parce qu'il sera payé cent fois plus qu'un autre pour son travail. La référence ici n'est pas hypothétique. Elle fonde la tragique vérité d'un système social et d'un régime économique qui a vidé le travail de ses contenus humains, de sa valeur interne, de sa possibilité de qualifier la personne et sa dignité, et surtout de sa dynamique communautaire et sociale. Les auteurs du rapport veulent retrouver cet humanisme en redéfinissant le travail comme « une activité qui produit quelque chose de valable pour les autres ». Ils cherchent ainsi à replacer le travail dans un contexte social de solidarité effective.

Mais un tel correctif ne semble pas appeler chez eux une révision des structures économiques et idéologiques qui sécrètent les problèmes de travail qu'ils constatent. Ils taisent cette contradiction. Pour eux, tout questionnement de cet ordre relève d'une critique idéologique abstruse et irréaliste. Cet empirisme positiviste camoufle mal son refus de rejoindre les sources profondes des maux dénoncés et les vrais contenus des biens et services d'une société authentiquement humaine. Le système libéral a su refouler sur la marge de la vie et de la société les valeurs humaines qui pouvaient le contester. Aujourd'hui, il atteint son seuil critique, et il essaie de récupérer à son profit ces forces spirituelles qu'il avait aliénées. Nous ne saurions oublier cette imposture nouvelle en analysant ce rapport. En effet, le problème reste entier : est-ce que les structures actuelles peuvent permettre la réalisation des projets de *job enrichment* ? Déjà l'expression est ambiguë. L'idéologie camouflée se montre ici la tête. Ceci dit, nous reconnaissons que les chercheurs ont pointé des aspects intéressants de la dynamique du travail. Quant aux finalités sociales et politiques de celle-ci, c'est dans une tout autre perspective qu'il faut les envisager. Ce qui ne préjuge pas d'une stratégie progressive et réaliste de transformation du travail.

---

13. *Work in America, Report of a Special Task Force to the Secretary of Health, Education and Welfare,* décembre 1972. Ce rapport, étayé par des milliers d'études et d'expériences en matière de travail, est un des dossiers les plus fouillés sur la situation des travailleurs en Amérique du Nord.

Cent ans après les travaux de Marx, *Work in America* découvre que le travail est le premier dynamisme d'autoconstruction de l'homme, l'agent principal de la construction sociale, et le fondement de la solidarité humaine. Évidemment, on prend soin de ne rien dire ici de la place réelle du capital. Réflexe bien libéral que cet opportunisme vertueux qui sait reconnaître le beau, le bon, le vrai et le droit en soi, dans les déclarations de principe, quitte à agir en sens contraire, si le *self-interest* l'exige. L'important, c'est de garder le savoir, le pouvoir et l'avoir décisifs en main. Toutes les libertés officielles existent ; mais dans les circonstances, les libéralistes doivent reculer pour récupérer ces valeurs humaines que le travail véhicule. Ils ne peuvent plus compter sur l'ignorance des exécutants d'hier. Ceux-ci commencent à prendre au sérieux la démocratie, l'éducation, le statut de citoyen. Ils veulent maintenant exercer un jugement et une responsabilité élargis et approfondis dans leur activité quotidienne. Les réflexes de dépendance n'ont plus la force spontanée que leur donnaient les rapports d'autorité traditionnels. Le propos démocratique reflue actuellement sur le travail. On veut comprendre, juger, critiquer, choisir, décider, se regrouper, exprimer ses besoins, rencontrer ses aspirations. Les structures de travail étaient tellement loin de ce type d'expérience, qu'il a fallu beaucoup de temps avant d'en arriver à cette nouvelle conscience.

Les libéralistes avaient visé assez juste en laissant le travail hors du champ démocratique. Les concessions au syndicalisme ont été faites par des législations à la miette. Mais jamais, elles n'ont atteint le principe sacro-saint de la propriété et de l'autorité absolue de l'*establishment* sur l'organisation interne du travail. On en sait quelque chose sur le continent américain. Le syndicalisme d'affaire n'a pas concentré ses efforts sur le travail lui-même, comme ce fut le cas dans les milieux socialistes. Même les politisations récentes de nos syndicats, comme nous l'avons vu, n'ont pas tellement mis à profit ce qui est pourtant le nerf du mouvement ouvrier occidental. Curieux paradoxe, surtout chez ceux qui se réclament de l'idéologie socialiste. Leur idéologisation aurait-elle été superficielle ? Auraient-ils ignoré ce que Marx a dit de l'idéologie comme illusion et fausse conscience ? À ce compte-là, les libéralistes d'ici ont été autrement plus réalistes. Ils se sont appropriés les rapports sociaux de production pour les faire servir aux forces de production des intérêts investis et des minorités possédantes.

Plusieurs militants d'ici ont pris paradoxalement le chemin le plus long, le plus difficile et le plus marqué d'embûches et d'illusions, tout en croyant aller au plus court par la remise en cause globale du système. L'approche politico-idéologique semblait la plus rentable et la plus décisive. Or, la logique socialiste elle-même conteste cette tendance. En effet, on se cantonnait ainsi dans les superstructures-reflets, on contribuait à fausser

les débats et surtout on perdait de vue le terrain réel et décisif de l'aliénation comme de la libération possible. Les travailleurs de la base ont assisté,
perplexes et de loin, à des luttes de superstructures, d'anciennes et de
nouvelles élites. Ils ne pouvaient y trouver ni leur expérience, ni leurs
aspirations, ni leur véritable identification.

Voici que les libéralistes prennent les devants à nouveau pour s'an-
nexer les travailleurs d'une façon bien plus subtile que celle des répressions
politiques ou juridiques. Il faudra donc aller sur leur propre terrain et
réorienter radicalement tout ce qu'ils sont en train de faire pour redonner
au travail ses dynamismes humains internes. Mais avant tout, ne doit-on
pas reconnaître qu'il y a ici des richesses de perspective que les forces
syndicales ne sauraient ignorer ?

Trop souvent les oppositions mobilisées par l'action-réponse, par la
lutte défensive négligent la fonction créatrice et prospective. Elles réagissent
plus qu'elles n'agissent. Les « projets de rechange » sont aussi nécessaires
que les critiques justes, non seulement en fonction de la crédibilité et de la
légitimité d'un rôle social, mais aussi en fonction de démarches politiques
effectives et réalistes. L'analyse idéologique ne suffit pas. Il faut des politiques, des projets, des objectifs valables, des stratégies de changement pour
que les forces populaires prennent enfin un leadership plus déterminant.
Les dynamismes sociaux du travail sont les premiers matériaux d'une
praxis populaire de transformation de la société.

Les résultats des recherches et des expériences récentes ont accentué
cette conviction que nous avons depuis longtemps. Le travail reste la voie
privilégiée d'auto-expression et d'autoréalisation des individus comme des
groupes. Si nous en doutons, nous collaborons à maintenir les préjugés qui
se sont accrus récemment : « Les gens ne veulent plus travailler ; ils préfèrent être sur le Bien-Être ; les pauvres sont des paresseux et les assistés,
des irresponsables. » C'est là une grave injustice puisque la très grande
majorité de ceux qui le peuvent, veulent effectivement travailler. Mais
leur offre-t-on vraiment des conditions humaines de travail ? Certains économistes et hommes d'affaires rattachaient récemment la crise des matières
premières au manque de main-d'œuvre dans ce secteur : « On ne veut plus
aller bûcher, ni descendre dans les mines. » N'est-ce pas le résultat de
décennies d'exploitation des travailleurs ? Quelle sorte de travail offre-t-on
à ces hommes qu'on embauche ? Dans combien d'autres secteurs les mêmes
questions se posent-elles ? On ne s'est pas rendu compte des changements
de besoins, d'aspirations et de valeurs chez les travailleurs. Voyons quelques études qui vont nous éclairer.

ÉVOLUTION DES RECHERCHES SUR LE TRAVAIL Abraham Maslov nous présente une première échelle de besoins en ces termes [14] :

1. Les besoins physiques (nourriture, habitat, etc.)
2. La sécurité de revenu, d'emploi, de condition de travail
3. Le compagnonnage et l'affection entre pairs
4. L'estime de soi et l'estime des autres
5. L'actualisation de soi

Cette échelle, encore assez restrictive par sa lecture teintée d'individualisme libéral, interroge déjà la plupart des structures actuelles de travail et des politiques courantes de direction.

F. Herzberg distingue les facteurs extrinsèques et les facteurs intrinsèques du travail. Par exemple, un salaire inadéquat, une direction incompétente, un environnement déprimant, sont des conditions extérieures d'insatisfaction par rapport aux facteurs intrinsèques comme les contenus humains du travail : l'intelligence, la responsabilité, l'initiative, la volonté de réussir, le défi intéressant à relever, la qualité de l'ouvrage, etc. L'auteur reste, lui aussi, dans la tradition libérale. Mais il va plus loin que Maslov. Il pointe l'erreur des managements qui ont misé presque exclusivement sur des facteurs extrinsèques, et partant, ont passé à côté de l'essentiel du problème. La productivité et la satisfaction des travailleurs n'ont augmenté vraiment que dans le cas des enrichissements internes au travail lui-même[15].

Une recherche plus récente auprès de 1 500 travailleurs a retenu huit priorités graduées parmi 25 aspects du travail soumis à cette population :

1. Travail intéressant
2. Aide et équipement nécessaires à un travail bien fait
3. Assez d'information pour assurer un travail efficace
4. Assez d'autonomie et de contrôle pour mener à bien son propre ouvrage
5. Bon salaire
6. Chance de développer ses propres talents
7. Sécurité d'emploi
8. Voir les résultats de son travail

Nous pensons que cet ordre d'aspirations a toujours été là, chez les travailleurs d'hier comme chez ceux d'aujourd'hui. Mais les changements culturels, sociaux, économiques et politiques aidant, une conscience plus

14. A. Maslow, *Motivation and personnality.*
15. F. Herzberg, *Work and the Nature of Man,* World Publishing, 1966.

vive de ses propres aspirations et un refus inédit de les sacrifier, viennent bouleverser toute l'organisation traditionnelle du travail[16].

Des centaines d'études durant les vingt dernières années confirment cette aspiration des travailleurs à maîtriser leur milieu immédiat de production, à trouver reconnaissance effective pour leur travail et leur personne. Trop souvent, ils ne rencontrent que contrôle extérieur mesquin, manque de confiance, isolement, tâches sans intérêt, impossibilité d'accroître leur compétence. Plusieurs ne supportent plus qu'on définisse leur tâche sans eux. Comment être surpris de les voir se désolidariser de tout ce qui pourrait les identifier à leur firme ? Certaines généralisations de W. Mills sont sûrement à revoir dans cette perspective. On ne mobilise plus aussi facilement des travailleurs pour la performance du *biggest in the world*. Certaines enquêtes superficielles ont cru déceler la pertinence du slogan publicitaire qui montre des travailleurs satisfaits. D'autres contre-enquêtes ont montré, en l'occurrence, que cette satisfaction était une sorte de rationalisation, de résignation, de fatalisme. On ne pense pas trouver d'autre chose, alors on s'y fait. Les travailleurs, par ailleurs, ne veulent pas que leurs enfants connaissent le même sort qu'eux. Ils avouent qu'ils changeraient d'emploi, s'ils en avaient le choix. Drôle de satisfaction ! Seulement 24% des cols-bleus resteraient dans le même genre d'emploi, 43% des cols-blancs.

Pour dépasser le taylorisme anachronique, on a inventé des stratégies de meilleures relations humaines, sans toucher au travail lui-même. Le résultat est décevant. Il en fut de même avec le tandem : adapter le travailleur à la technologie et vice versa. De fait, les efforts furent presque entièrement consacrés à l'efficience technologique. L'humanisation du travail ne servait que d'appoint. Elle n'était pas une fin en elle-même. Les ouvriers l'ont bien senti et leur sentiment de rejet n'en a été que plus fort. Le même problème s'est répercuté à tous les paliers de travail. Les nouvelles théories organisationnelles ont bureaucratisé les ressources humaines, rigidifié la définition et l'exercice des tâches. Et l'humain n'avait pas son compte dans ces nouvelles mécaniques du néo-taylorisme. À peu près personne ne travaillait sur un problème entier ou sur un processus réel de décision.

I. Berg a démontré comment le progrès technologique lui-même n'a pas généré des formes de travail plus intéressantes. Bien au contraire, de nouvelles aliénations sont apparues, encore plus éloignées des facteurs humains du métier et de la profession. Les contraintes du statut d'exécutant se sont démultipliées chez les nouveaux techniciens. En ce domaine comme dans les autres, on a cru que le progrès technologique humaniserait auto-

---

16. *Work in America*, p. 11.

matiquement (!) le travail en écartant les travaux de purs manœuvres et les tâches sales. La mobilité occupationnelle reste aussi difficile ou inaccessible qu'avant, pour le technicien comme pour le manœuvre. Le regroupement des forces économiques en conglomérats gigantesques a eu un effet d'écrasement. Ça devient trop gros, trop complexe. On n'y comprend plus rien, on se sent de plus en plus petit et impuissant. On sait que son travail ne pèse pas tellement dans cette vaste technostructure qui échappe à toute intervention locale.

La masse des salariés dépasse 80% de l'ensemble de la main-d'œuvre. On est loin du mythe nord-américain de l'entrepreneur, des défricheurs autonomes, du travailleur indépendant. Plus de 50% des salariés sont concentrés dans 2% des unités industrielles. De telles concentrations commandent une forte centralisation, un maximum de contrôle et une autonomie locale la plus restreinte possible. Dans les termes de Galbraith, nous dirions que la technostructure avec ses impératifs de planification serrée et de conditionnement systématique du marché, des attitudes et des politiques, ne peut se permettre d'élargir le champ de liberté des travailleurs. La tyrannie de la bureaucratie relaie celle de la machine. La liberté humaine est trop imprévisible pour qu'elle entre en ligne de compte dans les investissements gigantesques des corporations. Il faut donc un management réduit, très fort et autoritaire, d'une part et d'autre part, une masse docile et bien contrôlée d'exécutants à chacun des paliers. Nous caricaturons à peine, tellement les études précitées font état de milliers de situations semblables.

L'INCIDENCE POLITIQUE Les travailleurs ont perdu contact avec l'organisation réelle de leur firme et avec les autorités décisives. Certaines luttes tentent vainement d'atteindre les lieux de *decision making*. D'où la tentation d'une révolte aveugle sans cible précise. Il ne reste que de grandes références idéologiques au système à abattre ou bien des revendications immédiates autour des facteurs extrinsèques dont parlait Herzberg plus haut. La technostructure menace d'éclater sur le terrain le plus important, celui des ressources humaines. Le traumatisme individuel et collectif grandit de jour en jour. Et l'on tarde à affronter le problème selon sa vérité et sa dimension proprement humaines. L'échec de l'organisation du travail est peut-être le plus grand drame du complexe économique nord-américain et de notre propre contexte socio-économique. Il retentit sur tous les autres aspects de la vie. Un travail sans pouvoir, sans sens, sans solidarité, sans identité et expression personnelle, voilà les quatre caractéristiques principales d'une aliénation qui condamne notre système libéral actuel. Il est à la source du décrochage social, des violences pathologiques et des extrémismes idéologiques ou politiques de part et d'autre.

Toute la philosophie sociale qui sous-tend ce système clos est à revoir de fond en comble. Il faut ouvrir l'avenir de ce côté-là d'une façon effective et lucide. On ne peut affirmer en général le primat des politiques de ressources humaines et maintenir en particulier des organisations du travail aussi anachroniques par rapport à l'évolution des autres institutions de la société. *Quant à nous, nous ne croyons pas que les experts américains, dans leur redéfinition du travail, aient accédé à une véritable praxis sociale, par delà une certaine critique des postulats libéraux. Ils donnent l'impression de vouloir sauver une économie asociale en cherchant une nouvelle efficience sociale au service des intérêts investis. Ils parlent, avec une naïveté ou une inconscience désarmante, des coûts de l'aliénation sociale et politique, de la pollution et des déchets humains. Toute la dimension sociale appartient encore à la logique des instruments et des effets indirects. Elle n'a pas sa raison d'être en elle-même dès qu'il s'agit d'économie, de pouvoir et d'intérêt. La responsabilité sociale n'est vue qu'en fonction des effets problématiques d'un style de vie économique qu'on ne remet pas en cause.*

Je ne suis pas sûr que nos experts du Canada et du Québec diffèrent tellement dans leur approche. À plus forte raison nos politiciens et nos hommes d'affaires. Nous avons vu comment l'importance des politiques sociales, comme correctifs quasi exclusifs, illusionne autant la population que ses leaders actuels.

De plus, les générations montantes n'accepteront sans doute pas ce que leurs pères ont supporté. Déjà plus du tiers des effectifs du travail est en bas de trente ans. Les jeunes entrent sur le marché avec une tout autre mentalité. Ils n'ont pas la philosophie du « petit pain ». Ils veulent compter pour quelque chose et pour quelqu'un dans leur contribution. Ils se désintéressent vite de jobs sans défi, sans responsabilité, sans initiative. Plusieurs se veulent partie prenante des décisions, et exercer un certain poids dans la construction de la société. Le « bon *boss* » d'hier ne les séduira pas... même pas le bon salaire dans bien des cas. La révolution des jeunes commence à refluer sur l'activité économique. Déjà ils jouent un rôle dans la radicalisation politique d'un syndicalisme qui semblait irrémédiablement faire le jeu du capitalisme. Du moins, c'est le cas au Québec où s'ajoute le ferment du néo-nationalisme et des forces nouvelles de libération collective. C'est une illusion de croire que le monde des travailleurs du secteur privé ne suivra pas, à plus ou moins moyen terme, les tendances explosives du secteur public.

L'État ne pourra utiliser longtemps, d'une façon aussi artificielle, les pressions législatives et juridiques. Des grands pans de légitimité sont en train de tomber, malgré les ressacs de peur dans la population. Les citoyens, devant des problèmes semblables, n'hésitent pas à prendre des moyens illégaux pour défendre leurs intérêts. Ils savent bien que la légalité a perdu sa pertinence dans un contrat démocratique qui souvent n'a pas été respecté, surtout dans le domaine économique. Les principales décisions échappent aux citoyens et aux travailleurs de la base. Les vagues consultations ne font pas le poids. Pas plus d'ailleurs, les votes épisodiques et les mouvements éphémères d'opinion publique. Quand il s'agit d'espèce sonnante et trébuchante ou de contrôle décisif, les pouvoirs installés ne jouent plus *fair play*.

Une minorité ethnique comme la nôtre, colonisée et « infériorisée » à tous les niveaux de son existence, s'est longtemps résignée. Comme bien d'autres dans le monde, elle n'acceptera plus d'être tenue à l'écart des circuits de l'abondance. Le décalage grandissant des inégalités socio-économiques a un impact politique explosif que les digues traditionnelles ne contiendront pas éternellement. L'histoire actuelle en témoigne. Chez nous, le travailleur soumis a été le prototype de notre résignation collective. Mais les choses commencent à changer. Les chiffres récents de la commission Laurendeau - Dunton ont clairement indiqué la situation économique criante du Québécois francophone sur son propre territoire. L'application de la commission Gendron s'avère peu possible dans le cadre socio-économique actuel. Les discussions fédérales-provinciales vont d'un échec à l'autre. Les Québécois paient en chômage la note des correctifs d'inflation des provinces riches. Ils paient aussi la note des exportations du blé de l'Ouest, et des barrières protectionnistes au service de l'Ontario. Les matières premières d'ici sont aux mains des investisseurs étrangers et servent à créer des emplois rentables ailleurs. Des projets aussi excentriques que la Baie James ne touchent pas aux noyaux urbains des grandes institutions économiques qui échappent à tout contrôle démocratique.

Des problèmes aussi gigantesques appellent une action collective aussi large que profonde. Nous en sommes bien conscient. Mais il y a d'autres défis plus près des citoyens et aussi d'autres actions à mener. Nous avons pointé le champ du travail, comme test et tremplin de grande importance. Viser la qualité du travail peut paraître, aux yeux de certains, comme un luxe, alors qu'il faut tout simplement donner de l'ouvrage au chômeur. N'est-ce pas un diagnostic de courte vue ? Comment vaincre les grands obstacles du Québec, si l'activité quotidienne n'est pas maîtrisée, dynamisée, « solidarisée », politisée, par un nombre grandissant de citoyens de la base ? Certaines élites nouvelles, certains groupes privilégiés pourront marquer des points comme au cours de la dernière décennie. Mais le petit peuple non seulement n'avance pas, mais il recule. Les chômeurs instruits vont le rejoindre. Les solidarités sont en train de se transformer de fond en comble. Solidarités régionales qui contestent les grandes inégalités d'un territoire à un autre. Solidarités de générations à l'école, qui vont s'exprimer bientôt sur le marché du travail. Solidarités professionnelles qui l'emportent sur l'identification à l'institution socio-économique comme telle. Quand les libéralistes prétendent « aider » l'individu, indistinctement, sur tout le territoire, ils passent par-dessus les collectifs organisés, les nouvelles identifications communautaires, les entités sociales, les mouvements solidaires d'affirmation et de libération. Jusqu'ici cette atomisation des citoyens, obtenue par des politiques libéralistes, a été rentable pour ces pouvoirs. L'avenir plus ou moins prochain sera encore plus explosif que le présent. À moins qu'avec de nombreuses complicités, les citoyens cèdent à des formes plus ou moins larvées de dirigisme autocratique ou même totalitaire !

Ne jouons pas les prophètes du refus global apolitique. On globalise si facilement les problèmes : pollution sans retour, mort d'une civilisation, destruction nucléaire, famine mondiale, cul-de-sac démographique, révolution permanente, système de rechange, etc. Bien sûr, ces défis existent. Mais dans quelle mesure les hommes sont-ils mobilisés sur leur terrain immédiat pour commencer à changer vraiment les choses ? Voilà ce qui nous préoccupe ici.

POSER DIFFÉREMMENT LES PROBLÈMES FONDAMENTAUX Un économiste éminent disait un jour que trop d'institutions se sont figées au point de ne subsister qu'en fonction des problèmes du passé. En matière de travail, on essaie d'assumer des défis inédits avec de vieux instruments dépassés. De part et d'autre, on s'arc-boute sur des conceptions étroites et fixistes de la gérance, du syndicalisme. Un tel contexte réducteur empêche de voir les choses différemment et d'une façon imaginative. Par exemple, dans le cas de Sogefor, on refusera une représentation des travailleurs au conseil d'administration. Le motif ? Ceux-ci ne peuvent être des deux côtés de la table en même temps. Est-ce la seule manière de poser le problème ? Veut-on réviser le rôle du conseil d'administration, le rôle du syndicalisme dans un nouveau projet ? Sinon, il n'y a pas possibilité de créer d'autres modèles d'organisation du travail. Le monde de l'administration et du management s'est pensé et même rénové à partir de lui-même ; c'était un angle exclusif de vision. De même, le monde syndical a dû s'organiser sur un pied de guerre. On l'a toujours forcé aux barricades, à la revendication, à l'action par l'extérieur de structures où les travailleurs n'avaient aucune décision interne à prendre pour l'organisation de la production, du milieu, de la gestion, etc. L'action ouvrière s'est alors limitée à l'intervention syndicale selon un unique scénario de *bargaining*. Cela a servi la cause du capitalisme. Mais aujourd'hui, celui-ci est mis en échec sur son propre terrain. Le syndicalisme peut dresser des obstacles insurmontables. Il suffit de bien voir ce qui se passe dans plusieurs pays. « Une lutte à finir », diront certains. Nous ne récusons pas cette option. Mais entre-temps, beaucoup de travailleurs risquent de payer la note d'une lutte de pouvoirs qui pourrait se dérouler au-dessus de leur tête. Regardons les choses concrètement.

Le travailleur de la base ne peut mettre en veilleuse ses besoins immédiats de survie, ses responsabilités familiales ou autres. Souvent, il n'a pas de réserves de relations de secours, d'alternatives de travail. Voici que certaines stratégies peuvent permettre de poursuivre une lutte qui détraque toute la machine. Mais que se passe-t-il alors dans la vie concrète et dans la tête de bien des travailleurs ? Ils ont l'impression de perdre tout appui quotidien et vital. Ils ne sauraient attendre longtemps le projet lointain d'une autre société. Le *backlash* est bien connu chez nous et ailleurs : ils se replient, votent « sécurité », refusent les risques et les aventures qui leur apparaissent une plongée dans le vide. Il en va tout autrement s'ils sont partie prenante de changements réels sur leur propre terrain, s'il y a des débuts de réalisations qui rencontrent leurs expériences vitales, leurs aspirations et leurs espoirs. Plusieurs ont accumulé une somme impressionnante de frustrations de toutes sortes. D'où cette méfiance devant qui que ce soit, même devant leur centrale syndicale qui peut leur apparaître aussi écrasante que le management immédiat.

Je ne suis pas sûr qu'on ait perçu justement cette psychologie populaire. Celle-ci s'aiguise dans un contexte québécois marqué par des réflexes collectifs de minoritaires et de colonisés. Certains militants présentent des sauts inaccessibles à opérer. Des sauts que seule une minorité de politisés peut envisager pour le moment. Nous sortons d'une longue phase d'apolitisme. Dans le domaine humain, on ne brûle pas facilement des étapes de maturation. Une révolution humaine n'a pas le même rythme qu'une révolution technique. Je sais bien que nous n'avons pas tellement forcé notre destin jusqu'ici. Mais les Québécois vont-ils consentir aussi facilement à une audace radicale, soudaine qui risque le tout pour le tout ? L'histoire récente, malgré certaines avancées positives, nous indique le contraire. Par exemple, les consultations électorales successives ne cessent de démystifier les escalades épisodiques. Il y a un décalage énorme entre ces montées rapides et les retombées drues qui les suivent. Plusieurs se « cassent la gueule » et se lassent, avant de rejoindre bientôt les rangs des alignés sur le *statu quo*. Sommes-nous plus avancés ?

J'ai entendu des Vietnamiens dire à des Québécois pressés : « Il vous faudra beaucoup plus de patience. » Une longue diffusion de la militance quotidienne sera nécessaire. Il faut préparer dès maintenant des terrains propices à des dynamiques et des praxis sociales de transformation. Les lieux de travail peuvent être ici des champs d'expérimentation où l'on anticipe déjà la société de demain.

En bref, le travail favorise le sens du réel. Il concrétise les besoins et les aspirations. Il donne son réalisme à la fonction critique. Il fournit des instruments à la portée de tous. Il favorise les liens communautaires de base. Il relie la perception intérieure de la vie aux perceptions de l'environnement et du système social. Il peut amener l'existence à se structurer dynamiquement (*you become what you do, you are what you work at*). C'est la première identité, le statut de base, la première forme d'estime de soi, de sociabilité, d'exercice de ses possibilités, d'affirmation de sa personnalité, de sa dignité. Les autres rapports sociaux en dépendent dans une certaine mesure. Les hommes voient la société à travers leur expérience de travail. Ils la vivent selon celle-ci. Là se trouvent les principaux obstacles et les dynamismes les plus virils, les complicités ou les refus décisifs, les vrais comportements et les motifs déterminants. Illusions et mystification ont ici moins de prise.

Le travail « demeure la source irremplaçable de satisfaction des besoins vitaux d'une collectivité... Il importe à la dignité de chacun de n'être pas demandeur sur le marché des besoins que le labeur de tous, y compris le leur, permet de satisfaire ». Nous ne parlons pas ici de ceux qui ne peuvent pas travailler. Mais nous contestons cette espèce de convergence actuelle de plusieurs idéologies pour minimiser le rôle du travail. Tantôt au nom d'un impossible plein emploi, tantôt au nom du primat du capital ou de la science, tantôt au nom d'une révolution culturelle ambiguë, tantôt au nom d'un style de vie inaccessible au monde populaire, et que sais-je encore. Pendant ce temps les pouvoirs dominants envahissent les loisirs et la culture, après avoir assis leur autorité en politique et en économie. On risque de retirer du monde des travailleurs le terrain le plus vital de sa lutte de libération. Mais enfin, ira-t-il spontanément rejoindre les boutiques d'artisanat ou les communes, ces nouveaux projets de civilisation !

Marx, dans le tome III du *Capital,* nous semble apporter un point de vue beaucoup plus sensé que celui de certains définisseurs à la mode qui inventent une nouvelle révolution à tous les tours d'horloge (on produit les modes révolutionnaires au même rythme que les autres modes !). Marx établit qu'une synergie fondamentale de la nécessité et de la liberté s'expérimente au travail. Voilà le premier lieu où l'homme se révèle à lui-même et aux autres, où s'établissent des rapports fondamentaux entre la nature et la culture, entre l'individu et la société, entre les hommes. C'est un lieu central des projets de l'homme, de l'actualisation des virtualités de la personne et de la communauté. Il serait désastreux de définir le travail comme une conjoncture malheureuse dont on commencerait à se débarrasser, ou bien comme un impératif opposé à la liberté, alors qu'il peut être une dynamique de libération, d'autodétermination et de créativité. Il ne s'agit pas de tout évaluer à l'aune du travail, fût-il le plus épanouissant et fécond, mais d'en saisir toute la valeur.

Dans la prochaine étape, nous analyserons des expériences de transformation de l'organisation du travail. Évidemment, il s'agit d'initiatives qui répondent à certaines questions de fond que nous avons soulevées jusqu'ici : par exemple, la dynamique interne du travail, la création de milieux plus humains, de vraies communautés de travail, et par là une praxis qui s'élargit à la mesure de tout le système social. La plupart des cas analysés marquent simplement des étapes dans une stratégie qui se veut beaucoup plus large. Certains y verront un réformisme dangereux. D'autres, à l'extrême opposé, nous qualifieront d'idéaliste. Nous ne craignons pas ce genre de critique idéologique qui ignore l'abc d'une stratégie politique de changement réel et de libération effective. Stratégie qui commande des objectifs à court, moyen et long termes, des étapes de conscientisation et d'action collectives. Peu à peu notre visée principale va se dégager, à savoir la création de nouveaux milieux de travail, comme étape essentielle de l'action historique des travailleurs dans la société d'ici.

II

EXPÉRIENCES
NOUVELLES
ET POSSIBILITÉS
D'AVENIR

« C'est dans la période historique où l'homme a attaché le plus d'importance au travail qu'il a inventé et créé les techniques les plus perfectionnées pour se libérer de ce même travail. L'histoire peut être résumée comme un effort constant de l'homme pour se libérer du travail non créateur... peut-être faudra-t-il moins parler du droit au travail que de la liberté au travail. »

GÉRALD FORTIN

TROIS MODÈLES EN CONFLIT Dans cette deuxième étape, nous voudrions mieux cerner le champ d'horizon de la première, faire état d'expériences-témoins et dégager leurs possibilités d'avenir. Nous préciserons notre conviction centrale : l'expérience collective de travail comme praxis de nouvelles formes d'action sociale, économique, culturelle et politique. Puis enfin, nous préciserons notre objectif de nouveaux milieux de travail.

Déjà certains milieux de travail ont commencé à se transformer. Des batailles syndicales se sont faites autour d'objectifs de cet ordre. On a dépassé, tout en l'assumant, une lutte pure et simple de statut. Certaines unités de base ont redéfini leurs tâches et se sont créé des équipes de travail plus solidaires, plus efficaces, plus humaines. Les directions ont pris peur. Elles y ont vu une menace à leur autorité, à l'unité de commandement et d'organisation de l'entreprise ou de l'institution concernées. Ces expériences ont eu cours surtout dans les services publics. Elles se sont heurtées non pas seulement aux autorités administratives locales ou gouvernementales, mais plus profondément à un modèle technocratique de gestion, transposé d'une institution à l'autre. *Souvent trois modèles (mal clarifiés) se mêlaient dans un écheveau inextricable. Le nouveau modèle communautaire avec ses coordonnées démocratiques, coopératives et autogestionnaires venait contrer le modèle syndical traditionnel tout autant que le récent modèle technocratique.* De part et d'autre on n'arrivait pas à clarifier le contexte réel, même si certains enjeux du travail étaient clairement exprimés.

Voilà sans doute une phase nécessaire. Mais des changements aussi importants ne peuvent être isolés. Toucher à un ou à des rôles clefs, c'est atteindre toute l'institution et provoquer une redéfinition de toutes ses composantes. Le cas de l'émancipation féminine a ici valeur de comparaison. La femme qui se définit différemment provoque une révision aussi importante du couple, de la relation parents-enfants, de la structure et du fonctionnement intimes de la famille, enfin des rapports avec les autres institutions. Il en est de même quand on change certains rôles clefs dans l'organisation du travail. Il faudra en tenir compte. Pour le moment, nous voulons nous dégager de certaines contraintes réelles et inévitables pour interroger quelques expériences positives. Il ne s'agit pas pour nous de trouver *la* solution idéale ou le *best way* selon la logique bien connue de Taylor. Ce serait retourner dans les mêmes ornières avec de nouveaux instruments. Récapitulons d'abord les composantes du problème central qui nous préoccupe.

LES POINTS DE REPÈRES

1. De nombreuses recherches ont retenu ces premiers facteurs dominants de satisfaction au travail, quant au *statut* et au rôle du travailleur :
— la reconnaissance sociale
— le contrôle sur ses conditions de travail
— la qualité communautaire du groupe de travail
— l'autogratification d'un défi relevé
— l'intérêt du travail lui-même

2. La satisfaction interne au *travail* semble être plus appréciée que les possibilités de promotion. On aspire de plus en plus à l'autodétermination et à l'autonomie dans la façon de travailler. Une activité automatisée, fragmentée, parcellaire, répétitive est de plus en plus insupportable pour un nombre grandissant de travailleurs plus instruits, plus atteints par les changements socioculturels actuels.

3. Les fonctions de *contrôle* et de supervision sont à réviser radicalement. De même les processus de prise de décision. Jusqu'ici les délégations d'autorité et de responsabilité n'ont pas atteint la base. D'où cette structure dichotomique qui sécrète une psychologie de guerre.

4. Les *relations entre pairs,* les soutiens affectifs, l'interaction horizontale sont trop souvent empêchés par un système de travail asocial. Or, il s'agit d'un facteur d'équilibre vital et dynamique, confirmé par bien des expériences humaines et par de multiples recherches dans diverses disciplines.

5. La question des *salaires* est un élément qui n'a pas diminué d'importance, même avec les appoints nouveaux des politiques sociales. La majorité des travailleurs veulent tirer leur revenu principal du travail qui les identifie. Les compléments gagnés ailleurs ne les valorisent qu'indirectement et secondairement. Le mode de paie est encore très individualisé. Parfois des directions suscitent des concurrences désastreuses entre les travailleurs et empoisonnent le climat du milieu de travail. Des participations collectives, sous forme de bonis distribués également ou sous forme de répartition d'une part des profits, ont plus d'avantages que d'inconvénients. Voilà un problème difficile qui exigera beaucoup de nuances. Nous y reviendrons.

6. La *mobilité* est un autre point chaud. On sait les insatisfactions exprimées dans plusieurs milieux de travail sur les divers systèmes de promotion. Il est certain que beaucoup ne supportent pas de se sentir prisonniers d'un « job », sans alternative, sans choix, sans possibilités d'essayer autre chose. La formation à la polyvalence, les offres effectives de recyclage et de reclassement peuvent faire beaucoup. Mais il faudra repenser aussi les systèmes de promotion, et mieux organiser les canaux de mobilité.

7. Les *conditions de travail* commencent à connaître des bouleversements qui peuvent détruire les tissus communautaires de base, au travail, à la maison ou ailleurs. Pensons au travail continu, différemment réparti sur les sept jours. Pensons aux expériences récentes de la semaine comprimée, par exemple trois journées d'affilée, de douze heures. Ces initiatives paraissent séduisantes à première vue. Mais a-t-on bien évalué ces expériences à long terme ? Par exemple l'alternance d'une période intense de surchauffe avec une longue phase plus ou moins vide. Certains prennent un autre emploi et se crèvent rapidement. La qualité du travail et de la vie se détériore. Toute la vie sociale avec ses rythmes habituels est déséquilibrée. On n'invente pas en un tour de main de nouveaux rituels d'existence collective, surtout quand ils sont le fruit d'une longue expérience de vie, sans compter les antécédents historiques, les mœurs culturelles. Il ne s'agit

pas de fermer la porte, mais bien de faire le tour de toutes les composantes d'un tel bouleversement. On ne brisera pas facilement l'institution : week-end, la présence quotidienne à la maison, un régime biologique et chrono-logique déjà passablement tourmenté par la trépidance de la technopolis.

8. La *sécurité d'emploi* devient un objectif majeur devant un avenir de plus en plus hypothétique et dans un contexte socio-économique secoué par des crises incessantes : déséquilibre des monnaies, concurrence inter-nationale débridée, inflation galopante, et chômage. À cela s'ajoutent les bouleversements démographiques de toutes sortes : allongement de la vie, discontinuité dans les contingents de jeunes qui arrivent sur le marché du travail, etc. Problématiques nouvelles des générations, du travail féminin, de la retraite. Retentissement du projet de revenu garanti qui appellera chez ceux qui travaillent son correspondant d'emploi garanti [1].

LES LIGNES D'ACTION Voici quelques lignes d'action dans des expériences récentes qui ont été assez heureuses.

1. Des *équipes autonomes de travail,* avec des responsabilités collec-tives réelles et bien définies, à l'intérieur d'un processus homogène de production. Ces équipes, composées de 8 à 12 travailleurs, sont assez larges pour assumer l'ensemble des tâches requises, assez petites pour un travail concerté et une interaction effective dans la décision et l'exécution. Les membres y sont ou deviennent polyvalents afin de s'entraider, de couvrir une absence et de varier la tâche de chacun.

2. *L'intégration des fonctions de support* (contrôle de la qualité, test de performance, *engineering,* etc.) se fait dans le cadre des équipes de travail, avec leurs membres, et selon leurs tâches concertées. Ici, les équipes gardent les première et dernière responsabilités sur leur propre terrain.

3. *Enrichissement des tâches.* On évite de confier uniquement des tâches de routine à certains membres de l'équipe, chacun a la possibilité de certaines contributions plus riches, plus intéressantes.

4. *Emploi mobile et incitation à la compétence.* Les équipes sont dans un contexte propice à l'échange de connaissances et de techniques. Le revenu de chacun est en relation avec celui des autres membres. L'ac-croissement de compétence est rémunéré. De même une meilleure maîtrise des processus de production. Personne n'est emprisonné dans sa tâche.

---

1. Voir R. Kahn, *The Meaning of Work,* Basics Books, 1973. Voir aussi *Work in America,* p. 74-77.

5. L'équipe se donne un « premier homme » qui assume le leadership. Mais la direction interne doit devenir progressivement communautaire ou collégiale. Par ailleurs, le premier homme reste le « répondant » de l'équipe par rapport aux instances supérieures de direction et de supervision.

6. *Les consultants ou intervenants techniques,* dans le cadre des politiques d'ensemble, opèrent sur le plan de la base, au niveau des équipes, et non comme des cadres intermédiaires qui contrôlent de l'extérieur. Ceux-ci, traditionnellement, ont toujours été coincés entre une direction autocratique et la masse des exécutants. Aujourd'hui, ils sont des « répondants » aux deux niveaux.

7. *Les standards de production,* de coûts et de salaires ont une souplesse ajustée à l'évolution des collectifs humains de production. On ne s'enferme pas dans un système technocratique rigide. On crée les normes ensemble, selon les possibilités des diverses équipes et de l'ensemble de la firme, en tenant compte des autres défis. Ce qui présuppose une stratégie polyvalente et souple d'interventions, une stratégie capable de corriger son tir au bon moment et d'une façon efficace. Ce qui exige aussi un *self-government* local assez autonome.

8. Le *contexte social* prend le dessus sur l'échelle des statuts. Les uns et les autres se définissent comme des coopérants, des coresponsables de plain-pied. On se retrouve ensemble, sans distinction à la cafétéria, dans le parking, dans les sessions d'évaluation, bref dans tout le milieu de travail.

UN BILAN PROVISOIRE DES EXPÉRIENCES De telles *expériences, sur cette base, ont transformé radicalement des milieux de travail. Ceux-ci sont devenus à la fois plus humains et plus dynamiques. On a remarqué une resocialisation des travailleurs.* Ils ont transposé dans la communauté locale cette coresponsabilité au travail. Pour la première fois, ils ont pris part activement aux activités de participation dans les domaines scolaires, sociaux et politiques. Ces initiatives ont eu lieu aux États-Unis, au Canada, dans les pays scandinaves, dans le Marché commun, en Yougoslavie, etc.

Le rapport *Work in America* donne des exemples intéressants de plusieurs entreprises : General Foods, Banker's Trust Company, Corning Glass, Texas instruments, Motorola Inc., A.T.T., Polaroid Corp, Hunsfor Pulp, Nob Fabrikker (Norvège), Rode Koncar (Yougoslavie), Sisak Ironwork (Yougoslavie), Imperial Chemical Industries (Grande-Bretagne), Textile division Pensacola, Syntex Corporation, American Velvet, Monsanto, Agricultural Division, G.M. Oldsmobile division, Norsk Hydro (Nor-vège), Philips Electrical (Hollande), Stanlow Refinery (Grande-Breta-gne), Netherlands PTT, et quelques autres.

Certaines expériences ont commencé par une opération-redéfinition des tâches par les travailleurs eux-mêmes. On a éliminé ainsi des gaspillages d'énergies, de temps, de main-d'œuvre et d'argent, et cela d'une façon marquante. L'atmosphère de travail s'est renouvelée du tout au tout.

D'autres insistent pour faire précéder l'opération par une planification qui permet aux diverses parties de se situer dans un ensemble intégré et finalisé de processus d'opérations, avec des objectifs généraux clairs et précis. La difficulté de réalisation d'un projet-cadre vient le plus souvent de l'incohérence du secteur industriel impliqué ou de la pauvreté du leadership de l'entreprise concernée. Dans un tel contexte, le *membership* ne peut être qu'erratique. D'où l'importance de cette première opération.

En d'autres endroits, on a misé davantage sur la maîtrise de l'ensem-ble du processus de production. Chacune des équipes signait son produit. Elle suivait les résultats du marketing. Elle assumait les retours et faisait sa propre autocritique. Cet autocontrôle déclenchait un sens accru des responsabilités, une meilleure qualité de production, une fierté du travail bien fait et une solidarité plus concrète et vécue.

Ailleurs, ce fut l'apprentissage sur le terrain qui fut le plus détermi-nant. Chacune des équipes voyait à l'amélioration de ses techniques et à l'utilisation efficace de l'équipement. Elles n'étaient contrôlées que sur les résultats de leur propre planning, de leur propre opérationnalisation des tâches. Elles avaient complète liberté au plan des moyens. Par exemple une organisation souple et efficace des cédules de travail. Avec un personnel moins nombreux (—25%), on atteignait une efficacité de 15% meilleure. La rotation de main-d'œuvre était réduite au minimum.

Parfois certains risques ont été pris avec bonheur. Dans des usines de produits électroniques, chacune des équipes avait à rassembler l'ensem-ble des éléments du produit. Bref, elles couvraient tout le processus qui autrefois était sectionné sur une ligne d'assemblage où chaque ouvrier n'avait qu'une opération. Il fallut 25% plus de travailleurs et un entraîne-ment un peu coûteux. Mais les résultats à moyen terme dépassaient l'inves-tissement supplémentaire : taux élevé de productivité, réduction du con-trôle, peu de retours et qualité meilleure, assiduité et stabilité au travail, climat d'entente et d'intérêt commun, etc.

Une compagnie norvégienne a poussé l'audace encore plus loin. Les individus n'ont pas d'assignation spécifique. Ils ont à se situer dans l'équipe, à développer une polyvalence, à participer à une rotation de tâches et à une entraide mutuelle. Pas de supervision extérieure. Les uns peuvent compter sur les autres pour remplir certaines tâches qui leur sont plus difficiles. On respecte le rythme et les possibilités de chacun. Le boni collectif est en relation non seulement avec la quantité produite, mais aussi avec la réduction des coûts et des heures. La coopération semble être intense. Le salaire de base est relié au nombre de tâches que l'individu pourrait assumer. Une enquête comparative *entre l'ancien et le nouveau régime* révélait ces chiffres : on passait de 58 à 100% pour la satisfaction générale, de 45 à 85% pour l'intérêt au travail, de 33 à 96% pour l'apprentissage et l'amélioration de la compétence, de 42 à 96% pour la responsabilité, de 39 à 73% pour la sécurité. Pendant ce temps les coûts diminuaient de 30%.

Mais c'est surtout le *contexte humain* qui a changé. Le lieu de travail est devenu un milieu de vie intéressant, attachant et même parfois passionnant. On peut vraiment parler enfin de communauté de travail avec d'authentiques relations humaines, avec une fierté d'appartenance, avec un esprit démocratique poussé. Les travailleurs se sentent plus responsables et plus libres à la fois, plus respectés dans leur dignité, mieux reconnus pour leur travail et leur compétence. Les répercussions sur la vie à l'extérieur de l'usine sont particulièrement positives. Le « moral bas » d'hier est disparu. Il n'y a plus d'agressivité inutile, insaisissable et sans causes identifiables. Beaucoup de facteurs d'insécurité psychologique ou matérielle ont disparu. L'esprit critique s'affine avec plus d'à propos. On apprend à prendre des décisions personnelles et collectives, judicieuses et efficaces. On sait élaborer un programme et le rendre à terme, élaborer une politique et l'évaluer, opérationnaliser un processus et le contrôler, établir des diagnostics et les vérifier. On devient plus ingénieux, plus imaginatif, plus confiant dans ses possibilités. « Je suis maintenant maître de mon travail. » « Nous avons le goût d'être, d'agir et de nous tenir ensemble. » « Autrefois, c'était l'enfer, aujourd'hui on respire, on vit, on ne se sent pas seul, épié, frustré ; il y a de l'atmosphère, de l'entrain ; on s'épaule dans les moments difficiles, on n'est plus méfiant les uns envers les autres. » « Après quinze ans de travail, je me sens pour la première fois un être humain. » « Les sessions nous permettent de participer au projet, de le critiquer. » « Les hommes sont plus heureux et efficaces sur une base volontaire que sous la pression des contrôles obligatoires. » Augmentation des salaires et de la productivité, réduction des coûts, disparition de tâches routinières ou inutiles, stabilité de la main-d'œuvre, meilleur équilibre psychologique et physiologique, autant d'avantages qui s'ajoutent à ce contexte plus humain que je viens de décrire.

*AVERTISSEMENTS DES EXPÉRIMENTATEURS ET FONC-
TION CRITIQUE* Même si de telles expériences ont été tentées dans
des secteurs industriels très différents, il ne faut pas conclure qu'on peut en
prendre une au hasard et l'imiter. Chacun des projets a sa personnalité
propre, ses antécédents historiques, son contexte original, ses défis particuliers, ses possibilités et ses obstacles déterminés, sa situation inédite et
ses dynamismes de liberté. Dans divers champs de praxis sociale nous avons
appris le danger des transpositions serviles. Certaines expériences doivent
leur succès à des leaders charismatiques parfois inimitables. D'autres ont
été le fruit d'un long cheminement qu'on ne saurait « économiser » superficiellement. Il n'y a pas ici une solution idéale, un modèle unique. Ce n'est
pas, non plus, une panacée pour tous les problèmes des travailleurs ou du
système économique. Certains fondements idéologiques sont à élucider dans
des cadres d'analyse plus larges. Par exemple, les expériences de Mayo,
dans une usine de Chicago, révélaient l'importance des groupes primaires
dans les départements de travail. Certains ont voulu en faire la seule assise
d'une stratégie d'organisation du travail. *Cette cible unique et très réduite
empêchait les travailleurs de considérer l'ensemble des conditions socio-
économiques qui les aliénaient. Ils perdaient de vue les fins réelles d'un
système économique qu'une telle réforme ne touchait pas. Au service de
quoi et de qui, en définitive, faisait-on ces changements ? Le rapport de
domination subsistait-il ? En quoi pouvait-il s'agir d'une étape pour une
libération décisive et pour une accession à un contrôle effectif et à un
pouvoir déterminant ?* Nous reviendrons sur ces questions majeures. Contentons-nous ici d'un premier regard critique plus immédiatement relié à
ces expériences.

LES AIRES DE PARTICIPATION Voyons d'abord les aires de
participation aux décisions, qui étaient offertes aux travailleurs de la base ουνριεαν.

— leurs propres méthodes de production
— la distribution interne des tâches
— la sélection des équipes et de leurs membres
— la détermination du leadership interne
— les améliorations de relations, de tâches, de performances
— les systèmes, les heures, la répartition du temps au travail.

On insiste beaucoup pour dire que ces décisions à la base ne sont
pas prises par des délégués ou des représentants. On peut s'en remettre
passivement autant à son syndicat qu'à la direction. Par ailleurs, le syndicat
ne doit pas être neutralisé ou marginalisé par ce processus. Bien assumé,

celui-ci offre une action décuplée à l'instance syndicale. Celle-ci compte désormais sur un tissu interne mieux noué, plus serré, plus propice à une communication intense et organisée. L'orientation et la militance quotidiennes ont maintenant une structure vitale de soutien qui pourrait servir à la libération et à la promotion collectives, et non exclusivement aux intérêts du capital. Le processus aura toujours cette ambivalence dans notre régime économique actuel. Le refuser, ce serait peut-être rester longtemps encore sans mains, sans possibilités d'action interne au delà des canaux très étroits de la négociation traditionnelle figée pendant une période de trois ans. On connaît les avatars des processus de griefs et d'arbitrage. Ces canaux trop limités (nécessaires toutefois) amènent des frustrations qui débouchent parfois sur certains gestes de désespoir : débrayages illégaux, grèves sauvages, sabotage, etc. Les travailleurs tout autant que la firme paient alors de lourdes notes. La critique se tourne contre le syndicat lui-même. Il en va tout autrement, s'il y a déjà un premier palier de contrôle et de décision par les travailleurs, dans le circuit quotidien de leur travail. Beaucoup de problèmes se règlent à ce niveau d'une façon plus efficace. Et le syndicat comme tel est libéré pour des tâches plus larges et plus profondes, pour des objectifs moins immédiats. Le management aussi est mieux en mesure d'exercer ses tâches d'organisation globale, de planification administrative, technologique ou autre. La direction aussi doit opérer sous forme d'équipes de travail, sinon elle n'aura aucune praxis correspondante à celle de la base.

LES DIFFICULTÉS MAJEURES. Il existe des difficultés plus fréquentes qu'ont bien analysées R. Lekert, D. McGregor, C. Argyris, R. Albrook, A. Zaleznik et R. Davis :

La multiplication inutile des consultations, des échanges, des explications et des justifications alourdit gravement les processus de décision et d'action.

Certains sont parfois impliqués dans des problèmes qui ne relèvent pas de leur compétence ; ce qui engendre exaspération et inefficacité.

Les questions sont discutées sans ordre de priorité et sans démarches bien structurées et finalisées.

L'autorité devient incertaine, les subordonnés confus et hyper-critiques, s'il manque un cadre cohérent de politiques.

Une certaine fausse conception du « leadership égalitaire » sclérose l'initiative personnelle et la reconnaissance de la compétence et du travail de chacun.

On se centre sur des problèmes très immédiats ou sur des grands problèmes d'orientation ou de mentalité quand il n'y a pas de praxis bien articulées d'évaluation et de contrôle, de mise en rapport des objectifs prioritaires et des moyens appropriés.

Souvent le système de communication et la détermination des contributions spécifiques sont les deux principales faiblesses.

Une zone grise de rivalités et d'ambitions, de caucus parallèles ou de collusions négatives peut naître à côté des rituels officiels d'information et de coopération. Le centre de gravité passe alors dans l'*underground* soit chez les administrateurs, soit chez les travailleurs. Parfois les leaderships décisifs s'exercent en dehors du champ démocratique.

LA BUREAUCRATISATION VAUT-ELLE MIEUX ? Ces critiques en amèneront plusieurs à reculer devant les risques de ces expériences nouvelles. Mais le *statu quo* techno-bureaucratique comporte des contradictions autrement plus redoutables. Voyons ces cercles vicieux.

La multiplication des règles impersonnelles

L'inaccessibilité du pouvoir décisif

La concentration des décisions chez quelques individus

Le durcissement et l'isolement des paliers

L'excroissance insaisissable des fuites, des pouvoirs parallèles

La pression anonyme d'un appareil demesuré

Le ritualisme des gestes quotidiens

La soumission passive aux règles

La mythisation du savoir de l'expert et la dévalorisation du savoir pratique

La réduction systématique des alternatives et des possibles

Le glissement de filière d'une officine à l'autre

Le climat permanent de crise latente, etc.

Ces problèmes bureaucratiques sont beaucoup plus graves que les inconvénients des expériences précitées. R. Merton décrit le défi bureaucratique dans cette remarque intraduisible : *People may be unfitted by being fit to an unfit fitness.* Kafka ou Marcuse auraient ici un bon matériau de dramatisation culturelle ou socio-politique. Ces brèves considérations sur le système actuel suffisent pour nous convaincre des énormes transformations à faire dans l'organisation du travail.

PARTICIPATION AUX PROFITS, UNE DIVERSION ? Un autre aspect retenu par les analystes de ces expériences nouvelles porte sur la *participation aux profits.* Voilà un point chaud qui amène la surchauffe dans les discussions. Les syndicats se méfient. Le patronat se sent menacé. Les idéologues de gauche flairent une récupération des travailleurs dans le système néo-capitaliste.

Dans les expériences précitées, on s'est rendu compte que les travailleurs, dans leur premier réflexe, y voyaient une façon habile d'améliorer la productivité à leurs dépens. Sans gratification tangible et matérielle, des tentatives de coresponsabilité étaient vouées à l'échec. Le problème de la participation aux bénéfices se posait donc dans un contexte très différent du scénario traditionnel de négociation collective.

Mais il existe d'autres questions plus larges. C'est, par exemple, le cas de l'inflation. Celle-ci vient, *partiellement,* de la dissociation entre augmentation de salaire et productivité. Il y a bien d'autres causes évidemment. Mais les statistiques sont trop évidentes pour ne pas reconnaître ce premier divorce, particulièrement aux États-Unis et au Canada. La position concurrentielle de ces deux pays sur le plan international a subi, en l'occurrence, un rude coup. Ces expériences pilotes établissent donc un lien fondamental.

Il s'agit bien d'une participation immédiate au profit accru, et non pas seulement de la possibilité d'avoir des « parts » dans l'entreprise pour des bénéfices à long terme. Il faut bien admettre qu'un régime simpliste de salaires ritualisés a contribué à cette désolidarisation du travail et du travailleur par rapport à l'institution économique comme telle.

Là où il y a eu changement et accès à une participation directe aux profits grâce à une meilleure organisation du travail, on a constaté des augmentations d'un assez fort pourcentage sur tous les fronts : revenus des travailleurs, dividendes, quantité et qualité de production, ventes, réinvestissements, etc. Dans certains cas, le revenu des travailleurs a doublé. Le nouvel équilibre dynamique de ces entreprises a même permis d'assurer pleine sécurité d'emploi après deux ans de service. Dans ces cas types, il faut noter la grande flexibilité de l'organisation du travail, la mobilité des tâches et des employés, le dépassement d'une conception rigide de l'ancienneté, l'incitation positive à une compétence meilleure et gratifiée. Ces compagnies ont connu une stabilité de leurs prix et partant une position concurrentielle très avantageuse. Enfin, les travailleurs ont été impliqués dans l'établissement des politiques de production. Des emplois nouveaux ont été créés.

Il doit y avoir ici des processus clairs et des contrôles qui empêchent toute manipulation ou diversion de la part de l'employeur. La participation au profit est rattachée à l'individu et aux équipes pour être efficace et vérifiable. Un boni général réparti sur l'ensemble des travailleurs crée parfois des tensions entre ceux qui donnent plein rendement et ceux qui utilisent les nouvelles ressources du groupe pour en faire le moins possible. Mieux vaut des bonis rattachés directement aux performances des équipes de base.

La qualité de la coresponsabilité est inséparable de la participation au profit. Ce qui présuppose un système de travail où les travailleurs eux-mêmes jouent un rôle clef de contrôle. Dans les cas où le contrôle électronique est seul déterminant, on obtient l'effet inverse. De même, toute attitude arbitraire ou paternaliste de la part de l'employeur bloquera l'émergence de communautés adultes, responsables et autopropulsives. La nouvelle mode de « direction par objectifs » n'est pas plus efficace sans responsabilité partagée et diffusée à ce niveau [1a].

LES RÉTICENCES PATRONALES Ne nous faisons pas illusion, beaucoup d'employeurs et de syndicalistes, de technocrates et de politiciens, pour des raisons différentes, se refusent à envisager ces nouvelles perspectives.

— Les employeurs *craignent de perdre leur pouvoir*. Ou bien ils montent en épingle certains échecs de ce genre d'expérience. Ou encore, ils se sentent incapables, impuissants ou incompétents pour entreprendre un tel bouleversement. Parfois c'est le risque financier qui effraie. L'investissement proprement technologique est plus quantifiable, plus sûr. Il y a trop d'impondérables dans de tels bouleversements de l'organisation humaine

---

1a. « L'intéressement peut prendre diverses formes : intéressement au chiffre d'affaires (pour les sociétés commerciales), intéressement aux économies (ce qui suppose une forte décentralisation avec une direction par objectifs et une budgétisation des ateliers). Mais les deux formes les plus courantes sont l'intéressement aux bénéfices et l'intéressement au capital (ou actionnariat). » Il existe diverses législations dans différents pays pour favoriser ces initiatives : par exemple, la possibilité pour les salariés d'une entreprise d'acquérir des actions, et cela sur une base volontaire et individuelle. Comme dans le cas des expériences plus ou moins poussées de cogestion, syndicats et patronats, pour des raisons différentes, s'interrogent sur la « faisabilité » d'un tel intéressement quand il y a divergence idéologique plus ou moins radicale. Dans le contexte nord-américain, on se méfie des législations en ce domaine. Même ceux qui restent ouverts à des expériences libres et privées, ne croient pas tellement à leur efficacité. Le patronat craint de perdre l'unicité de son pouvoir ; et les syndicats y voient une tentative de récupération et d'assimilation qui neutraliserait leur force autonome de lutte revendicatrice ou même politique.

du travail. On préfère la traduction technocratique et bureaucratique de la technologie qu'on a choisie. C'est plus homogène et plus unifié. On adapte l'activité humaine aux processus mécaniques de production. L'inverse est trop difficile. Mais ce faisant, on laisse pourrir des problèmes humains déjà signalés. L'échec devient de plus en plus évident dans bien des secteurs. Mais on refuse d'inverser la vision des choses. N'a-t-on pas réussi des performances extraordinaires dans le passé ?

L'Amérique du Nord vit actuellement d'un succès de plus en plus illusoire. Elle subit de plus en plus une dérive tragique par rapport à d'autres économies concertées. La pauvreté humaine de l'organisation du travail y est pour beaucoup, et cela en dépit des moyens technologiques souvent en avance. Bien sûr, d'autres facteurs expliquent les difficultés de l'économie nord-américaine. Par exemple, ne voit-on pas que la pointe de l'iceberg dans la crise du dollar et dans les autres difficultés économiques ? Le Canada, dépendant très étroitement des États-Unis, connaît des problèmes semblables. Il n'a que très peu touché aux problèmes internes à l'organisation du travail. Et que dire du Québec où apparaissent davantage les travers des structures économiques du capitalisme ?

Or, c'est la situation actuelle du travail humain qui révèle le mieux le caractère primaire et aliénant de notre système économique. Un système économique déphasé par rapport aux requêtes les plus profondes de notre crise de civilisation. Les propos tenus par les porte-parole des milieux financiers ne laissent pas percer une autocritique de leur philosophie. Il est toujours question de mécanismes, de problèmes structurels, de défis administratifs, technologiques, financiers. On évoque tantôt la concurrence débridée entre les pouvoirs économiques (takeovers), tantôt le gigantisme des technostructures, tantôt les politiques des superstructures gouvernementales (tarifs douaniers, soutiens des investissements ou contrôle, fiscalité, etc.). D'autres ne voient dans les problèmes de rareté des matières premières que des limites à la croissance. La pollution serait un pur obstacle à surmonter ou une question de concession aux sensibilités du moment. Bref, les vrais problèmes humains sont réduits à des difficultés de parcours sur la route de la croissance matérielle à tout prix. Le produit national a plus d'importance que l'amélioration des styles et objectifs de vie. Le chômage et l'inflation appartiennent à l'univers des effets secondaires. Mais en pratique, sans l'avouer ouvertement, plusieurs raisonnent comme si la croissance économique, la productivité, la conquête des marchés internationaux, l'avancement technologique (RD) résolvaient tous nos problèmes. Il y a ici, en dessous d'attitudes dites progressives, une vision primaire et très rétrograde de l'homme, de la société, de la civilisation. Cette vision est incapable de reconnaître l'éclatement actuel des bases si peu humaines de l'économie nord-américaine. Recourir aux mesures extérieures du *law and order* pour mater ces forces explosives, appartient au même contexte d'aveuglement.

Même la concertation puissante des pouvoirs politiques et financiers pour juguler les révoltes des milieux de travail n'a plus l'efficacité d'autrefois. De larges couches de population n'intériorisent plus les légitimations téléguidées et manipulées par les élites dominantes. Les maux sont plus profonds. Ils atteignent les raisons de vivre, de travailler, de lutter. Les milieux de travail s'effondrent de l'intérieur ; et les institutions économiques voudraient se contenter de nouveaux encadrements de l'extérieur. *On continue de calquer l'administration des hommes sur l'administration des choses.* Cet aveuglement des tenants du pouvoir économique génère ses propres oppositions extrémistes. / Celles-ci soutiennent que les premiers ne veulent, ni ne peuvent saisir les vrais enjeux humains et sacrifier une partie de leurs biens et pouvoirs, de leurs intérêts et de leurs privilèges / Le droit absolu de propriété et de gérance sous aucun contrôle démocratique, reste ici d'une façon non avouée l'objectif absolu et exclusif auquel on soumet toutes les autres considérations. Comment alors parler de politiques sociales, d'économie plus solidaire, de démocratie authentique, de société plus humaine, avec de tels postulats bien établis dans les conduites réelles de la plupart des citoyens d'ici ? L'idéologie dominante est pratiquement diffusée dans l'ensemble de la population. Les luttes de pouvoir et les révolutions de structures politiques ne suffiront pas. *Il faut transformer les rapports sociaux de base au cœur même des forces de production.* Des points marqués à ce dernier niveau porteront des fruits multiplicateurs pour les transformations radicales des superstructures. Sur ce chemin, il y a les pouvoirs les plus forts et les plus redoutables.

LES RÉTICENCES SYNDICALES Du *côté syndical,* les refus sont parfois du même ordre. Les uns défendent plus ou moins aveuglément les canaux d'un certain pouvoir acquis, sans chercher d'autres voies d'accès. Ils n'envisagent qu'une action revendicatrice vigoureuse de type traditionnel en ajoutant plus de force de pression sur les pouvoirs gouvernementaux ou financiers. D'autres ne conçoivent qu'une lutte à finir pour la prise du pouvoir « tout d'un bloc ». Toutes les autres formes d'action relèveraient d'un réformisme collaborateur. Sans s'en rendre compte, beaucoup de néo-politisés siphonnent les forces de la base dans des batailles de superstructures. Il ne reste que les affrontements des sommets : les grands chefs lointains, les super-centres de décisions, les centrales et leurs experts. La lutte garde tous les traits de l'univers techno-bureaucratique, malgré les « à-côtés » populistes des manifestations et les rituels habituels de conflits. Les slogans simplifient les enjeux jusqu'à la limite du non-croyable et du ridicule. Par ailleurs les négociations ont une complexité qui échappe aux travailleurs de la base. De part et d'autre, on ne va pas loin concrètement quand il s'agit de justifier soit le contrat social actuel de la démocratie libérale, soit le refus du système social prévalant et la construction d'un autre type de société. Les références sont lointaines et abstraites par rapport à ce qu'on vit dans l'expérience individuelle et collective de tous les jours. Rappelons que le mouvement ouvrier a développé dans sa genèse première une praxis historique qui n'a rien perdu de sa pertinence. Le travailleur ordinaire pense et agit à travers son expérience de travail. L'avons-nous compris ? Toutes les autres luttes sont des ins-tances secondes par rapport à cette première praxis. Sans celle-ci, les autres interventions apparaîtront extérieures à la vie elle-même du travailleur. Il ne s'y engagera pas avec toute la richesse de son expérience, mais un peu par idéologisation externe ou conviction militante exceptionnelle. Chez la majorité, on décroche souvent, parce qu'on ne voit pas le lien entre les grandes visées politiques et une libération du quotidien à opérer. Cette dernière reste le parent pauvre. Les premières l'ont rendue insignifiante par rapport à la lutte globale. Qui sait si le syndicalisme n'a pas ici une issue parmi d'autres pour surmonter une crise qui ne vient pas uniquement de l'extérieur de lui-même. Nous reprendrons cette problématique dans une autre étape. Mais nous devons garder bien en vue l'évolution récente du syndicalisme d'ici.

VERS UNE REDÉFINITION DU SYNDICALISME ? Disons d'abord que le syndicalisme, historiquement, a dû forcer les portes pour se faire une place dans le système libéral. Même dans le cas du syndicalisme d'affaire, cette nouvelle institution n'a jamais été parfaitement « fonctionnelle ». Elle a véhiculé une certaine conscience sociale qui ne s'ajustait pas au libéralisme économique. Bien sûr, il y a eu des complicités bien connues surtout dans des unions nord-américaines. De même, le syndicalisme autochtone comme l'ancienne C.T.C.C. a sacrifié longtemps la classe ouvrière à l'idéologie clérico-nationaliste.

Souvent les syndicalistes ont joué le jeu en se limitant à une revendication quantitative, quitte à compléter cette assiette de négociation par des mesures de sécurité d'emploi, de meilleures conditions de travail, et de bénéfices marginaux. Peu à peu le champ de négociations s'est élargi, mais dans le continuum homogène du même type de revendication. Celui-ci restait un processus « à la pièce », empirique, à court terme, conjoncturel et très atomisé à cause du style de négociation collective par établissement.

Une telle dispersion contrastait avec la concentration financière et les super-intégrations administratives, techniques et scientifiques. D'où la réponse des concentrations syndicales en grandes centrales. Ce fut le nouvel élan de contestation qui renouait avec la dynamique originelle du syndicalisme. On pouvait dès lors envisager une action concertée pour des politiques socio-économiques d'emploi et de main-d'œuvre, de sécurité sociale, de prix et de revenus. Le syndicalisme militant devenait ainsi un groupe de pression auprès des gouvernements ; il se faisait la conscience sociale critique de l'économie et de la politique. Régulièrement il adressait des mémoires aux gouvernements et débordait dans l'opinion publique ; il exerçait aussi cette influence dans les organismes consultatifs et les commissions des gouvernements. Au plan local, bien des syndicats jouaient un rôle semblable, mais à titre d'un corps intermédiaire à côté d'un autre. Seuls les moments d'épreuves de force faisaient du mouvement syndical un organisme de combat.

Mais plusieurs grèves de portée nationale, plusieurs législations anti-syndicales successives allaient amener un militantisme plus politisé. On se rendait compte de la collusion du pouvoir politique et des pouvoirs économiques, de l'absence de participation à quelque forme que ce soit de décision. S'il restait dans la même foulée, le syndicalisme pouvait tout au plus devenir ce « pouvoir compensateur » dont parle Galbraith. Un pouvoir qui risquait de pourrir dans une longue et marginale opposition. À vrai dire, il fallait bâtir un pouvoir capable d'influer sur les décisions qui engagent le sort de la collectivité. Mais le drame, c'était la multiplicité des petites et des grandes unités syndicales, des appartenances : québécoise, canadienne, américaine. Aujourd'hui on parle encore de ce pouvoir à bâtir, mais sans assez remettre en cause cette atomisation des soutiens structurels. On sait le sort des fronts communs provisoires.

Le défi a bien des dimensions. Le système politique et son idéologie ne permettent pas un cadre démocratique de contrôle effectif de l'économie, ni une stratégie de développement planifié, ni même un pouvoir suffisant pour élaborer de véritables politiques économiques. L'État libéral investi par les intérêts particuliers est un anachronisme par rapport aux rôles modernes de l'État. Il y a donc d'énormes difficultés proprement politiques pour démocratiser l'économie.

Il existe un autre niveau plus profond de problèmes : celui de la pauvreté de conscience de classe. On a plus d'une fois constaté la distorsion entre les attitudes des adhérents, des militants, des permanents et des dirigeants syndicaux. Combien de membres en sont encore à des luttes de « niveaux de consommation individuelle », à des revendications qui ressemblent davantage à un égoïsme collectif bien loin d'une authentique solidarité ouvrière.

Au bilan, nous nous demandons si l'avenir du syndicalisme n'est pas à envisager d'abord en renforçant à la fois la base et le sommet, plutôt que les structures intermédiaires. La base de l'action quotidienne, le sommet d'un pouvoir unifié, bien équipé, capable de rencontrer en force un pouvoir économique de plus en plus concerté, et un pouvoir politique de plus en plus renforcé par les nouveaux rôles de l'État moderne. Ce n'est pas un pluralisme syndical aussi éclaté et dispersé qui peut toucher les centres de décision influant sur l'ensemble de l'activité économique et politique. Les vagues consultations, sans véritable information et sans pouvoir, serviront de caution à des décisions qui échapperont aux travailleurs et à l'ensemble de la collectivité.

En insistant sur l'action de base, nous ne perdons pas de vue les nouveaux impératifs de vastes stratégies au sommet des forces ouvrières organisées. Une profonde réorganisation du travail exige la qualité de ces deux niveaux d'intervention, du moins pour ce qui concerne les travailleurs. Mais le principal dilemme demeure. Peut-on devenir tout de go des partenaires après s'être définis comme des adversaires, passer du « face à face, au côte à côte », de la contestation à la participation, de la lutte à la collaboration ? N'est-ce pas simplifier l'enjeu ? Le dilemme pourrait devenir un tandem dialectique où la contestation et la participation se renforcent mutuellement, comme dans bien des démarches démocratiques authentiques. Évidemment, il faudra accepter certains risques et bien préciser les démarches et les objectifs. Par exemple, de nouveaux mécanismes de participation peuvent donner accès aux sources d'information. Si on les utilise uniquement pour renforcer l'action revendicative d'hier, on n'avance pas politiquement. Au contraire, si l'obtention d'une information obligatoire sert à peser efficacement sur les décisions, à rendre plus sérieuse la contestation, à faire des interlocuteurs de plain-pied, à présenter ses propres politiques, on dépasse les scénarios d'hier ou les dangers d'un réformisme de récupération. Mais le risque de la participation gestionnaire a des avantages encore plus profonds. En effet, celle-ci constitue un processus permanent que n'a pas la négociation traditionnelle avec ses luttes épisodiques distancées et ses sèches batailles de griefs. Il faut donner à la conscience ouvrière un terrain quotidien d'exercice. Une conscience collective s'enrichit et se modifie par et dans l'action. L'action militante n'est pas la simple contestation d'une condition inacceptable ou d'un pouvoir extérieur, ni une pure fidélité à une idéologie ou à un projet de libération, elle est « prise de responsabilité, participation à la conduite de l'action, appréciation du rapport de forces, définition d'une stratégie [2] ».

---

2. *Le Syndicalisme canadien, une réévaluation*, p. 254.

Or les expériences analysées dans ce chapitre nous convainquent qu'un tel apprentissage peut se poursuivre à l'intérieur de certaines réformes d'étapes dans l'entreprise. Un travail autogéré peut conduire à une militance, beaucoup plus que ne le font certaines politisations artificielles et marginales. Ces expériences pilotes peuvent devenir le lieu de redéfinition du second souffle syndical. Qui sait si celui-ci ne retrouvera pas la dynamique originelle du premier souffle, et cela sous de nouvelles modalités plus créatrices. De plus, le syndicalisme raffermira son assise populaire qui a fait défaut dans les luttes récentes. Répétons ici qu'il ne s'agit pas de minimiser les plus vastes stratégies. Bien au contraire, les travailleurs se rendront compte assez vite de la nécessité d'une planification économique démocratique, d'un contrôle politique à l'échelle de toute la société. Ils apprendront à préciser les niveaux de démocratisation (entreprise, secteur industriel, région, État), les moments d'intervention (élaboration, prise de décision, exécution), les modalités de participation (information, consultation, codécision). De plus, ils n'agiront plus sur l'économie par la bande, ou de l'extérieur. Nous aurons à revenir sur plusieurs des points soulevés ici.

L'IMPLICATION DES GOUVERNEMENTS Il y a un autre ordre de défis : ceux qui sont reliés aux gouvernements et à leurs services publics. Évidemment, reconnaissons que la transformation interne de l'organisation du travail dépend d'abord et avant tout des divers agents de production et des communautés immédiatement concernées. Mais comment parler de coûts sociaux, d'inflation, de chômage, de recyclage ou de subvention, sans référence aux instances publiques, et à la fonction politique dans toute son extension ? Il n'existe pas de terrain économique purement privé. L'idéologie libérale de l'entreprise privée a toujours prétendu le contraire. Cette contradiction est devenue de plus en plus une imposture schizophrénique et antipolitique, à mesure que l'État a dû intervenir, massivement et de diverses façons sur la monnaie, les barrières tarifaires, la fiscalité, les politiques sociales, l'éducation, l'emploi et la formation de la main-d'œuvre. Aucun gouvernement n'échappe aux impératifs de planification. Il doit apporter même des soutiens financiers et techniques à certains secteurs économiques en difficulté. Bien sûr, on rencontre ici des conceptions politiques différentes du dirigisme total au laisser-faire. Dans notre régime économique actuel, les libéralistes pensent et agissent effectivement comme si l'État devait assumer les responsabilités et les coûts sociaux, laissant les entreprises libres de ces contraintes. Celles-ci n'auraient que des critères de rentabilité et de profit.

L'argument n'est jamais aussi « gros » et explicite que le laisse entendre cette formulation. Pourtant, n'est-ce pas ce qu'on fait vraiment ? Les responsabilités sociales de l'entreprise privée, dans les circonstances, sont minimes et indirectes. Elles sont le résultat insignifiant d'énormes pressions exercées par un contexte obligé de socialisation qui a bouleversé tous les rapports du privé et du public. Un cas aussi évident que la pollution nous montre jusqu'à quel point il faut faire la preuve au compte-gouttes pour déranger un peu les financiers. Un exemple entre plusieurs d'un système économique foncièrement asocial et fallacieusement « dévoué à l'intérêt public ». Exemple aussi du caractère aveugle du modèle prévalant de croissance économique à n'importe quel prix humain, de profit maximum prélevé sur les ressources collectives.

On nous dira que ce plaidoyer est unilatéral. Les compagnies rencontrent des problèmes redoutables de productivité, de concurrence internationale, d'investissements de plus en plus lourds et risqués, de changements technologiques obligés, de coûts débridés, de taxation massive, etc. Qui niera ces réelles difficultés ? Mais dans quelle mesure n'est-on pas en face d'une fausse philosophie sociale et politique, d'une économie sans finalité humaine, d'un style de société peu solidaire où l'on a laissé croître des injustices, des inégalités, des ambitions irresponsables et des pouvoirs illimités et incontrôlés ? Parvenus à leurs limites critiques, ces intérêts profiteurs appellent l'État à leur rescousse, sans consentir à reconsidérer les sources des problèmes qu'ils ont eux-mêmes contribué à créer.

Voilà le contexte d'imposture qu'il faut dénoncer, quand on veut redéfinir le rôle de l'État, des instances publiques, de l'activité économique, et du système social lui-même. Comment les pouvoirs économiques peuvent-ils contester l'action politique des syndicats, ou renvoyer ceux-ci aux partis politiques ou aux filières gouvernementales, quand tout l'appareil politique est soumis à des influences financières en dehors des circuits démocratiques ? Les travailleurs et leurs syndicats sont alors amenés à des types d'action qui forcent ces pouvoirs d'*underground* à refaire surface sur la scène publique. Toute la fonction politique est à revoir radicalement dans la mesure où il n'y a jamais eu de démocratie économique véritable dans un système politique qui se disait officiellement l'émanation de la volonté du peuple.

Nous connaissons bien le réseau des filiations libérales : projets des pouvoirs financiers, appui gouvernemental et légitimation juridique. Les media contrôlés manipulent l'opinion publique et les véritables oppositions sont neutralisées. Tout se passe comme si celles-ci devaient utiliser des moyens extrêmes et illégaux, puisque les structures existantes ne permettent pas une véritable action démocratique. Les capitalistes ont engendré eux-mêmes les maux qu'ils dénoncent. Pour percevoir cette contradiction, il faut pratiquement se placer carrément en dehors de la logique dominante et de ses soutiens structurels. En poussant à la limite cette situation, on aboutit au cercle vicieux : anarchie et répression. De part et d'autre, disons-le, il n'y a plus de place pour une véritable démarche politique et pour une pratique démocratique authentique. C'est la voie toute tracée pour des dictatures ou de droite ou de gauche. L'histoire nous le suggère avec trop d'exemples tragiques pour que nous écoutions superficiellement cette hypothèse. En Amérique du Nord, la plupart des citoyens croient que cela ne peut pas nous arriver. Ce coefficient d'illusion longtemps entretenu nous amènera à des éclatements qu'on ne pourra peut-être pas assumer d'une façon humaine.

Ceux qui ont connu des expériences de négociations entre l'État et les pouvoirs financiers savent comment la démocratie et ses contrôles publics y sont laissés pour compte. Prenons le cas des reconsolidations d'usines. Aussi longtemps qu'on évalue la situation, les travailleurs et leur syndicat sont mis dans le coup. On insiste beaucoup sur leur colla- boration, sur les sacrifices à partager. Mais arrive le moment des prises de décisions effectives : les travailleurs sont alors refoulés en dehors du champ de négociations entre les gouvernements et la compagnie. J'ai vu un cas où l'on demandait aux travailleurs de précipiter la signature d'une convention collective, un peu comme un chèque en blanc, et cela avant les accords entre la compagnie et les gouvernements. Le syndicat se trou- vait à la table de négociation sans connaître les principales cartes qui allaient être jouées par la suite. Qui donc ne se scandaliserait à bon droit devant le refus de collaborer chez les travailleurs ? Collaborer sans le moindre contrôle, sans information obligatoire ; s'enfermer dans une négo- ciation collective de trois ans sans savoir si on profitera un peu des sub- ventions gouvernementales, de la productivité accrue de la compagnie, et de ses propres sacrifices ; laisser la compagnie agir en privé sans qu'elle rende compte à qui que ce soit de l'utilisation qu'elle fait des fonds publics. Les travailleurs, la population, les gouvernements deviennent ainsi des simples pourvoyeurs pour sauver les « riches » ou les enrichir davantage. La finance, les hommes politiques et les fonctionnaires s'ar- rangent entre eux pour assurer le sauvetage. Quand il n'est plus possible, on procède aux sacrifices humains qu'exige l'Olympe des grands dieux. On comprend alors cet avertissement lucide exprimé par des travailleurs menacés par la fermeture éventuelle de leur usine :

« Tout le travail de concertation depuis un an pourrait bien être du *wishful thinking,* si, dans la phase finale, la compagnie fait ce qu'elle veut, quand elle veut avec le capital humain des travailleurs et le capital des fonds publics. L'État joue-t-il ici vraiment son rôle ? Les compagnies vont-elles continuer d'agir en dehors de tout contrôle démocratique ? Les travailleurs seront-ils sans cesse acculés à l'insécurité, au chèque en blanc, à une absence de tout pouvoir, information et contrôle ? Nous ne pouvons pas négocier dans ces conditions. Nous demandons aux Assemblées législatives de Québec et d'Ottawa de débattre enfin, au su et au vu de l'ensemble de la population, ces problèmes qui engagent le sort de milliers de citoyens, le nôtre compris. Comment le syndicalisme peut-il agir avec à-propos dans cette jungle antidémocratique de l'industrie privée ? On nous oblige à des rapports de force aveugle en nous mettant en dehors des informations et des décisions les plus importantes. Pour une fois acceptera-t-on en haut lieu de faire face aux vraies questions ?

« Nous souhaitons ne pas servir de cobaye pour des luttes partisanes entre politiciens. Nous voulons participer à des solutions plus efficaces, plus justes et plus démocratiques.

« Vous, messieurs d'Ottawa et de Québec, qu'allez-vous faire dans ce cas précis ? Nos petits salaires ne résistent pas à la montée du coût de la vie. Nous ne sommes pas intéressés à aller sur le bien-être et sur le chômage. Notre situation ne nous permet pas d'attendre indéfiniment. Ne nous acculez pas aux solutions de désespoir. Nous avons sué pendant vingt ans en moyenne dans notre entreprise. Si les intérêts investis quittent les lieux les mains nettes, si les gouvernements se retirent comme on ferme un dossier trop compromettant, nous aurons compris qu'il n'y a rien à faire avec le régime politique et le système économique actuels. Notre longue patience aura fait son temps. »

DES EXPÉRIENCES À POURSUIVRE   De toutes parts, il y a donc de graves difficultés à surmonter. Ce qu'il y a de sûr, c'est que la situation actuelle ne peut plus durer. On en est rendu au point, dans bien des secteurs, où aucune partie ne peut gagner sur l'autre sans faire écrouler tout l'édifice humain impliqué. À moins d'envisager des solutions de révolution violente et de maquis, il faut accepter la carte de nouvelles concertations démocratiques et de nouveaux contrats sociaux qui prépareront le terrain d'une autre organisation sociale. Les expériences neuves évoquées plus haut peuvent servir de bancs d'essai. Il y a ici un riche matériau d'expérience, d'apprentissage, de recherche, et aussi de nouvelles pistes d'action. On a réussi, dans certains cas, à mettre en place une stratégie multidimensionnelle d'interventions qui, autrefois, étaient plus ou moins parallèles, inefficaces et désarticulées.

Le réentraînement en usine, la formation à la polyvalence, la concertation des divers services et institutions sont des exemples d'initiatives qu'on peut entreprendre dès maintenant pour redonner au travail et au travailleur leur dynamique d'actualisation personnelle et de créativité sociale. La perspective de travailler dans le même métier, sur le même « job » ou dans le même lieu de travail pendant 20 ou 30 ans, devient exceptionnelle. Il faut s'équiper pour rencontrer les requêtes d'un travail plus mobile, plus ouvert aux aspirations montantes, plus gratifiant humainement, plus apte aux transmutations des priorités de la société dans le tournant actuel.

Des champs nouveaux d'activités apparaissent. Ils bouleversent toute l'organisation traditionnelle du travail. Ils appellent d'autres types de formation, de politiques d'emploi et de main-d'œuvre, d'autres soutiens sociaux, d'autres structures d'appui. La demeure humaine cède encore à la cité technologique, les communautés aux structures matérielles, le capital humain au capital financier. Le moment est venu de renverser la vapeur et d'agir d'abord et avant tout en fonction des hommes. Notre prétendu progrès a « réifié », « chosifié » le travail humain. C'est peut-être l'instance critique la plus percutante pour nous amener à redonner le primat aux ressources proprement humaines, non comme moyen, mais comme fin.

Déjà certaines politiques sont révélatrices d'un certain déplacement du centre de gravité : possibilités de réentraînement, de périodes intensives de formation, d'année sabbatique, de deuxième carrière, de programmation personnelle et communautaire de perfectionnement. Dans certains pays, on a instauré des services qui permettent ces enrichissements humains dans l'itinéraire normal d'une vie de travail. Les circuits sociaux, scolaires, économiques étaient mieux articulés en fonction d'un contexte plus humain et d'une plus grande plasticité de l'expérience du travail. On s'est même rendu compte qu'à moyen terme cela coûtait moins cher à la collectivité. Beaucoup de dépenses inutiles dans les lourdes structures scolaires et dans les politiques sociales pouvaient désormais être évitées. L'économie reprenait son élan ; la vie quotidienne son allant ; les hommes voyaient effectivement plus de possibilités de choix devant eux. On forçait les professions, les métiers, les secteurs réservés à s'ouvrir vraiment à l'ensemble de la population, à tous ceux qui voulaient y entrer avec détermination et compétence. On n'acceptait plus d'ateliers fermés, même dans le syndicalisme. Les statuts passaient au second plan par rapport à la capacité de remplir effectivement un rôle ou une tâche.

LES INCIDENCES SOCIALES DE CES EXPÉRIENCES

1. *Le rapport éducation - travail à revoir* Nous sommes bien loin de telles politiques d'emploi, de main-d'œuvre et d'organisation sociale. Par exemple, il faut bien voir certaines incohérences à surmonter. La démocratisation scolaire a élevé le niveau général d'instruction. Les employeurs ont élevé à leur tour les prérequis académiques sans changer les formes de travail. Et l'insatisfaction a grandi. Il n'y a pas que le problème des chômeurs instruits. Combien se sentent frustrés parce que leur style de travail est en contradiction avec la conscience et les aspirations acquises par une plus longue expérience en éducation ? Ce dernier problème va prendre des proportions grandissantes avec la baisse démographique au Québec et la forte diminution de main-d'œuvre dans la prochaine décennie (1980). Attendrons-nous ce moment pour élucider ces rapports critiques entre éducation et travail ? Sur ces deux terrains, nous maintenons des conceptions et des pratiques de courte vue et de peu de pertinence. Le dossier noir de l'enseignement professionnel chez nous est en quelque sorte un test de vérité de ce divorce entre éducation et travail. Les deux univers parallèles devraient s'imbriquer au moins dans cette aire. Ce n'est pas le cas actuellement. Réserver l'initiation au travail pour les moins doués, c'est révéler une philosophie étrange de l'activité qui pourtant définit la plupart des citoyens. Les vieux rituels académiques : diplômes, statuts, etc., consacrent encore l'anachronisme et la marginalité de l'éducation par rapport à l'évolution socio-économique et culturelle de la société. La révolution culturelle comme telle vient même contester les critères actuels de travail, et creuser le fossé entre celui-ci et l'éducation.

Une spécialisation trop étroite, une formation générale trop abstraite, des campus trop artificiels, une déscolarisation de la culture, des styles de vie très différents des styles de travail, des objectifs économiques décrochés des aspirations nouvelles, voilà autant d'incohérences dont les coûts humains sont énormes. Aussi longtemps par exemple que l'éducation de masse a été ajustée à la production et à la consommation de masse, on passait d'un univers à l'autre dans un même continuum homogène. Voici que les individus réclament plus d'autonomie, que les groupes privilégient leurs liens communautaires sur les structures, les statuts ou les rituels obligés. Au même moment, la société bureaucratique se programme d'une façon encore plus mécanique. Il se produit une sorte de *split* culturel à la source de bien des problèmes identifiés plus haut. D'une part, des systèmes rigoureusement programmés et d'autre part, une vie sociale chaotique, fragmentée, atomisée. Ni McLuhan ni Marcuse ne nous donnent des praxis sociales pour assumer ces grands écarts de civilisation. Encore moins les technocrates. Certains utopistes disent qu'il faut réinventer l'éducation et le travail en dehors de toute référence à la vie actuelle.

C'est se laisser bien peu de chances au départ. N'y a-t-il pas des démarches moins nihilistes et plus à notre portée ? N'y a-t-il pas certains objectifs plus modestes déjà esquissés dans les expériences précitées ? N'a-t-on pas perdu la trace de certaines expériences fondamentales dans les sociétés qui nous ont précédés ?

2. *Une double marginalité* Par exemple, les enfants et les jeunes autrefois étaient vite mis en contact avec les adultes *au travail*. Aujourd'hui on les enferme longtemps dans des structures artificielles, hors des grands circuits collectifs. Ils se créent alors des sous-cultures plus ou moins fermées et imperméables, comme sous-sol des campus intégrés. *Ils vivent ainsi une double marginalité par rapport au pays réel.* Des problèmes comme la drogue, les *drop out,* etc., sont des symptômes-limites de cette aliénation fondamentale. Il manque de véritables milieux de vie en dessous des structures. Nous y reviendrons dans le prochain chapitre. Retenons ici l'absence des milieux quotidiens dans les politiques de soutien, de formation, d'apprentissage, de recyclage. Cela est plus évident chez les jeunes. Combien sortent de l'école et de l'université sans connaître pratiquement la société réelle ? Ils ignorent l'abc de l'économie. Ils ne savent pas faire un rapport d'impôt, réparer un « trouble » mineur à leur auto, entretenir leur appartement. Ils ne connaissent rien de la plupart des institutions. Ils ignorent leur ville, leur région. Ils ne sauraient juger les politiques de leurs gouvernements. Ils ont une bien vague idée de l'État et de ses services. Ils se logeront bientôt dans une des filières du monde technobureaucratique du travail sans même connaître l'ensemble de l'institution qui les accueillera. Autant d'indices d'un manque presque total de prise sur le pays réel. Or il s'agit de la moitié de la population.

Comment transformer les milieux de travail dans un avenir pas trop lointain, sans brancher les citoyens, surtout les générations montantes, sur les circuits de la société existante ? N'est-ce pas une erreur de parquer pendant 15 ou 20 ans des jeunes dans des structures parallèles ? Encore si leurs éducateurs étaient en contact étroit avec les autres institutions de la société ! Encore si le travail lui-même débouchait sur d'authentiques comportements sociaux. Mais non, ni le style d'éducation, ni le style de travail actuels, sont conçus pour une véritable insertion dans le milieu. Il faut sortir de ces deux circuits, et se socialiser ailleurs par des initiatives parallèles qui sont le lot d'une petite minorité de citoyens. Les formes actuelles d'éducation et de travail n'ont pas développé des dynamiques de socialisation minimale. D'où l'échec des politisations artificielles. Nos idéologies de remplacement manquent de naturel, de pertinence culturelle, d'impact quotidien, parce que les expériences fondamentales de l'homme ne sont pas dynamisées de l'intérieur par leurs aspirations concrètes et vitales.

3. *Travail et projets de vie* J'ai déjà présenté deux scénarios à différents groupes de jeunes. L'un centré sur le « plus être », l'autre sur le « plus avoir ».

a. À quarante ans, vous faites un travail intéressant. Vous vous sentez bien dans votre peau. Vous pouvez choisir un autre travail à cause de votre polyvalence, de votre esprit d'initiative. Vous sentez qu'on a besoin de vous. Vous avez de solides racines affectives, des relations épanouissantes. Vous vivez votre vie, mais vous n'êtes pas riche. Il vous manque pas mal de choses que les autres ont autour de vous.

b. À quarante ans, vous avez une magnifique maison, de gros revenus, un chalet, un yacht, un avion. Vous pouvez vous payer à peu près tout ce que vous désirez : voyages, vêtements luxueux, etc. Vous changez d'auto à volonté. Bien des gens envient votre situation.

Plus de 80% des jeunes ont choisi le premier scénario. Or, toute la société et particulièrement le travail sont conçus, organisés et finalisés en fonction du second scénario. On conditionne les besoins à contre-courant des aspirations les plus profondes. Nous touchons ici le palier le plus profond des obstacles qui empêchent de véritables changements humains des structures de travail. Celles-ci n'offrent pas de projets de vie signifiants et engageants. Parfois certains drames expriment bien cette tragédie contemporaine. Au M.I.T., des chercheurs ont fait une grève inhabituelle. « Nous avons investi 25 ans d'études pour produire des armes, des gadgets, des objets inutiles de consommation. Cela ne peut plus durer. Notre travail n'a aucune signification. Il faut trouver ailleurs des raisons de vivre. Et pourtant, nous avions conçu notre carrière comme un de nos plus importants projets de vie. » *Chez combien de citoyens actuels le travail ne véhicule pas de projets de vie. Il sert d'appoint extérieur, souvent purement financier. Il a perdu toute force d'actualisation de soi, de dynamique sociale, culturelle ou politique. Il n'a pas tellement de liens avec les raisons de vivre ou les objectifs d'existence. Il ne fonde plus de vraies communautés humaines. Avant d'écarter les tentatives de solutions neuves en ce domaine, il faudrait bien évacuer les conséquences de l'état de chose actuel.* Le champ d'expériences que nous allons évoquer ici en témoigne.

4. *Travail, rythme de vie et organisation sociale* Les centres d'intérêt et les expériences d'organisation du travail se sont déployés dans de grandes vagues successives : le taylorisme, les « relations humaines », les

« théories de l'organisation », les équipes autonomes et l'auto-organisation du travail. La plus récente vague est portée par un double mouvement. *La semaine comprimée et l'horaire flexible.*

La semaine comprimée est actuellement *the talk of the town* dans divers milieux socio-économiques. Cette préoccupation est en relation avec plusieurs phénomènes : bouleversements des rapports entre travail et loisirs, transformation des aménagements du temps et de l'espace, redéfinition des étapes et des rythmes de l'éducation, difficultés des transports urbains, diminution des heures de travail, importance du week-end, nouvelles façons de vivre, apparition de nouveaux objectifs d'existence, déplacement des valeurs privilégiées. Il est normal qu'on essaie de réaménager le facteur temps en même temps que celui de l'espace, puisque l'un et l'autre sont plus facilement quantifiables.

On a commencé par se poser certaines questions. Pourquoi pas quatre jours de dix heures de travail, plutôt que les 5/8 ? Ou encore, pourquoi pas quatre jours de huit heures, plutôt que 5 jours de six heures et demie ? Certaines expériences furent donc tentées. Après un certain rodage, ce fut un succès dans la plupart des cas : plus grande satisfaction des travailleurs, accroissement de productivité, diminution des coûts ? Et beaucoup moins d'absentéisme. L'Europe a pris les devants depuis quelques années, mais déjà les États-Unis comptent 4 000 expériences et le Canada, 300.

L'horaire flexible met plus de temps à trouver preneurs. Il y a d'abord la difficulté d'assurer une organisation efficace du travail collectif. Patronat et syndicat sont ici plus réticents. L'un et l'autre, pour des raisons différentes, craignent soit un style de travail trop individualisé, ou soit un abus de cette nouvelle liberté. Une femme audacieuse, C. Kaemmerer, a été le premier concepteur de cette réorganisation du temps de travail. Après plusieurs expériences heureuses, l'idée s'est effectivement répandue dans la plupart des pays de l'Europe de l'Ouest. On a d'abord constaté les mêmes effets positifs que ceux de la semaine comprimée. Pour la pre-première fois, bien des travailleurs pouvaient aménager leur vie d'une façon plus humaine, par rapport aux contraintes familiales, scolaires, géographiques ou autres. Le coefficient de santé psychologique et physique s'est amélioré. On se sent moins prisonnier d'un travail qui imposait jusqu'ici de nombreuses contraintes aux autres tâches ou rôles. Cette fois, le travailleur mène son travail au lieu d'être mené par lui.

Ces deux perspectives de changement véhiculent des défis très complexes que nous ne pouvons pas analyser ici. Nous renvoyons le lecteur à une étude récente qui nous semble bien rendre compte de toute cette évolution, des possibilités et des limites de telles expériences. Voir l'ouvrage très fouillé de V. Tega, *les Horaires flexibles et la semaine réduite de travail,* H.E.C., 1973. L'auteur fait le point des diverses expériences. Il en dégage les étapes majeures de réalisation, les modalités différentes dans divers types d'industrie ou de secteurs de travail. Il fait état des évaluations scientifiques, des sondages auprès des travailleurs eux-mêmes. Notons ici qu'en Amérique comme en Europe les majorités positives face à ces changements augmentent d'année en année. Tega élargit la problématique à l'ensemble de la vie sociale. Pensons par exemple aux problèmes énormes des diverses congestions urbaines à cause des structures et des rythmes rigides de travail. Il n'y a pas que les engorgements des heures de pointe, des débuts et des fins de week-end. En effet, la technopolis connaît d'énormes diachronies éclatées quant aux différents rythmes et conditions de vie au travail, à l'école, au foyer et ailleurs.

Ce qu'on tente de faire sur le plan de l'espace doit trouver son correspondant dans une planification mieux articulée et plus souple des horaires, des rythmes de travail, du temps de loisirs ou de repos, etc. C'est un curieux phénomène que cette inconscience qu'on a longtemps maintenue face aux difficultés de cette dimension de l'existence. Certaines études médicales ont même établi une corrélation très forte entre les maladies coronariennes ou nerveuses et le manque de maîtrise sur l'organisation du temps. De tels problèmes débordent les questions de cadence au travail. Mais qui sait si le modèle de celles-ci ne s'est pas diffusé dans les autres secteurs de vie collective sans qu'on s'en rende compte ? En touchant au facteur temps, d'une façon plus humaine, dans l'organisation du travail, on prépare peut-être des transformations positives dans les autres circuits de l'existence commune.

De là à concentrer tous les défis de travail dans ces nouvelles solutions, c'est une tout autre affaire. Encore une fois on passerait à côté de requêtes internes au travail humain lui-même. Il suffit de penser que plusieurs travailleurs trouveront encore leur activité laborieuse, dénuée de sens, de goût, d'intérêt, de liberté et de responsabilité. Déjà, le fait que beaucoup se cherchent ou se trouvent un deuxième emploi montre bien que la semaine comprimée et l'horaire libre ou flexible ne sont pas des panacées et ne règlent pas certains problèmes de fond. L'importance qu'on leur accorde pourrait devenir une sorte de diversion par rapport à d'autres défis socio-économiques encore plus cruciaux. On sait ce qui arrive avec les objectifs légitimes mais inflationnaires de la nouvelle sensibilité écologique.

5. *Travail et société*   Les comptabilités nationales nous tiennent au courant des taux d'intérêt, de taxes, de chômage, d'inflation. Les politiques nationales raffinent leur stratégie économique sans toutefois bien maîtriser les instruments anciens ou nouveaux. Alors on se prête à d'insignifiantes mesures quantitatives, tel le nombre de nouveaux emplois. Mais qu'en est-il vraiment des travailleurs eux-mêmes, de la qualité de leur emploi ? Qu'est-ce qu'il faut produire pour intéresser les citoyens à leur travail, à leur milieu, à leur société ? Offre-t-on des objectifs valables à la jeunesse ? N'y a-t-il pas des secteurs de travail à développer pour des fins collectives plus humaines ? N'y a-t-il aucune activité à offrir à ceux qui ne peuvent assumer un travail continu et exigeant dans les grandes institutions économiques ? A-t-on une pédagogie et des soutiens réalistes pour rendre aptes au travail des gens que des politiques sociales primaires ont transformés en dépendants chroniques ? Ces questions ne semblent pas rentables pour les droites et les gauches, pour les élites anciennes et les nouvelles, pour les pouvoirs en place. Pourtant elles nous renvoient aux réalités les plus profondes et les plus vitales de l'expérience humaine individuelle et collective. Jusqu'à preuve du contraire, nous maintenons que le degré d'humanité d'une société est d'abord révélé par la plus ou moins grande qualité de l'exercice quotidien du travail. Les grands enjeux collectifs comme les comportements individuels s'y révèlent. De même la philosophie de base des hommes et d'une société. Les projets P.I.L. (programme initiative locale) et les épiceries du genre, les « jobines » créées par le ministère de l'Expansion régionale, risquent de masquer les défis des contenus humains à redonner au travail de la majorité. Celle-ci doit pouvoir vivre vraiment de son travail.

Toutes les autres politiques sont des appoints. Sinon, on déplace faussement le centre de gravité de la vie collective. La société d'abondance débouche alors sur la société de dépendance. Le sécurisme l'emporte sur le risque. Le revenu garanti et les autres politiques sociales sont des mesures nécessaires. Mais elles ne sauraient remplacer des *politiques et une philosophie du travail où les hommes aptes et sains trouvent leur première dignité et leur première responsabilité dans l'activité principale qui les identifie dans la société.*

Nous allons reprendre ces expériences dans un second ouvrage qui aborde les questions soulevées ici, sur une base plus empirique. Par delà un cas type, nous analyserons plus en détail certaines tentatives de réorganisation du travail dans divers pays et aussi au Québec. Nous demeurons donc dans notre foulée première en proposant, dans le chapitre suivant, un cadre critique d'analyse praxéologique de l'histoire récente du travail et des systèmes d'organisation qui l'ont jalonnée.

CADRE
CRITIQUE
D'ÉVALUATION

Une recherche-action, même dans ses conclusions, se déploie dans un champ logique qui ne coïncide pas avec la réalité investiguée, toujours plus complexe. Le réel, surtout le réel humain, comporte des impondérables, des complexités, des contradictions, des horizons qui débordent tout autant l'expérience réfléchie que l'invention rationnelle dont parle Bachelard. Je voudrais ici dégager un cadre critique, assez distancé, pour récupérer, dans la mesure du possible, certains aspects laissés pour compte dans l'intelligence de l'évolution récente de l'organisation du travail. Voyons d'abord un premier cadre critique qui formalise l'histoire du travail au XXe siècle, tout en permettant une évaluation systématique des théories et des expériences qui ont été tentées jusqu'ici.

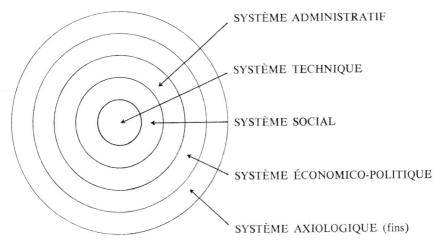

SYSTÈME ADMINISTRATIF

SYSTÈME TECHNIQUE

SYSTÈME SOCIAL

SYSTÈME ÉCONOMICO-POLITIQUE

SYSTÈME AXIOLOGIQUE (fins)

1. *Le système technique* Ce n'est pas au nom d'un jugement de valeur que nous plaçons le système technique au centre. En effet, l'organisation scientifique du travail au début du siècle, avec Taylor particulièrement, plaçait le facteur technique au centre du champ humain qui nous intéresse ici. Friedmann a bien montré que Taylor a moins développé une science qu'une organisation technique du travail : le *best way* pour la production dans le cadre de l'entreprise considérée comme un tout fonctionnel. Plus ou moins volontairement, Taylor distendait les rapports entre le travailleur et son travail. Il écartait les dimensions sociales, professionnelles et culturelles du métier. Il isolait les travailleurs les uns des autres d'une façon subtile. Il noyait le statut complexe du travailleur dans la condition de simple opérateur défini uniquement par un ensemble de règles techniques qui autrefois appartenaient au métier. C'était des grands pans de maîtrise du travail qui échappaient ainsi aux ouvriers. Le cadre scientifique et technique paraissait neutre. En effet, il n'était pas question des rapports de forces, des pouvoirs et des intérêts du système productif. Tous les agents semblaient soumis aux mêmes impératifs rationnels. Ceux-ci n'en demeuraient pas moins très étroits puisqu'ils relevaient uniquement de critères quantitatifs et purement régulateurs. La nouvelle instrumentation commandait alors unilatéralement l'organisation du travail. L'autonomie et les solidarités horizontales et propres des travailleurs diminuaient au profit de celles du système productif qui devenait de plus en plus extérieur à la communauté de travail. Les techniques semblaient faire foi de tout, au point d'exiger un consensus collectif automatique et d'aseptiser toutes les dimensions proprement humaines : sociales, culturelles ou politiques. C'est l'entreprise comme telle qui sera le véritable travailleur, et le lieu organisé de différents postes de travail. Le reste devient accessoire « apparemment ».

Ce technicisme comporte une idéologie camouflée qui appauvrit l'humanité du travail d'une façon brutale. Pour autant que la visée taylorienne se limite à la constitution d'un réseau d'opérations coordonnées et efficaces, le travailleur n'a plus qu'à accepter une insertion aveugle, non critique dans le processus. C'est le système de production de telle entreprise qui épuise toute la signification de l'activité laborieuse et la définition du travailleur. Les composantes techniques, dans leur pureté et leur rationalité, ne s'articulent entre elles efficacement qu'à la condition de ne pas tenir compte des aspects sociaux et moraux du travail, et surtout des interférences de la fonction critique.

Notons bien ici certaines brisures du mouvement ouvrier. Le syndicalisme, à son origine, avait beaucoup de rapport avec le métier qui rend le travailleur possesseur de son travail et apporte le fondement d'une culture autonome, d'une solidarité professionnelle et d'une certaine conscience de classe [3]. Taylor, consciemment cette fois, a jugé que ces formes d'autonomie étaient des corps étrangers dans une organisation scientifique de l'entreprise [4]. Une organisation fonctionnelle, homogène, avec unité absolue de direction et de règles, avec un rapport salarial simple et universel entre l'employeur et les travailleurs. Ceux-ci devaient être uniquement des *opérateurs salariés.*

Mais c'était ignorer les antécédents historiques qui avaient façonné ce qu'on pourrait appeler le travailleur-citoyen syndiqué, engagé dans un rapport économico-politique de forces à la mesure de tout le système social. Reste le fait que même les militants révolutionnaires n'ont pas vu tout de suite les implications du taylorisme. Lénine en 1918 disait qu'il fallait « mieux organiser le travail et appliquer le système Taylor ». Trotski, en 1920, soutenait que le socialisme pouvait faire une application plus rationnelle du taylorisme [5]. Propos assez surprenants quand on connaît les intentions d'un système technique qui, au nom de la science, cherche à faire oublier le conflit social déjà inscrit dans la réalité socio-économique du monde industriel. Mais le mouvement ouvrier devait retrouver dans la médiation syndicale une solidarité et une lutte collectives par delà les aliénations de l'appareil de production. D'une décennie à l'autre, le taylorisme devenait moins efficace. Le patronat mit alors à contribution des spécialistes des sciences humaines pour découvrir les failles de ce qui était apparu jusqu'ici le *best way.*

2. *Le système social The Human Problems of an Industrial Civilization* (1933) de Elton Mayo marquait un tournant aussi important que celui du taylorisme. Il fallait répondre aux problèmes de freinage dans la production, de coalitions syndicales antipatronales. Le consensus prévu par Taylor ne fonctionnait plus. Tout se passait comme si les travailleurs se constituaient un réseau social antagoniste, indépendant, insaisissable. S'agissait-il de groupes naturels d'opposition, de groupes sociaux constitués par la structure dichotomique : gestion-exécution, de groupes politiques centrés sur la lutte de pouvoirs, de groupes économiques inférior-isés qui combattent pour une meilleure part du gâteau ? Nous devançons un peu les questions qu'on se posait à ce moment-là.

---

3. S. Mallet a bien établi comment le métier, pour les travailleurs, pouvait être un « principe autonome de rationalisation, de résistance et de revalorisation inter-ne à l'organisation salariale du travail », *la Nouvelle classe ouvrière,* p. 33.

4. F. W. Taylor, *Principes d'organisation scientifique des usines* (1911), Paris, Dunod, 1912, p. 44.

5. P. Rolle, *Introduction à la sociologie du travail,* p. 43.

En effet, dans un système où tous les rapports sociaux et les échanges passent par le pouvoir économique et son prolongement technique, on pouvait difficilement comprendre les fuites d'autonomie et les concertations d'opposition, et cela sur un terrain aussi contrôlé que celui de l'entreprise. On demandera donc aux chercheurs non seulement de trouver des mécanismes de coopération, mais aussi de pointer les brèches d'opposition et d'autonomie pour mieux les colmater. La réponse première : il y a aussi dans l'entreprise un système social, semblable à tous les autres, qui suit les lois fondamentales de toute vie en groupe. Il faut mieux connaître les dynamismes du groupe, si l'on veut les maîtriser, les féconder. Au profit de qui, en vue de quoi ? On laisse en veilleuse ces interrogations. Le système productif n'est remis en cause d'aucune façon. Au fond, c'est une question de relations humaines, d'adaptation sociale, de loyauté au groupe. Les problèmes viennent de la non-assumation du système social des travailleurs qui accompagne le système technique du travail. « L'environnement de travail est saturé de signification sociale. » Mais attention, celle-ci, aux yeux de ces spécialistes, ne relève que de critères psycho-sociologiques, *d'attitudes* qu'on peut démonter et contrôler. Si le groupe développe des relations humaines gratifiantes, les membres travailleront davantage, seront plus heureux et s'identifieront à leur entreprise. Dans un tel contexte, des « gars aussi satisfaits » n'auront plus le goût de déverser leur bile dans un syndicalisme sauvage et un radicalisme politique tendancieux ! L'attention aux individus et la dynamique de groupe font oublier les grands enjeux collectifs et le véritable contexte sociopolitique de l'existence ouvrière et de la collectivité tout entière. Car il s'agit bien d'un système social « privé », interpersonnel, et tout au plus communautaire, à instaurer. Un système social bien ajusté au système technique et aux objectifs de l'entreprise. Un système social dont la polyvalence se définira en fonction de la polytechnique du machinisme moderne.

Nous simplifions les choses. La recherche-action se fait ici beaucoup plus raffinée. Telle cette découverte de Mayo : « La collaboration humaine dans le travail, dans les sociétés primitives et développées, a toujours dépendu pour son maintien de l'évolution du code social non logique qui règle les relations entre personnes et leurs attitudes, l'une envers l'autre. » Mayo, Roethlisberger, Dickson et bien d'autres vont convaincre les directions que la collaboration ne dépend pas seulement d'une organisation logique. Il faut saisir les conventions informelles, les solidarités culturelles, les codes secrets, les connivences particulières, les réseaux d'influence qui ont cours dans un groupe donné.

Ce n'est que plus tard que le chercheur trouvera les traits originaux des groupes producteurs. Les interventions se feront alors encore plus subtiles. Et il y aura toujours ce même halo d'objectivité et de neutralité scientifique. Le syndicalisme nord-américain a été peu critique devant cette utilisation des sciences humaines par les pouvoirs économiques. Encore aujourd'hui, bien des syndicalistes se méprennent sur le caractère apparemment inoffensif des stratégies de relations humaines. Et pourtant, celles-ci viennent de sources ambiguës... d'une psychologie et d'une sociologie directoriales. La socialisation ici a une orientation toute dévouée à l'entreprise. Et l'éclairage technoscientifique est tributaire des commandes du monde financier qui subventionne les chercheurs. Ceux-ci, en majorité, ont dû répondre aux questions et aux objectifs des corporations.

3. *Le système administratif* Double échec : celui du système technique, celui du système social d'appoint. On n'a pas vu la dialectique entre les deux. Les transformations technologiques agissent sur le système social et le déséquilibrent. Le système social n'est pas isomorphe par rapport aux structures de production. Il y a toujours un *no man's land* insaisissable, un rapport de tension, une double autonomie en confrontation. Les phénomènes sociaux du travail débordent l'organisation humaine de l'appareil de production. Les rapports de force subsistent. La régulation technologique de Taylor ne suffit pas, ni l'instauration d'un meilleur système de communication. Il manque une médiation entre la hiérarchie et l'exécution, entre le système technique et le système social. Les sciences de l'administration prétendront offrir la solution. Entre l'entrepreneur et l'ingénieur, il ne suffit pas d'avoir un agent de relations industrielles. Il faut repenser et redéfinir totalement le *management.*

Les théories de l'organisation vont aider, appuyées bientôt par l'informatique et la planification scientifique : *Planning, organizing, directing, staffing, controlling,* ou bien *objectives and policies, structure, communication, manpower systems, performance ;* on connaît bien ces séquences. C'est un ensemble de systèmes qu'il s'agit d'imbriquer dans une technostructure qui ne laisse rien échapper, du *decision making* au marketing, du bureau de direction jusqu'aux derniers exécutants. Relations verticales dans les deux sens et relations horizontales souples. On ne renie pas la main de Taylor, ni le cœur de Mayo, mais il faut la tête. Sera-ce le manager, l'organisation, ou la communauté de travail comme telle ? On opte pour la synergie du manager et de l'organisation pour unir le système social et le système technique dans le système administratif. L'appareil productif n'est qu'un sous-système. Le *manager* est le nouveau généraliste.

Taylor y trouve plus son compte que Mayo. Poussées à leur limite, les théories de l'organisation débouchent sur une technobureaucratie qui, à l'Est comme à l'Ouest, enferre le monde du travail. Elles prévoyaient tout : les conflits comme les participations ; la cybernétique organisationnelle aurait toute la souplesse nécessaire pour inciter, maîtriser, orienter le changement et la croissance. À la régulation unidimensionnelle et purement technique de Taylor succède le contrôle à géométrie variable, polysystémique. Il est étrange qu'après les sensibilités de l'école des relations humaines, on parle aussi facilement de l'*human engineering*. Mais à bien regarder de près cette troisième sphère d'intervention, il y a une certaine continuité homogène entre la première organisation scientifique du travail et la constitution de la technostructure moderne. L'appareil domine les hommes à tous les échelons. « Ça » planifie, comme diraient les structuralistes. Un néo-déterminisme artificiel remplace les déterminismes d'hier. La finalité exclusive de la croissance bloque toute interférence humaine qui brouillerait la logique instrumentale qu'on s'est donnée par obéissance technétronique. Il faut bien reconnaître ici que les changements technologiques ont pu amener de nouvelles formes d'organisation du travail et des transformations de statut. Par exemple, l'horizon d'une médecine salariée n'est pas étranger aux conditions nouvelles de l'exercice de la profession. Il suffit de penser aux équipements requis, à la multidisciplinarité nécessaire. Le statut du médecin individuel, et de l'acte médical comme tel, est bouleversé par la technologie médicale. Un exemple entre des centaines. Mais ce raisonnement est unilatéral et tronqué. Derrière l'évolution technologique, avant-pendant-après, il y a des pouvoirs et des objectifs qui exercent leur influence et protègent des intérêts, des statuts de classe, etc. La main-mise sur le système d'administration, c'est la voie privilégiée pour un pouvoir qui veut s'approprier les avantages du savoir et des techniques.

Le système administratif moderne compte de gigantesques monuments historiques. 400 firmes multinationales contrôlent près des deux tiers des produits de la planète (pays socialistes exceptés). General Motors avec ses 24 milliards dépasse le P.N.B. de la Suisse, et Unilever, celui de la Nouvelle-Zélande. I.T.T. obtient à bon compte l'exploitation d'un dixième du territoire québécois. Cette même compagnie fait chanter des gouvernements du Tiers Monde, et même le parti républicain américain. Contraste saisissant entre ces stratégies mondiales efficaces des multinationales et la politique éclatée de l'O.N.U. et de tous les organismes internationaux de développement. Cet impérialisme sait se faire international en recrutant ses ressources humaines dans différents pays. Après le défi américain, c'est celui du Marché commun et du Japon. Mais même au plan de l'État-nation, la technostructure déjoue les velléités de contrôle politique avec son vaste réseau administratif capable de jouer sur plusieurs claviers à la fois [6].

Mais voici que ces grandes administrations anonymes commencent à rencontrer des seuils critiques : crise monétaire, épuisement des ressources naturelles, remontée des nationalismes, réaffirmation de l'État et de la fonction politique. Mais surtout, il y a cette vague de fond d'une révolution culturelle qui déplace les objectifs et les projets de vie. La question du bonheur, chez les développés, remplace celle de la puissance. L'*executive drop out* vient après le décrochage du jeune *drop out*, et cela dans la même foulée. L'homme ne veut plus s'aliéner dans son travail, et surtout pas dans son produit après un certain écœurement de l'abondance ; il ne se trouve que dans une nouvelle pauvreté, celle qui se désencombre de tant de biens futiles. Même derrière la lutte antipollution, il y a une contre-idéologie de l'appropriation capitaliste asociale et antipolitique.

Mais avant tout, c'est le système administratif actuel lui-même qu'on remet en cause. Un système qu'on retrouve partout jusque dans des services dévoués davantage à la qualité humaine qu'à la production de biens matériels, par exemple : l'école, l'hôpital, l'agence sociale. « Depuis l'instauration du nouveau système administratif à l'hôpital, au *nursing,* on ne parle plus des malades, mais de P.P.B.S., des performances budgétaires, des contrôles de l'appareil » me disait la directrice d'un département dont la fonction première était l'attention aux malades. Même les batailles syndicales, trop souvent, restent dans l'aire du système adminisratif.

Bref, d'immenses structures qui reposent sur des milieux humains sans consistance, sans densité spirituelle, sans finalités propres, sans goût de vivre et d'agir ensemble. Les hommes ordinaires ne tiennent pas le coup. Le travail perd de l'intérêt. La créativité tout autant que la productivité baissent d'intensité. On commence alors à s'interroger sur ce qui circule dans les conduits de ces prestigieux aqueducs, sur la qualité de la source en amont, et du produit humain en aval. Mais aussi longtemps qu'on reste dans la logique instrumentale de l'appareil administratif, on continue de raisonner uniquement sur les contenants. Les qualités humaines, les valeurs transcendantes, les vrais choix politiques n'ont pas de place dans un système clos, si ce n'est que comme pures forces motrices de la machine. Après les enfermements irrationnels des sociétés traditionnelles, voici que les hommes ont réussi à s'emprisonner dans des

---

6. H. Stephenson, *The Corning Clash, The Impact of the International Corporation of the Nation State,* Éd. Nicholson, 1973.

carcans rationnels encore plus étroits, et peut-être aussi aliénants. Comme les juifs esclaves en Égypte, plusieurs préfèrent encore la sécurité de l'esclavage au risque humain et politique de la liberté. Machiavel aura-t-il toujours raison ?

Bien sûr, on ne peut nier un certain progrès de la troisième sphère par rapport aux deux autres. Mais laissées à elles-mêmes ces trois sphères constituent le système clos le plus fort de toute l'histoire humaine peut-être. Qui sait si son éclatement, non prévu et non assumé, ne provoquera pas de terribles violences, aussi gigantesques qu'inédites. Mais ne cédons pas à l'apocalypse facile qui a toujours cours au seuil des nouveaux millénaires. Voyons plutôt les brèches de dépassement qu'offrent les deux autres sphères.

4. *Le système économico-politique* La fonction politique a l'avantage de faire éclater une pensée et une praxis qui s'enferment dans le modèle de l'entreprise. Elle donne accès à un autre ordre, plus large, à la mesure de l'ensemble humain de la société. Ici on devient plus sensible aux finalités de la culture, de la civilisation. Un choix politique implique autant les fins gratuites que les moyens pratiques. L'école des relations humaines avait développé un certain moralisme en porte-à-faux, une sorte de fausse conscience un peu rousseauiste sur les bords. Les hommes sont bons, mais ils ne savent pas comment exprimer leur bonté. Offrons-leur des stratégies de bonne foi. Faisons-les se rencontrer comme hommes. Pourtant entre le gestionnaire et l'exécutant, il y a un double registre de rôles, sur lesquels le premier a tout pouvoir, et le second toute dépendance. Comment nier ici le rapport conflictuel intrinsèque.

Dès ses débuts, le mouvement ouvrier, syndical et politique, a bien perçu l'enjeu. Il a porté le débat au plan de la quatrième sphère, là où les pouvoirs et les intérêts s'affirment d'une façon décisive. C'est toute la société, toutes les institutions économiques, juridiques, politiques, éducationnelles, religieuses qui sont mises à contribution pour servir les intérêts des pouvoirs financiers. S'enfermer dans l'aire des trois premières sphères, c'est collaborer à la lutte concurrentielle entre les divers pouvoirs financiers, et par là, s'aliéner davantage. Il doit y avoir action dialectique entre la quatrième sphère et les trois autres. Il faut amener le débat de l'entreprise privée à la place publique et vice versa. D'où l'importance de la médiation politico-syndicale.

Dans les expériences de réorganisation du travail, les forces organisées des travailleurs devront s'assurer un terrain d'autonomie et de distance critique qui n'est ni celui du syndicalisme de revendication ou d'affaire, ni celui du syndicalisme purement politique sans enracinement dans l'expérience du travail comme telle. Resitué dans l'histoire ouvrière, le syndicalisme actuel doit retrouver sa fonction majeure de rapport dialectique entre le privé et le public, entre l'entreprise et le système économique, entre le travailleur et le citoyen, entre les structures économiques et les autres structures locales. Évidemment, le syndicalisme n'est pas l'unique médiation des travailleurs. Il y a aujourd'hui beaucoup d'autres canaux sociaux et politiques. Mais, la qualité de cette jointure dépend de celle des autres participations ou luttes collectives : consommation, politiques sociales, éducation, action de partis, etc. L'assiette syndicale a l'avantage de se situer au cœur du système économico-politique qui « informe », « forme », le reste de la société capitaliste. Ce n'est pas parce que les trois sphères premières ont réussi à l'encercler dans le passé, que le syndicalisme est pour cela dépassé. La tentation, c'est de sauter à la quatrième sphère et d'oublier les trois autres. Or, c'est dans la relation entre l'une et les autres que s'expriment plus clairement les vrais rapports de force. Beaucoup de travailleurs n'ont encore de rapport avec la société que par leur insertion dans le travail. Pour une politique populaire, il faut donc rejoindre cette assise d'expérience qui est la plus large et la plus familière. Aussi longtemps que le travailleur ne découvre pas que son travail est aussi un rapport social et même politique, il dissocie ses enjeux privés des grands enjeux collectifs. L'expérience démocratique commence à ce niveau ; sinon on risque de maintenir les fictions juridiques de la démocratie libérale. Déjà une vision large des inégalités au travail est grosse de toute une critique sociopolitique. Ces inégalités renvoient à celles des branches industrielles, des disparités régionales, des discriminations en éducation, des seuils de classe sociale en matière de mobilité sociale et professionnelle, des chasses gardées politiques, des privilèges et des trafics d'influence, etc.

Nous avons longuement insisté sur cette quatrième sphère. Contentons-nous de rappeler ici l'importance que nous avons accordée à la libération collective du quotidien, surtout sur le plan des solidarités et des dynamiques humaines du travail, pour constituer des forces politiques décisives largement diffusées dans le peuple, chez les « hommes ordinaires » dont parle le syndicalisme actuel. Bien sûr, l'entreprise ou tout autre structure de travail sont un simple maillon dans le réseau économique et technique. Mais on accède toujours à un édifice par une porte particulière. Celle-ci, c'est la grande porte d'en avant qui donne accès à beaucoup d'autres. Les portes de service à l'arrière ne débouchent pas toujours sur les appartements du propriétaire ! On risque de ne rencontrer que des frères domestiques ! Les alliances de domestiques sont nécessaires mais elles demeurent au sous-sol. D'où la nécessité de forcer ce palier en haut. En Suède, quatre mille syndicalistes de base ont maintenant place sur la plupart des conseils d'administration du pays. Ils sont accompagnés de délégués du gouvernement et de représentants du public. Le système administratif a perdu son indépendance gestionnaire d'hier. Ces militants se concertent sur leur propre terrain politico-syndical pour ne pas faire le jeu des administrations et de leurs managers. Voilà peut-être un exemple de réalisme politique qui nous manque trop souvent. Comment lutter contre un pouvoir et le laisser agir librement, efficacement sur son terrain, et cela sans la moindre possibilité d'accès critique et conflictuel aux contrôles omnipuissants de ce même pouvoir ? Trop de luttes ont tourné en rond autour de la forteresse. L'histoire du cheval de Troie n'a-t-elle pas encore sa part de vérité ?

Il y a de ces puretés vides et exsangues qui nous enlèvent le goût de vivre, de lutter, et qui en viennent à chercher des sacrifices aussi stériles qu'héroïques. Le peuple a le goût de vivre dans le pays réel ; il n'a pas le suicide facile, même pour les nobles causes. Évidemment, l'histoire nous enseigne que bien des grands ont su flouer les petits pour les entraîner dans les guerres du désert ou de l'abîme. On n'arrivera pas du jour au lendemain à des politiques de vie, après tant de politiques de mort. Qui sait si une véritable démocratie maîtrisée par les hommes ordinaires n'aboutirait pas à une société plus centrée sur tout l'homme en chaque homme, sur des styles de vie collective plus solidaires ? J'entends l'objection d'un certain fatalisme aristocratique : « Ce sera le règne politique de la médiocrité. » Les oligarchies ont-elles fait mieux ? Il existe certains exemples actuels de grandes libertés collectives qui commencent à féconder un autre type d'homme et de société. Nous les préférons au libéralisme qui nous a enfermés dans un système sociotechnique administratif d'esprit bien étroit, comme nous venons de le voir. Qu'on ne cherche pas ici une apologie de l'autre grand système économico-politique. Lui aussi connaît, et souvent d'une façon plus tragique, l'aporie de la société technobureaucratique avec ses propres privilégiés. Nous devrons radicaliser notre approche pour saisir cette autre sphère où le débat sur l'homme, la société, la civilisation prend un caractère encore plus décisif.

5. *Le système axiologique* Nous hésitons à parler de système, même s'il s'agit de la sphère la plus étendue, la plus profonde, la plus ouverte. Mais, d'aucuns logent si facilement les valeurs dans le domaine

de l'irrationnel comme s'il n'y avait pas ici une exigence de cohérence et de finalisation, de rigueur et de justesse. Le système libéral a su se montrer ouvert aux mythes, à la culture, aux arts, à la religion, à l'imagination et à la transcendance. Mais à la condition que les valeurs véhiculées restent à la périphérie du réseau d'intérêts et de pouvoirs dominants, ou bien servent de moyen de contrôle ou de production. La valeur n'est plus fin gratuite ou ferment critique. On sait ce qui arrive à ceux qui exercent leur sens critique en retournant l'idéologie dominante contre elle-même. « Vous accordez une valeur centrale au travail pour classer les hommes dans votre société libérale, mais qu'arrive-t-il à cette masse d'hommes qui n'ont pratiquement pas de contrôle sur leur travail ? Sont-ils vraiment partie prenante de cette société ? Une société ouverte, mobile... pour qui ? » Malgré toutes ses prétentions démocratiques, le libéralisme ancien et le nouveau maintiennent la hiérarchie des avoirs comme échelle des pouvoirs et des savoirs. On accuse d'idéologie (donc de conscience fausse) toute vérification critique de ce système de valeurs implicite, inavoué.

Bien sûr, on dira que l'homme, le savoir, la liberté, sont au sommet des objectifs de la société libérale. N'y a-t-il pas des tribunaux pour tout le monde ? N'a-t-on pas créé des services universels d'éducation, de santé, d'aide sociale, d'assistance économique ? Tout citoyen, quels que soient son idéologie ou son parti, reçoit un traitement égal dans ces services. Cette démocratie offre donc un contexte objectif, neutre, empirique et ouvert, aux diverses catégories de citoyens, aux différentes expressions de la vie collective. Il faudrait être fanatique ou aveugle pour ne pas reconnaître une certaine part de vérité dans ce plaidoyer des capitalistes.

Il faut aller plus loin pour saisir les illusions subtiles que les pouvoirs libéralistes serinent dans la conscience de la masse des citoyens. On ne peut se limiter aux indicateurs quantitatifs d'inégalités croissantes à l'intérieur de la société libérale. On ne saurait non plus se contenter de dénoncer l'opportunisme de ses réformes qui ne changent rien aux structures de domination. Derrière le libéralisme, il y a un positivisme qui refuse le retour critique des valeurs humaines sur les pratiques effectives. Toute question de philosophie sociale, aux yeux des libéralistes, relève soit d'une idéologie tendancieuse, soit d'un moralisme abstrait, soit d'une attitude utopique. Évidemment, ils ne rejettent pas l'univers des idéaux. Ils ont su les loger dans de belles chartes et constitutions. Mais la praxis libérale, c'est celle du contrat qui consacre la position de force. Le contrat entre le riche et le pauvre repose sur un dû qui ne connaît d'autre justice que celle du rapport préétabli de force, d'avoir. Que peut bien vouloir dire la destination universelle des biens terrestres dans le contrat libéral privé ? Ce n'est vraiment pas un contrat *social,* un contrat qui vise d'abord la promotion du faible, encore moins la promotion collective. Le contrat libéral maintient essentiellement le rapport de domination, malgré toutes ses compensations philanthropiques et ses concessions paternalistes.

Dans les affaires économiques et politiques — les scandales récents en témoignent — on est prêt à faire fi de tous les idéaux qu'on proclame. Après avoir chanté la bonté de l'homme dans les discours officiels, on qualifie ses exploitations et ses fraudes par le caractère inévitable du darwinisme, de la loi de la jungle, de la dynamique des plus forts. Puis l'opportunisme entre en jeu : on invoquera le danger de ruiner la confiance dans des institutions qui ont bâti notre civilisation. Malgré toutes les protestations des politiciens et des hommes d'affaires, il n'y a pas grand place pour une critique éthique efficace des comportements, de la démarche financière, de l'exercice du pouvoir. Les enquêtes s'empilent les unes sur les autres. Elles font partie de la fiction juridique. R. Ney, un *broker* du New York Stock Exchange disait récemment qu'il y a plus de violence, de crime et de fraude, sur ce parquet que dans toutes les rues des villes américaines. C'est l'anomie éthique la plus poussée. Le régime capitaliste se refuse à s'évaluer même à l'aune de son système axiologique officiel. Quand donc un financier ou un politicien libéral consentent-ils à confronter rigoureusement et honnêtement les pratiques économiques réelles, les choix politiques effectifs avec le système de valeurs de la charte des droits de l'homme. Contradiction ou schizophrénie ? De toute façon, il y a un refus d'établir des rapports critiques entre la sphère économico-politique et la sphère axiologique. On les maintient toutes deux dans deux univers parallèles, étanches.

Pourtant les données éthiques, philosophiques et culturelles traversent de part en part les autres sphères. Elles qualifient leur sens ou leur non-sens, leur humanité ou leur inhumanité. C'est à partir de ces données qu'on juge de la qualité humaine des systèmes techniques sociaux, administratifs et économico-politiques. Chercher la signification humaine après coup d'un changement technologique, administratif ou politique, c'est prêter flanc à une rationalisation ou à une humanisation résiduelle, quand les jeux sont faits, les intérêts assurés et les pouvoirs maintenus. Les vrais fondements ne sont pas présents aux travaux d'infrastructure, aux praxis effectives.

Ainsi dans les questions de travail, on ne parlera d'humanisation qu'en dernière instance, après avoir assuré des exigences technologiques, administratives et économico-politiques. Toute l'axiologie est donc dernière, et extrinsèque au système technopolitique.

UN RENVERSEMENT RADICAL DES PERSPECTIVES Mais si nous renversions complètement l'ordre des sphères, qu'arriverait-il ? Si le système axiologique de valeurs et de fins occupait la place centrale, n'y aurait-il pas plus de chance pour apporter de vraies finalités humaines aux recherches technologiques, à l'activité économique et à la planification politique ?

Le positivisme libéral et capitaliste doit être critiqué à partir d'un renversement complet de sa praxis. *Par exemple, quelle place accorde-t-on au travail humain dans la construction de la société d'aujourd'hui et de demain ? Une question bien différente de celle de l'humanisation d'un travail dont les coordonnées techniques, administratives et politiques sont déterminées par des pouvoirs, des avoirs et des savoirs qui s'imposent à l'exercice du travail et au travailleur lui-même.*

Les cultures nouvelles ne placent pas le travail à la même place dans leur échelle de valeurs. Le mouvement ouvrier a visé une valorisation sociale et personnelle, morale et intellectuelle qui situait l'homme dans le système de production d'une façon bien différente de celle du libéralisme. Le syndicalisme actuel gagnerait en lucidité et en pertinence, s'il faisait refluer les sources philosophiques de la lutte ouvrière non seulement dans le système productif actuel mais aussi dans le contexte culturel inédit d'une civilisation qui révise profondément ses conceptions de l'homme et de la société, et des principales valeurs du patrimoine de la civilisation.

C'est à la fois, à partir de la culture et de l'expérience quotidienne, que l'homme ordinaire s'interroge sur son travail et sur ses rapports avec les divers systèmes présentés plus haut. Les agents institutionnels, tout mobilisés par des contenants, oublient que les commettants, eux, vivent davantage des contenus... là où s'inscrivent la philosophie de la vie, les projets d'existence, les originalités culturelles, les identités sociales.

Même les spécialistes des sciences humaines ont souvent opéré de terribles courts-circuits. Un Touraine, par exemple, affirmera : « Le métier est un attribut personnel, l'emploi est un rapport social. » Tout le mouvement ouvrier protesterait ici. Derrière le métier, il y a des connotations de solidarité, d'appartenance, de culture, qui qualifient le rapport social de l'emploi. Bien sûr, il y a aussi une dynamique personnelle. Mais à partir du postulat de Touraine, on ne peut comprendre comment les grands systèmes économico-politiques actuels exténuent l'intelligence, la sociabilité et l'initiative du travailleur de base. Parler de métier, ce n'est pas retourner à l'artisanat d'hier, ni à des stabilités professionnelles étroites et rigides, mais à ces dimensions humaines internes à l'activité du travail lui-même. Pensons à ce que le métier connote de « savoir-faire » (praxis), de perfection de l'action elle-même, d'expressions culturelles riches, de fortes solidarités sociales et d'expériences communautaires quotidiennes. Cette axiologie était perçue très vivement dans la conscience ouvrière dès le début de l'industrialisation. On l'a perdue de vue en adoptant l'angle de vision du technocrate taylorien, du bureaucrate administrateur, du machinisme régulateur (par exemple : l'ordinateur). On a laissé la science et la technique prendre un statut mythique qui ne laissait de place à aucune démarche critique à partir de l'homme lui-même, de l'*éthos* de la culture, de l'éthique de la société. D'où cette anomie dont a parlé souvent Durkheim. On arrive au seuil critique actuel où il est très difficile de tenir un débat consistant et cohérent sur les fins de la société, sur l'éthique des choix économiques et politiques. D'aucuns en sont venus à un scepticisme stérile dès qu'il s'agit de réfléchir sur les valeurs, sur les contenus humains, sur la possibilité d'une philosophie sociale, sur l'importance d'une confrontation des échelles de valeurs, des fins humaines prioritaires. Le débat politique reste de courte vision, à gauche comme à droite. L'homme et ses valeurs s'estompent derrière les questions de pouvoir, d'avoir et de savoir. Quel est le contenu de ces trois pièces maîtresses des grands combats actuels ? Quel est le contenu du bien-être, du mieux-être, du plus-être ? Quel est le contenu de ce qu'on juge plus important, de ce qui motive, fait agir, de ce qu'on espère ou anticipe ? Laisserons-nous cela à des intellectuels distancés ou à des idéologues préoccupés d'imposer leur point de vue ? Est-ce si sûr que le peuple ne parle que de pain et de beurre ? Est-ce si sûr que le travailleur de base ne s'intéresse qu'au salaire ? En répondant oui à cette question, ne donne-t-on pas raison trop vite à ce pouvoir libéral positiviste, empiriste, opportuniste qui peut aller encore plus loin dans la logique immédiate du pain et des jeux ?

L'AMONT ET L'AVAL DU TRAVAIL Le cadre critique précédent constituait une étiologie initiale sur l'ensemble des problèmes soulevés par le travail contemporain et des solutions tentées. Mais la démarche ne se voulait pas une pure axiomatique, mais une confrontation d'un modèle de compréhension avec des modèles d'action. Cependant, il est d'autres façons de voir la situation actuelle du travail, par exemple à partir non pas de systèmes mais d'un axe privilégié dans la réalité contemporaine. Ainsi, comment pouvons-nous négliger cette sorte de joint universel qu'est le *rapport salarial ?*

Le rapport salarial, c'est le mètre statistique qui réduit l'organisation du travail à un ensemble assez homogène de règles, de paliers, de statuts, de niveaux de rétribution ;

c'est aussi une forme universelle de contrôle à l'échelle de tout le système social, une mesure d'évaluation par une structure administrative unifiée ;

c'est une distanciation entre le travailleur, son travail, son produit, son entreprise. Le salarié est plus mobile, mais aussi plus interchangeable. Il est affecté à un poste. Et souvent on passe d'un travail à un autre en empruntant comme principal critère l'échelle comparée de salaire. D'où ce paradoxe : une certaine liberté de mobilité et une recherche de la sécurité d'emploi ;

c'est la location d'une force de travail sous le mode d'une économie marchande et d'une société mercantile dans sa praxis la plus déterminante ;

c'est un rapport qui tient effectivement le travailleur en dehors de ce qui définit, oriente et maîtrise le système de production et de consommation. En dehors du sysème sociotechnique et administratif, des pouvoirs qui le commandent, des objectifs poursuivis, des décisions majeures, des critères d'évaluation, des mécanismes de contrôle. Le rapport salarial peut laisser intacts les intérêts des gestionnaires ou des possesseurs.

Nous nous refusons à proposer ici une étiologie toute définie par le rapport salarial et sa critique. Le point de vue serait très réducteur en théorie et en pratique. Mais comment nier cette réalité brutale de cet unique statut de *salarié dans telle entreprise?* Ce n'est que par l'amont et l'aval du travail qu'on peut faire éclater le terrible rétrécissement du monde du travail. La valeur de celui-ci déborde son insertion dans tel lieu ou telle forme. Le travail est à redéfinir dans les nouveaux rapports entre la collectivité et le système productif, entre le privé et le public, entre l'individu et la société, entre la nature et la culture, entre l'enracinement de l'homme et sa transcendance, entre les lois de nécessité et les dynamiques de liberté. Revu dans ces perspectives, le travail salarié avec sa plate homogénéité d'échelle administrative et comptable ne résiste pas à une critique radicale et à une énorme exigence de révolution interne. Comment a-t-on pu autant appauvrir le travail humain dans une société riche ? Ce n'est pas une politique de loisirs qui répondra à la question !

Jusqu'à preuve du contraire, beaucoup de dimensions humaines passent encore par l'expérience du travail chez la plupart des hommes. Bien des politiques et des réformes sociales, économiques, éducationnelles ne touchent pas à ce terrain pourtant si vital, si central dans toute vie. Il ne s'agit pas de céder à une néo-mystique du travail. Nous ne lui avons pas donné la première place dans l'échelle de valeurs, même si nous en avons fait une dynamique personnelle et collective privilégiée dans le champ humain qui nous occupe. Selon cette optique, on ne saurait séparer dans la rénovation du travail : les contenus humains, la formation, la promotion et la gratification monétaire. On ne devrait pas s'enfermer dans une stratégie de revalorisation immédiate des tâches sans engager aussi les énergies nécessaires pour un enrichissement de tout l'homme. Il y a des façons très réductrices de concevoir le recyclage et le reclassement des travailleurs, la classification et la qualification des salariés, la rentabilisation et la modernisation des processus de production, la participation à la gestion, etc. Bien sûr, nous ne perdons pas de vue le terrain immédiat qu'il faut transformer. Mais il faut à tout prix l'accompagnement de l'amont et de l'aval du travail lui-même. Nous dirions un peu la même chose de l'entreprise par rapport à la collectivité et par rapport au système social.

— HOMME				— ÉCONOMIQUE
— TRAVAILLEUR	Individu ←	SALARIÉ dans telle ENTREPRISE	→ système social	— ÉDUCATIONNEL
— SYNDIQUÉ				— POLITIQUE
— CITOYEN				

Les expériences de réorganisation du travail ne sauraient s'enfermer dans le cadre d'une entreprise particulière, dans une revalorisation du travailleur uniquement en tant que tel salarié, à tel poste. Recycler, reclasser ou promouvoir, informer, former ou motiver, ce ne sont pas des démarches pour attacher à nouveau le travailleur à l'entreprise. Par exemple, la formation de base, l'entraînement professionnel débordent les besoins de l'entreprise ou les exigences d'une nouvelle machine dans l'entreprise. Il s'agit de donner compétence, polyvalence à un homme qui aura le choix de plusieurs emplois, de plusieurs lieux de travail, qui se sentira capable de regarder ailleurs. On n'acquiert pas une compétence seulement pour mieux remplir un poste de travail, un emploi donné, mais aussi pour maîtriser sa vie dans ses diverses dimensions, pour jouer d'autres rôles sociaux. Ce n'est pas une formation pour se caser quelque part, mais pour dynamiser un itinéraire personnel, professionnel, familial, social ou autre. L'entreprise ne saurait être un milieu englobant, total pour les travailleurs, alors qu'elle est elle-même un maillon dans une grande chaîne économico-politique. Le travail de base qui commence à s'autogérer doit s'alimenter à des sources qui débordent tel soutien technique et financier de telle entreprise. Sources culturelles, sociales, éducationnelles, etc. Le travailleur, le syndiqué, le citoyen, l'homme sont infiniment plus que le salarié qualifié et classé dans une firme quelconque. De même l'expérience rénovée de travail, avec ses formes inédites de perfectionnement, de solidarité, de responsabilité et d'initiative doit déboucher sur une participation aussi qualitative dans les divers secteurs du système social et de la vie collective. Sans cette ouverture vers l'amont et l'aval, les expériences précitées pourraient aboutir à de nouvelles aliénations : profit exclusif des compagnies, privatisation du travail, retour à la communauté traditionnelle englobante, rétribution, etc.

VERS DE NOUVEAUX MILIEUX DE TRAVAIL Réinventer des milieux de travail, ce n'est pas répéter l'expérience de l'usine au centre de la communauté locale, de la compagnie qui organise les loisirs, les services, bref la vie sociale. Ces remarques sembleront naïves. Mais, on n'est pas toujours conscients des vieux modèles culturels qui refont surface avec de nouveaux visages, dans certaines de nos réformes en éducation, au travail ou ailleurs. C'est toute l'ambiguïté du mouvement communautaire actuel qui cherche parfois *le* milieu vital, total qui fédère toutes les dimensions de la vie, apporte la sécurité du sein maternel, et épargne les incitations au risque, à la liberté et à la responsabilité personnelle. Le milieu de travail qui retrouve une dynamique sociale interne, une intensité de vie et de création, devra aménager des ouvertures pour la libre circulation des sources de l'amont et des richesses plus larges de l'aval. Il sera un milieu parmi d'autres, dans la mesure où le travail ne saurait plus être le lieu monopolisateur du temps et de l'espace, de l'activité et de l'être dans la vie de l'homme et de la société. Il reste un lieu privilégié de la personne et de la société dans leur autoconstruction. Du moins, il devrait l'être. Il ne le deviendra pas sans qu'on lui redonne ces pores que nous avons décrits tout au long de cet ouvrage.

La nouvelle sensibilité au « milieu » a des exigences complexes souvent insoupçonnées. Dans le cas du travail, il y a des coordonnées sociales, culturelles, économiques et politiques nécessaires à l'établissement de praxis bien organisées et finalisées. Pour nous la situation du travail humain dans une société est un des premiers tests de vérité non seulement des infrastructures et des superstructures, des rapports sociaux fondamentaux, de la correspondance aux idéaux, des rapports de forces et de pouvoirs, mais aussi de la qualité des hommes, de leur pain quotidien et de leurs projets individuels et collectifs.

III
TRAVAIL
ET
MILIEU
DE
VIE

INTRODUCTION

Jusqu'ici nous avons considéré la dynamique interne du travail, son organisation sociotechnique, ses aspects philosophiques, son contexte culturel, économique et politique. Autant d'éléments qui entrent en ligne de compte quand il s'agit d'un milieu de travail à réinventer. Mais nous ne nous sommes pas tellement attardé à l'entité « milieu » comme telle. N'est-ce pas nécessaire pour saisir les rapports dialectiques entre ces deux pôles inclusifs en l'occurrence : travail et milieu ? Celui-ci devient de plus en plus un point de référence dans les tâches d'humanisation des diverses aires collectives de la société. Il exprime une nouvelle sensibilité contemporaine qu'il nous faut mieux connaître et assumer. Nous avons peut-être perdu la trace de véritables espaces humains dans nos mégalopolis technologiques. Certains réduisent la question à des aménagements extérieurs de l'environnement du citoyen en quartier, de l'étudiant à l'école, du travailleur au travail. Ils croient même que la technologie écologiste résoudra le problème. Nous ne partageons pas cette naïveté.

Une institution, et une structure encore moins, ne créent par elles-mêmes un véritable lieu de l'homme, un tissu quotidien d'existence collective. Il faut d'autres dynamiques pour constituer ce qu'on appelle un milieu de vie, un ensemble organisé et finalisé de rapports humains solidaires, épanouissants et féconds. Ce sont des utopistes qui ont sonné l'alarme, tel un Y. Illich, dans *la Convivialité* (Seuil, 1973). L'auteur montre comment nous avons perdu le sens des « échelles humaines » dans l'urbanisation et l'individualisation récentes et même dans des institutions humanitaires comme l'école et les autres services publics. Les schèmes administratifs industriels d'une économie de choses ont servi de modèles pour définir les nouvelles organisations sociales. Aussi, les services publics ont été industrialisés, computeurisés, bureaucratisés, technocratisés selon une même ligne de rationalité instrumentale. Les modalités humaines, culturelles ou politiques, entraient très peu en ligne de compte. On assumait ainsi au cœur des services humanitaires des postulats d'une économie « réifiante » et aveugle, d'un évangile technologique sans finalité proprement humaine.

N'a-t-on pas dit que Los Angeles est une ville construite d'abord en fonction de l'auto ? Un Américain consacre 1 500 heures par an (4 heures par jour) à son auto (pour la payer, l'entretenir et l'utiliser). Aujourd'hui, on fait face à des problèmes insurmontables d'habitat chez les masses urbaines. C'est toujours la même petite minorité qui utilise le télétype et l'avion, les meilleurs services scolaires ou hospitaliers, les îlots résidentiels respirables, bref les bienfaits d'un certain progrès technologique. Même les recherches médicales portent davantage sur les maladies de riches. Ce qu'il y a de plus grave, c'est *qu'on a enlevé à la majorité des hommes la possibilité de se façonner eux-mêmes des milieux de vie selon leurs aspirations, leurs besoins et leurs capacités d'autodéveloppement.* Il en va de même de certaines réformes prestigieuses qui annonçaient tant de promesses. Par exemple, la révolution verte a chassé des millions d'agriculteurs de leur milieu de vie, au profit des grands exploitants qui ont utilisé à leur profit des ressources financières et techniques destinées à une réforme agraire démocratique.

Donc, de quelque côté qu'on se retourne, c'est l'homme industrialisé, commercialisé, instrumentalisé, qui devient la figure type de notre civilisation. Les utopistes ne parlent pas, sans raison, de projets de rechange radicalement différents de ce que nous connaissons présentement. Bien sûr, les rêveries d'un monde meilleur chez certains futurologues ne nous offrent plus grande possibilité d'action. Nous préférons chercher des stratégies plus à ras le sol. Les sciences humaines nous ont appris l'importance de l'activité économique dans le façonnement des sociétés et de l'histoire. L'organisation du travail a joué un rôle très important à chacune des étapes de la civilisation. Les scientifiques rejoignent ici certains idéologues bien connus. Nous ne cherchons pas ici un référent unique qui nous ramènerait inconsciemment à l'économisme des grands systèmes récents. Mais nous y voyons un test de vérité de la qualité de la vie collective. C'est une composante essentielle de l'humanisation de la société : ce qui ne nous empêche pas d'élargir notre perspective d'action comme nous allons le voir.

Après avoir problématisé l'enjeu actuel des milieux de vie, nous proposons des instruments d'animation des milieux de travail. Il s'agit de donner des mains à une philosophie explicitée déjà dans cet ouvrage. Mais se limiter à cette visée, ce serait prêter flanc à un néo-communautarisme plus ou moins marginal, et étranger aux grandes luttes et aux transformations nécessaires. Nous allons donc reprendre, sous un autre angle, les trois grands axes praxéologiques (culturels, économiques et politiques) analysés plus haut en termes de finalités et de lignes de forces. Ces axes précèdent, accompagnent et dépassent l'animation des milieux de travail. Mais cette fois, la dimension de l'action critique et créatrice, organisée et finalisée sera davantage mise en lumière. Voilà pourquoi nous parlons de « praxis ».

Le triptyque : culture, économie et politique, par sa multidimensionnalité, nous invite à éviter une certaine idéologie monovalente que d'anciens qualifieraient de « travaillisme ». Répétons-le, l'homme est plus que son travail ou ses œuvres. Il en va de même de la société. Idéaliser le travail en taisant ses formes aliénantes actuelles, correspond un peu à prêcher l'amour pur et gratuit à une prostituée victime d'un réseau d'exploitation de la femme. De plus, le travail n'occupe plus la même place dans les divers systèmes de valeurs des nouvelles cultures. Il faut évaluer ces transmutations profondes. Mais avant tout, nous cherchons à mieux cerner les composantes d'un authentique travail humain dans l'évolution historique actuelle et surtout dans la transformation de la société d'ici.

LE MILIEU
DE VIE

« Ce n'est pas au travail que je vis vraiment ma vie. » Que de fois j'ai entendu cette remarque, surtout au cours des dernières années. Dans combien de secteurs de travail il n'y a plus d'expériences collectives fortes. On connaît les diagnostics habituels : instabilité économique, mobilité professionnelle exacerbée, civilisation des loisirs, bureaucratisation de la vie sociale, régime salarial qui brise les liens entre le travailleur, son travail et les fruits de son activité, et que sais-je encore. Le mal est peut-être plus profond.

L'ÉCLATEMENT DES MILIEUX DE VIE   Les soutiens collectifs d'hier ont perdu, dans bien des cas, leur dynamique communautaire : syndicat, quartier, paroisse, patelin, parenté, etc.

L'éclatement culturel a brisé la communication spontanée, la longueur d'onde commune, la même appartenance immédiate. « On ne sait plus à qui on a affaire. » La morale, les principes ? Il y a tant de théories et de tendances, chacun s'arrange... plutôt mal que bien. Si on cherche le bonheur, ce n'est surtout pas au travail. Même les carrières prestigieuses perdent vite leur qualité de projet de vie, chez les jeunes générations particulièrement. Mais ce qui est plus grave, c'est cette sorte de brisure de la communication quotidienne. On ne communique que dans des cercles très restreints et sélectifs, ou encore dans des rencontres rapides, superficielles et très fluides. L'expression « confrère » des traditions professionnelles et syndicales ne veut plus dire grand-chose. Encore moins, celle de voisin. Chacun poursuit son petit projet individuel. Celui-ci tourne vite en crise de subjectivité, à cause de son manque d'ouverture vitale sur les autres et surtout à cause de la cassure des solidarités qui l'élargiraient, lui donneraient du souffle et de l'horizon.

L'éclatement idéologique de l'ancienne cohérence fait naître une diversité de tendances plus ou moins inconsistantes.On ne sait plus à quoi s'en tenir. Bien sûr, certaines convictions politiques s'affirment avec plus de netteté. Mais elles se déploient dans un contexte global désarticulé, dans une société non finalisée, dans une quotidienneté chaotique. Par exemple, il y a peu de débats politiques clairs et solides dans les milieux de travail. Ces allégeances restent à la marge. Surtout dans les milieux populaires où sur le terrain de travail on maintient le secret de la boîte de votation. Qui est créditiste, unioniste, libéral ? Les péquistes sont plus affirmatifs. La majorité silencieuse n'est pas un mythe farfelu. La plupart des Québécois restent sur la réserve. Il y a chez eux une profonde perplexité devant cette diversité éclatée à laquelle ils ne sont pas habitués. Autrefois, les clans politiques se dégageaient plus clairement. Il y a beaucoup d'illusions au chapitre de la politisation, quand on regarde aux contenus des comportements et aux attitudes quotidiennes. Le silence est autrement plus révélateur. « Je ne veux rien savoir », autre réflexe spontané qui contraste avec un monde de l'information et de la communication toujours en alerte.

L'atmosphère des milieux de travail est souvent marquée par une ambiance délétère. Plusieurs parlent d'atmosphère insaisissable. Vide ? Ennui ? Les militants rencontrent tantôt de l'agressivité contenue, tantôt de la résistance passive, souvent de l'indifférence sceptique ou cynique. On n'est pas heureux au travail. On rêve d'autres choses. On met le poids de sa vie ailleurs. Tout se passe comme si le syndicalisme, la politique ou les autres entreprises collectives étaient des patentes loin de ce qu'on vit, pense et ressent. Bien sûr, plusieurs sont passifs et complices face à une société marchande et publicitaire qui « charrie » les citoyens plus que ne le fait toute autre mobilisation.

Les mobilisations de libération collective exigent beaucoup d'élan, de motivation. Le feu sacré est le lot d'une infime minorité dans ces temps de profonde perplexité, d'attente ou de transition. Bien peu ont le goût d'agir et de vivre ensemble un projet durable d'affirmation collective. On dirait que l'atmosphère affaissée de plusieurs milieux de travail gèle toute velléité de sursaut vital et fécond. On s'en remet aux chefs, aux gouvernements, à l'État-Providence. Le mythe de l'abondance en amène plusieurs à ne participer à rien et à se dire que ça fonctionne quand même. Il y a bien des façons d'être un parasite social. Mais ne soyons pas injuste.

En dessous des démissions, c'est tout le contexte de vie qui est en cause. On a bâti des structures complexes et lourdes sur des milieux de vie défaits. Quand il n'y a plus de vrai milieu humain, les hommes se replient sur eux-mêmes, s'emprisonnent dans leur subjectivité, dans leurs rêves. Ou bien ils fuient de diverses façons. Les gadgets et les nouvelles modes sont des substituts successifs qui endorment les frustrations les plus profondes. Ils ont l'avantage d'être à la portée de la main, de ne pas commander recherche et effort. Ils nous entraînent comme un magma irrésistible. Leurs contraintes n'apparaissent qu'aux regards très attentifs et lucides. Mais ils usent le cœur à sa périphérie. Ils le maintiennent en surface. D'où ce vide intérieur qui se transpose dans une vie collective exsangue, sans élan humain profond. Il n'y a plus d'âme, diraient nos pères, plus d'âme dans les milieux de vie comme au fond de l'être. Certains redécouvrent le spirituel, après des décennies de matérialisme épais, opaque et « chosifiant ». Mais c'est là une prise de conscience encore frêle et timide.

Ces dessous psychosociologiques minent les structures et les communautés de travail. Voyons certaines conséquences. Par exemple, le climat est à la méfiance vis-à-vis toute forme d'influence idéologique ou politique. Les luttes collectives n'ont de sens pour les individus que lorsque ceux-ci sont touchés dans leurs intérêts immédiats et privés. L'idéologie libérale a été intériorisée. En deçà des clivages sociopolitiques, on la retrouve à ras de réactions quotidiennes et spontanées. Il n'y a donc pas que les pouvoirs capitalistes. La solution du « trou au plafond » est diffusée dans toutes les couches sociales. Certains syndicalistes se leurrent quand ils parlent superficiellement de classe ouvrière. Qu'est-ce que les ouvriers du textile ont en commun avec les gros syndiqués professionnels ? N'y a-t-il pas d'énormes tensions latentes entre assistés, petits salariés non syndiqués et hauts salariés, entre travailleurs des secteurs privés et publics ? Où se trouvent vraiment des communautés d'intérêt assez larges pour justifier de vastes fronts communs ? Combien de travailleurs se sentent vraiment partie prenante des stratégies récentes ? Ils n'ont même pas encore réussi à se constituer des milieux de travail propices à féconder les solidarités les plus proches et les plus possibles. Et voici qu'on veut les associer unanimement aux luttes lointaines des hautes sphères. N'y a-t-il pas ici télescopage de médiations essentielles ?

Notre propos ne peut répondre à toutes ces questions [1]. Nous sommes préoccupé ici de cerner les dynamiques d'un véritable milieu de vie, comme tremplin premier d'un travail générateur d'engagement collectif et de vie solidaire plus signifiante et épanouissante. N'y a-t-il que ces passifs que nous venons de décompter ? Qui sait si certains actifs ne se cachent pas dans le creux de cette crise ! Pour nous en convaincre nous allons faire un détour.

REDÉCOUVERTE DU « MILIEU » Les spécialistes des sciences humaines, tout autant que les bureaucrates et les technocrates, ont longtemps boudé cette catégorie : milieu de vie, trop vague et peu observable. Ils se méfiaient, avec raison, des emprunts ambigus aux humanistes et aux idéologues romantiques du XIXᵉ siècle. Ce rejet superficiel nous a joué un mauvais tour. Plusieurs n'ont retenu que des catégories quantifiables, que des structures identifiables et des groupes définis. Cette rationalité étroite a fondé des techniques physiques et sociales de courte vue. Elle a offert des rationalisations à la technocratie industrielle et aux bureaucraties. Elle a même inspiré certaines réformes coûteuses qui ont accéléré la déchirure des milieux humains de base. Pensons à plusieurs cas de rénovation urbaine. Des programmes audacieux et ultra-modernes d'habitation suscitent de nouveaux problèmes redoutables, sans créer un véritable habitat.

Plus sensibles aux critères technologiques, nous redécouvrons le milieu de vie par la prise de conscience de la détérioration de l'environnement physique. La pollution devient l'accrochage critique à la portée de toutes les consciences. Le bruit, l'air pollué, l'eau contaminée, la disparition des espaces verts, bref les déséquilibres manifestes de la nature sont plus concrets que les déséquilibres spirituels de l'homme et de la vie sociale. Il peut donc y avoir diversion ici. Certains en restent à des effets, sans évaluer les causes plus profondes. Quelques-uns vont même jusqu'à dire : « la technologie va corriger la technologie ». Le cercle vicieux est alors complet dans son absurdité. On refuse toute démarche philosophique critique où l'homme comme tel reprend, à partir de lui-même, de sa responsabilité, de sa liberté, de ses projets, son rôle irremplacé d'humanisation de la nature et de la technique.

Quand on relit certaines études qui ont fait autorité jusqu'à tout récemment, on est surpris du caractère un peu simpliste de certaines problématiques. G. Friedmann oppose, par exemple, le milieu naturel et le

---

1. On consultera avec profit l'étude gigantesque d'une équipe de recherche du département de sociologie de l'Université de Montréal : *Aliénation et idéologie dans la vie quotidienne des Montréalais francophones.*

milieu technique, comme le passé dépassé et le présent chargé de l'avenir. Étrange plaidoyer chez un homme qui a su identifier les avatars des formes contemporaines de travail[2]. Voici que les hommes d'aujourd'hui essaient précisément de renouer avec ce qui reste du milieu naturel. Ils cherchent à se constituer des communautés plus naturelles. Ils retracent les filons de leur histoire et de leur culture première. Ils déjouent leur amnésie par le culte superficiel des antiquités. Ils décapent tout ce qui peut leur révéler les dessous naturels qu'on avait masqués, vernis, fardés avec des succédanés qui apparaissent tout à coup insignifiants. Quête fébrile d'un milieu vital, d'une base humaine. Quête aussi d'une épaisseur et d'une densité d'existence que le technicisme avait étalées en surface, tout en coupant les racines naturelles et humaines. Une révolution aussi naturelle que culturelle monte violemment de nos zoos urbains et industriels. Ce mouvement sauvage part du cœur, de la vie. On en a assez, même si on maintient bien des complicités avec les conditionnements d'une civilisation de l'artifice, du substitut chimique. Encore ici, le naturisme peut devenir à son tour un substitut bien superficiel, pour éviter des tâches d'humanisation dans la réalité brutale de la société moderne. Mais il y a plus.

MILIEU NATUREL ET MILIEU TECHNIQUE, UN FAUX DILEMME *Le milieu naturel n'est pas forcément plus humain que le milieu technique.* La néo-tribalisation sauvage pourrait bien connaître des culs-de-sac semblables à la technologisation aveugle. On passerait d'une tyrannie à l'autre, sans mettre à profit ce que les deux ont pu nous apporter et enseigner. On ne retrouve pas la trace de l'humain comme on revient au naturel. Il y a ici une démarche qui implique la responsabilité créatrice tout autant que la culture gratuite. *Aurons-nous autant de génie pour inventer des milieux humains,* après avoir découvert nos possibiltés de maîtriser la nature et d'imaginer des techniques extraordinaires ?

L'écologie véhicule une nouvelle sensibilité spirituelle. Mais sur quelle philosophie de l'homme s'appuie-t-elle ? Quelles sont ses praxis proprement humaines ? N'est-elle pas un amalgame de naturisme et de technologisme, une sorte de synthèse ambiguë qui ignore la vérité interne des styles et des objectifs d'une vie vraiment humaine. Les écologistes

---

2. G. Friedman, *Sept études sur l'homme et la technique,* Gonthier, 1966. Voir aussi C. P. Snow, *les Deux cultures,* Pauvert, 1968. Chez ce dernier auteur, le plaidoyer est plus soucieux des complémentarités, mais la dichotomie demeure. Il faudrait évoquer ici toute l'école sociologique qui a longtemps vécu sur l'opposition entre la *folk society* et la technopolis.

risquent d'être les nouveaux techniciens ou même les nouveaux généralistes définisseurs de notre destin. Ne se préoccupent-ils pas surtout d'environnement physique ? Que nous disent-ils, par exemple, sur la communauté, sur une vie collective plus solidaire, sur la quotidienneté ? Le danger d'une survalorisation de ces intervenants vient moins d'eux que de nous-mêmes. Nous pouvons nous livrer à eux comme nous l'avons fait devant les technocrates. Leur action est déjà un point de départ. Par exemple, ils remettent en cause certains absolus de la propriété privée, de l'entreprise libérale asociale. Mais il faut aller beaucoup plus loin. C'est encore certaines expériences de base qui nous y invitent.

LE MILIEU URBAIN COMME TEST DE VÉRITÉ Prenons l'exemple de certaines initiatives récentes qui se consacrent à redynamiser des tissus urbains existants, mais détériorés. Les citoyens eux-mêmes sont à la fois soutenus et mis à contribution dans le réaménagement de leur logis, dans le renouvellement de l'environnement, dans la création de nouveaux liens et lieux communautaires. On se souvient que même dans les zones grises, il existait tout un réseau multidimensionnel de relations de quartier. Les principaux services étaient à la portée de la main et servaient souvent de carrefour de rencontres gratuites. Tout était utilisé comme échangeur de communications : la rue, le trottoir, le perron, la ruelle, le fond de cour, la « galerie », etc. Bref, il y avait là un « milieu de vie », un lieu polyfonctionnel, une certaine appartenance commune.

Les réformes des années 1950 et 1960 ont été unidimensionnelles. On voulait régler un problème, par exemple l'habitation. Mais en même temps on déstructurait un milieu humain tissé parfois par des dizaines d'années de vie de quartier. Aujourd'hui les intervenants veulent s'insérer dans les dynamiques communautaires existantes, y trouver les points d'appui de la réfection de milieux de vie. Ils cherchent à enrichir ce qui existe déjà et à dégager d'autres formes possibles de vie collective avec les citoyens eux-mêmes. On sait comment les centres communautaires ont inspiré les centres locaux de services communautaires (C.L.S.C.) du ministère des Affaires sociales. De même, d'autres initiatives ont pignon sur rue. Par exemple, on loue des logements à différents endroits du quartier pour permettre aux citadins des alentours de développer leurs propres activités culturelles selon leurs centres d'intérêt. Parfois, c'est une école à aire ouverte qui devient carrefour multidimensionnel. Au bilan, on essaie surtout de donner cohérence et dynamisme au « pays réel » du quartier conçu comme milieu de vie.

Chez nous, nous commençons à peine à agir en ce sens. D'autres nous ont précédés à Stockholm, Londres, ou Amsterdam. Le procès de l'urbanisation au XXᵉ siècle n'est pas à refaire. Henri Lefebvre l'a poursuivi jusque dans les derniers retranchements de la quotidienneté en démontant tous les mécanismes d'intérêt, de pouvoir, de domination, de spéculation, etc. Il a montré aussi comment les correctifs récents imposaient des modèles artificiels et traumatisants. Les réformateurs n'ont pratiquement pas fait mieux que les promoteurs capitalistes. Les urbanistes, même les mieux disposés, ont fait le jeu des financiers. Les trusts fonciers et immobiliers ont continué leur spéculation éhontée. Tout se faisait surtout au profit d'une certaine classe aisée.

Ici, il a fallu l'action intensive et ingrate de modestes mouvements de base, de comités de citoyens pour inquiéter un tantinet les planificateurs. Juste ce qu'il faut pour nous convaincre que financiers et experts « patentés » ne peuvent solutionner seuls les problèmes énormes qu'ils ont eux-mêmes accentués ou créés. Les centre-villes comme les banlieues sont devenus des lieux d'ennui, d'isolement et d'insatisfaction. Tout le contraire d'un authentique milieu de vie. Qui sait si les urbains de demain ne devront pas se mettre à l'école de ces communautés renouvelées des milieux pauvres... pour réapprendre à vivre ! Sinon, c'est la mort de la ville. Les révoltes actuelles ont peut-être beaucoup à voir avec la disparition du milieu de vie.

Le rapport ville et milieu de vie nous sera précieux pour comprendre celui qui relie travail et milieu de vie. Mais essayons, à la suite de ce premier itinéraire de pointer quelques pierres d'attente à peine signalées en cours de route.

VERS UNE DÉFINITION DYNAMIQUE DU MILIEU DE VIE
Même dans le cas de structures aliénantes, la vie réussit à se donner un assez fort coefficient d'autonomie. Les lieux naturels ne sont jamais totalement conditionnés par les encadrements du système social, par les enfermements des idéologies officielles, ou même par les contrôles rigides des pouvoirs dominateurs.

L'industrialisation, l'urbanisation et les phénomènes postindustriels nous ont trop facilement fait croire qu'il n'y avait plus de « milieux de vie » possibles, que les dynamiques correspondantes de quotidienneté étaient disparues pour toujours. (Certains scientifiques ont parfois la prophétie facile !)

Bâtir des systèmes, des structures, des environnements ou même des groupes structurés, ne suffit pas. Il faut redécouvrir le sens d'un milieu humain avec ses impondérables, ses libertés, ses gratuités, sa chaleur. La mode récente des « modèles » perpétue la tradition des laboratoires et des bureaux d'étude. Il n'est pas facile de vaincre l'esprit de système. Celui-ci reste incapable d'assumer ou d'inspirer un *milieu de vie conçu comme une manière particulière et inédite d'être, de vivre, de penser et d'agir ensemble, une sorte d'entité globale et vivante avec son histoire propre.*

Le milieu de vie offre le premier cadre d'une quotidienneté intégrée et humaine, d'une vie collective plus cohérente, d'un ensemble de rapports sociaux plus personnels et plus communautaires.

Le milieu de vie, c'est le premier contexte nécessaire à une communication spontanée ou soutenue. Une communication où l'on connaît les attentes, où l'on parle un langage commun, où l'on partage un vécu semblable.

Le milieu de vie, c'est aussi le lieu génétique d'une mentalité particulière, d'une solidarité plus large et plus profonde, d'une dynamique de groupe naturel (pas celle des laboratoires), enfin d'une certaine lecture de la société.

C'est dans les milieux de vie que la personnalité de base se constitue, que la classe sociale devient réalité vitale, que l'identification a un visage et un nom précis, que les appartenances réelles se façonnent, que des sous-cultures émergent.

Par le milieu de vie, l'idéologie devient culture et praxis, la politique se fait action collective, projet créateur, libération solidaire, parole commune et communauté de destin, les relations se soumettent les fonctions, les statuts cèdent aux vécus, les hommes ont priorité sur les structures, la vie sur l'institution.

POUR DES PRAXIS PLUS FÉCONDES Bien sûr, il s'agit ici d'un vrai milieu humain. Science et technique ne suffisent pas pour saisir ce niveau de profondeur. Il faut promouvoir un vécu pensé, agi, révisé et finalisé de l'intérieur pour donner à un milieu de vie sa dynamique et sa vérité. Il faut aussi saisir le *noyau vital d'expériences et d'attitudes* que partagent les hommes d'un milieu. Il y a tout un monde entre la planification des superstructures et la *stratégie des remontées de vie.* La seconde a été trop longtemps négligée. On a téléguidé l'action à partir des ministères, des bureaux d'études, des centrales de syndicat ou de parti, des comités ou des conseils. On n'organise pas un milieu humain comme un centre d'achat ou un parc industriel ou une programmation d'ordinateur. Que n'a-t-on pas fait ? Vendre des hommes politiques à la manière du *marketing* ! Établir des normes et des politiques à partir des sondages d'opinion ! Que d'actions sociales artificielles en clinique, en *teach in,* en sessions, en congrès ! Que de mobilisations factices en dehors de la vie réelle ! Que de modèles d'action et d'interprétation « indigestes » pour les hommes ordinaires !

Pendant ce temps, la vie concrète n'était pas dédouanée. Et l'on est surpris de ne plus saisir le pouls des divers milieux québécois. Les modèles complexes et raffinés sont devenus des écrans qui empêchent de saisir la vie simple des hommes avec leurs rapports familiers, avec leurs dynamismes, leurs aspirations et leurs besoins réels. On a tellement « sophistiqué » l'existence. Les élus ne s'y retrouvent plus. Il faut décaper tant d'armatures et de masques pour ressaisir le vrai visage de l'homme nu. Ce retour au milieu de vie est une voie entre plusieurs pour renouer avec le pays réel. Nous voulons le prouver avec des moyens très simples que les « non-instruits » ont développés avec une justesse de touche qui ferait honte aux professionnels des sciences humaines et des techniques sociales. Évidemment, nous accorderons une attention toute spéciale aux milieux de travail et aux praxis qui les constituent, les dynamisent et les orientent.

Note Nous faisons état dans la note qui va suivre d'un point de vue révélateur d'une prise de conscience récente chez certains leaderships. Les propos de l'auteur ont une grande part de vérité. Mais ils sont entachés d'une idéologie néo-libérale réformiste contestable. L. Dion raisonne ici comme si tout devait venir des dirigeants, comme s'il n'y avait pas de dynamiques de base susceptibles d'inspirer de nouvelles politiques. Cette crainte de la révolte des citoyens n'est peut-être pas nécessairement le commencement d'une sagesse et d'une honnêteté démocratique. Bien sûr, la démocratie de participation a connu un ritualisme aliénant et mystificateur. Mais n'y a-t-il que cela dans l'expérience politique des mouvements de base récents ? Les praxis que nous analyserons dans la prochaine étape ont plus de chance de réaliser les objectifs d'humanisation chez L. Dion. Nous ne voulons pas minimiser le rôle des leaderships, mais en les valorisant unilatéralement, l'auteur ne touche pas aux intérêts dominateurs de certains pouvoirs en place. L'absence d'une dynamique démocratique de base dans les divers travaux de L. Dion nous apparaît beaucoup plus grave. Le crypto-technocratisme est encore plus dangereux que la collaboration ouverte et explicite des experts au service des élites dominantes. Est-il nécessaire d'être marxiste pour reconnaître honnêtement les rapports de domination qui existent dans la société ? Ces réserves entendues, nous soulignons ici la justesse de cette approche qui refuse de définir le « milieu » en termes d'adaptation aux nouvelles structures technobureaucratiques.

« Dans l'état présent de l'évolution, il convient de rappeler que les systèmes sont faits pour les hommes et non pas les hommes pour les systèmes. Le monde tourne aujourd'hui à l'envers du bon sens. C'est ainsi qu'on voit les institutions majeures du changement (gouvernements, entreprises économiques, universités, organisations diverses) consacrer une bonne part de leurs efforts, non pas à l'amélioration de la situation de l'homme, mais à trouver les moyens de conformer l'homme à des systèmes qu'elles ont elles-mêmes mis en place pièce par pièce et sans tenir compte des conditions réelles (recherche d'un « milieu » scolaire adapté au système scolaire, etc.). Cet état de choses, absurde en lui-même, ne peut être corrigé que si, au lieu de se fermer sur elles-mêmes, par suffisance technocratique ou par crainte des milieux populaires, les institutions du changement se soudent pour ainsi dire aux collectivités réelles, permettant dès lors à ces dernières de se donner le goût et la capacité de choisir elles-mêmes, avec l'aide de spécialistes, leurs voies propres de développement et de collaborer activement à la mise en œuvre des programmes d'action (ce qui est bien autre chose que la formule rituelle de la « démocratie de participation » selon laquelle il faut chercher à impliquer le peuple dans l'élaboration des programmes qui le concernent). Jusqu'ici les dirigeants ont surtout tendu leurs efforts à créer et à maintenir des systèmes qui ne furent pas pensés d'abord en vue du bien-être collectif mais dans le dessein de maintenir un certain ordre social (qui est précisément celui qui assure leur domination). Or, par leur jeu même, ces systèmes à la longue détournent les dirigeants de ceux-là mêmes qu'ils sont censés encadrer (étudiants, milieux populaires, etc.).

« Il importe qu'à l'avenir les dirigeants acceptent de briser eux-mêmes les organisations dont ils ont la charge de façon à les plier aux exigences d'une société devenue très complexe et très hétérogène dans ses aspirations comme dans ses idéologies. La démultiplication des bureaux et la mise en place d'unités mobiles et temporaires (adhocraties) corrigeront le gigantisme et la raideur qui empêchent aujourd'hui les organisations de s'acquitter convenablement de leurs tâches. Les réformes de structures ne suffiront toutefois pas à elles seules à garantir le redressement de la situation. En même temps, les dirigeants doivent modifier leur façon de concevoir leurs rôles et d'assumer leurs responsabilités. S'ils sont incapables de trouver les moyens de rejoindre les individus et les groupes et de travailler en collaboration constante avec eux, ces derniers, en cherchant à se libérer des systèmes oppressifs, se retourneront tôt ou tard contre eux [2a]. »

2a. Léon Dion, *la Prochaine révolution*.

L'ANIMATION
DU MILIEU
DE TRAVAIL

LA CARTE DES RELATIONS QUOTIDIENNES Certains reprochent aux instances syndicales de négliger l'animation quotidienne des milieux de travail. Il y a une part de vérité dans ce constat. Mais il faut aller plus loin pour bien saisir les dessous de ce défi. L'action syndicale institutionnelle est, par rapport à la vie ouvrière, la pointe de l'iceberg. Les 9/10 de la quotidienneté des travailleurs sont enfouis dans le milieu de travail, et dans les autres milieux de vie. À ces niveaux de profondeur, il y a d'autres types d'intervention à mettre en œuvre. Les mouvements de base des dernières années ont accumulé des ressources de pédagogie et d'action assez bien accordées à la psychologie et à la culture populaires. Nous voulons présenter ici une méthode de travail qui nous semble fonder les autres, tellement elle se situe à la genèse des tissus et des processus sociaux qui nouent les solidarités primaires d'un milieu de vie. Il ne s'agit pas de considérations abstraites tirées d'un pur modèle théorique. C'est plutôt l'aboutissement d'expériences mûries au cours des vingt dernières années. Nous avons découvert cette méthode avec les travailleurs eux-mêmes. Voilà un instrument qui vient d'eux, et dont l'utilité a été remarquable et féconde. Certaines sciences humaines, à la pointe de leurs recherches, découvrent aujourd'hui des phénomènes que des travailleurs de base avaient non seulement repérés mais aussi assumés dans une praxis concrète et efficace.

Par exemple, la psychiatrie sociale a mis du temps avant de saisir l'importance des *support systems* communautaires et familiers dans l'équilibre ou le déséquilibre des personnalités. L'enjeu se situe en deçà et bien au delà de la thérapie de groupe ou de la formation par le groupe. Le *support system* n'est pas un lieu de laboratoire. C'est un tissu social de base de l'homme ordinaire. Il s'agit de son *réseau de relations quotidiennes*. La sociologie d'hier avait formalisé cette réalité dans le modèle théorique du groupe primaire. Encore là, on n'est pas allé très loin, même dans le cas de la sociométrie de Moreno qui avait ouvert la voie pour la saisie du jeu d'influence dans un groupe donné. On connaît tous les prolongements de ces études dans « la dynamique de groupe » dont K. Lewin a été l'un des premiers concepteurs.

Ce qui manque à ces études et à ces expérimentations, c'est une *praxis quotidienne capable de fonder une action soutenue et réfléchie, une maturation des solidarités vitales, une militance lucide et efficace, enfin une transformation profonde d'un milieu de vie. Plus ou moins intuitivement, des travailleurs « non instruits » ont développé une méthode qu'ils appellent la carte des relations.* Tout le beau monde du savoir ritualisé, du canon scientifique, de l'expertise technique lèvera ici les épaules en signe de scepticisme. Mais avec ses riches appareils a-t-il jamais accouché de praxis sociales capables d'assumer les dynamiques internes d'un milieu humain. Les nouveaux idéologues révolutionnaires ne font pas mieux, d'ailleurs. Il y a bien des façons de figer la vie, même en faisant porter ses analyses sur les milieux populaires. On n'y découvre que les idéologies aliénantes qu'on a imaginées implicitement au départ. Qui sait, si bien des spécialistes des sciences humaines et bien des technocrates n'ont pas beaucoup à apprendre des praxis que des hommes modestes et solidaires façonnent pour dynamiser leurs milieux de vie ? S'est-on équipé vraiment pour saisir leurs dynamiques d'action ? La recherche des idéologies, des valeurs, des attitudes n'est pas inutile, loin de là. Elle permet des regards systématiques sur les modes de vie, mais elle est incapable de saisir les principaux nerfs de l'action collective en ces milieux.

1. *Les réseaux de personnes et de groupes* La première carte est constituée par une observation systématique du réseau de compagnons que le travailleur de base rencontre plus souvent. Il pointe sur sa carte la fréquence des contacts qu'il a avec certaines personnes de son département, de son milieu de travail ou de ses autres milieux de vie ouvrière. Qui est-ce qu'il rencontre le plus souvent ? Quels sont les rapports entre ces diverses personnes ? Comment ces personnes se relient entre elles ? Quelle

place occupe-t-il dans ce réseau ? Y a-t-il un noyau plus restreint autour duquel pivotent d'autres personnes ? Quels leaderships sont exercés ? Comment ces rapports évoluent ?

La carte se renouvelle de semaine en semaine. Le travailleur la précise. Il voit de plus en plus clair sur son réseau immédiat de relations. Il pointe des solidarités existantes et possibles. Il identifie des tensions qui menacent la cohérence de ce groupe primaire. Il connaît davantage les personnes auxquelles il se sent lié. Il commence à mieux se situer lui-même dans ce contexte profondément humain. Certains travailleurs qui ont fait cette expérience, m'ont dit qu'ils avaient une bien piètre connaissance de leur milieu de vie. « Je ne voyais rien dans le département, j'avais des idées et des jugements tout faits, je n'avais qu'une vague impression de ce qui se passait autour de moi. Peu à peu avec la carte des relations, j'ai acquis une qualité d'attention qui a eu un drôle d'effet. Je suis devenu, sans m'en rendre compte, celui à qui on venait parler... peut-être parce qu'on sentait que j'étais attentif à ce qui se passait. Les drames personnels ne m'échappaient pas, de même les tensions et les solidarités dans le groupe. Je comprenais que mon département avait sa petite histoire à lui, sa propre évolution. Je voyais se constituer des noyaux de relations.

« Quand j'ai été élu délégué de département, j'ai misé sur ces noyaux. J'ai misé aussi sur des agents de communication à qui tout le monde parle, et qui parlent à tout le monde. Les solidarités se sont élargies à partir d'un noyau de base principal qui s'était constitué à partir de ces rapports que j'avais établis avec ceux que je sentais plus à l'aise avec moi. Je me suis rendu compte qu'il y avait différentes formes d'influence et de communication. Certains pouvaient, beaucoup mieux que moi, entrer en contact avec tel ou tel travailleur du département ou de l'usine, par exemple pour des questions de loisirs, ou des activités syndicales, ou des batailles de quartier.

« Peu à peu le département est devenu un véritable milieu de vie non seulement par la qualité de nos relations, mais aussi par ce que nous faisions ensemble. Par exemple, je n'étais plus ce délégué syndical de département auquel on s'en remettait passivement. C'était notre affaire à tout le monde. Un grief personnel devenait la préoccupation de tout le monde. Devant la direction, on faisait vite front commun. Dans les luttes à l'usine ou dans la ville, on se retrouvait ensemble. On en discutait à tous les jours. On préparait, on élaborait nos stratégies, on les révisait après coup. Je tiens à le dire : je ne suis pas un travailleur exceptionnel. Il y avait des gars plus forts que moi dans le département. Ils ont continué à jouer leur rôle. Je ne visais pas mon pouvoir personnel. Je me préoccupais davantage des solidarités, des actions communes, peu importe qui en prendrait le leadership. Mais je pense que je suis d'abord un militant qui cherche à multiplier les militants, à assumer ou à créer des noyaux de relation et d'action. La carte des relations a été ce qui a déclenché toute cette évolution que je viens de décrire. ».

2. *Les réseaux de lieux et de moments privilégiés* Le réseau de relations s'articule aussi sur un ensemble de lieux et moments privilégiés de rencontre et de communication. Ce peut être l'heure de la pause café ou du lunch où des individus se retrouvent habituellement ensemble. Ce peut être la rencontre à la taverne où l'on va échanger le chèque de paye. Le restaurant du coin, le garage du quartier, le salon de barbier, la cafétéria de l'usine, le sous-sol d'un tel sont parfois des lieux d'échanges soutenus et intenses. Des amitiés s'y nouent, des groupes s'y coalisent, des relations profondes s'y tissent. La plupart des hommes ont un réseau ou des réseaux de lieux et de moments privilégiés qui constituent un milieu de vie. Combien en sont conscients ? Est-ce que les militants savent emprunter ces circuits ? Ont-ils jamais fait eux-mêmes leur propre géographie de relations ? C'est pourtant aussi concret que vital. J'ai fait plus d'une fois l'expérience avec des travailleurs. Leur vie apparaissait tout à coup plus claire et leur milieu plus saisissable. En dessous des repères institutionnels : l'usine, la famille, l'école, la paroisse, le centre d'achat, l'aréna, il y avait d'autres lieux plus proches de leur vie d'adultes, plus déterminants pour saisir leur expérience, leur mentalité. Ils arrivaient à se faire un portrait plus concret de leur cheminement. Ils devenaient capables d'entreprendre une action, d'imaginer une stratégie. Ils voyaient des possibilités de militance, d'interventions plus « naturelles », plus vraies, plus profondes. Ils pouvaient observer, repérer d'autres noyaux de relations grâce à une prospection attentive de ces lieux privilégiés. Certains arrivaient à tracer une géographie humaine saisissante de la cafétéria de l'usine, ou des carrefours de leur quartier, ou des noyaux d'amis dans leur milieu. Cette méthode était concrète, simple et en même temps très pédagogique. Certains développèrent une connaissance profonde et utile de leur milieu de travail. Ils savaient situer les faits de vie, les événements révélateurs dans l'évolution du milieu. Évidemment il s'agissait d'un effort soutenu d'observation, de contact, de réflexion et d'action. Un milieu de vie ne se révèle pas facilement. Il faut savoir l'interroger, saisir ses dessous invisibles, ses phénomènes latents, ses impondérables humains.

Mais déjà les lieux et les moments d'échanges intenses permettent une première saisie géographique des comportements, des gestes, des paroles. Géographie des solidarités et des tensions, des clans et des regroupements, des communications vitales, quotidiennes, des leaderships et des influences. Voici un noyau de militants dans le milieu des téléphonistes du Bell. Progressivement, l'équipe s'était refermée sur elle-même. À bout de patience, je leur fais une grosse colère : « Vous êtes devenues un petit groupe de *mémères* qui s'organisent pour se rendre la vie intéressante. À ma connaissance, il y a, à Saint-Jérôme, au moins trente filles du Bell qui vivent déracinées, dispersées, isolées, en chambre. La plupart sont en crise ou dans des situations impossibles. Qu'attendez-vous pour aller les voir, pour toucher du doigt les vrais problèmes ? » Le choc fut bénéfique. Elles se partagèrent la tâche des visites. Elles firent la carte des relations et des lieux. Elles découvrirent des situations dramatiques qui leur avaient échappé totalement. Leurs contacts devenaient alors possibles dans le milieu de travail. De là, plusieurs initiatives de solidarités et de soutien naissaient. Activités culturelles (club de couture, loisirs en commun, etc.). Action collective au travail ; on sait les conditions pénibles de travail : heures brisées, stress très poussé, impossibilité de participer aux associations et aux activités des autres milieux de vie. Il fallait donc créer un premier terrain de relations entre elles. Pour ce faire, l'équipe a établi la carte des noyaux existants de relations, des amitiés. Par ce filon, elles ont pu établir un système de communication et d'information rapides. Les mots de passe faisaient rapidement le tour du milieu de travail. Au bout d'un certain temps, l'atmosphère était profondément changée. L'équipe s'était démultipliée. De nouvelles solidarités apparaissaient. Les filles commençaient à élargir leur champ d'existence. Plusieurs débordaient le milieu immédiat pour s'intéresser à des questions plus larges dans la communauté locale, dans le milieu syndical ou dans un parti politique.

3. *Les réseaux d'activités et de centres d'intérêt*   Qui se regroupe ? Où ? Quand ? Comment ? Il faut aller plus loin et faire la carte des activités et des centres d'intérêt pour mieux comprendre les motivations, les aspirations, les véritables dynamismes. Cette carte élaborée sur une période suffisante montre les tendances (les *trends*), les déplacements de centres d'intérêt. Comment mener une action sociale, syndicale ou publique sans connaître à fond ces réseaux de choix et d'actions ? Peut-on passer à côté des activités qui regroupent effectivement, ou des centres d'intérêt qui occupent le champ de conscience ?

Quel est le contenu de ces centres d'intérêt ? Bien sûr, le repérage des diverses activités d'un milieu ou d'un groupe indique déjà les contenus humains particuliers qui constituent ces collectifs. La carte ira plus loin si elle commence à établir des rapports entre les diverses activités, entre leurs formes, leurs démarches et leurs visées. C'est ainsi que certains militants ont découvert comment beaucoup de travailleurs adoptent un type de loisirs qui correspond à leur genre de travail. La réflexion sur le contenu démasque de terribles illusions. Par exemple, dans quelle mesure le travailleur se rend-il compte qu'il se trompe en croyant qu'il choisit vraiment ses loisirs ? N'a-t-il pas intériorisé la structure de dépendance qu'il vit au travail, et cela au point de la reproduire partout ailleurs ? Il est alors parfaitement conditionné. Il cherche même cette soumission à la domination. D'autres travailleurs sont allés encore plus loin. Leur carte de relations leur a révélé que les luttes sur le front de la consommation mettent souvent la charrue avant les bœufs. En effet, la manipulation publicitaire tire sa force de l'aliénation du travailleur dans l'action productrice. Leur découverte est peut-être plus profonde que l'analyse économique d'un Galbraith montrant comment la technostructure crée le marché, les besoins, les attitudes et les conditionnements. Ces deux découvertes se renforcent. Mais celle des travailleurs comporte une autoconscience critique qui mord dans des réalités plus profondes de la condition d'existence et de l'expérience humaine.

C'est par la maîtrise de son travail que l'homme devient *sujet,* qu'il s'autoconstruit et transforme le monde. Aliéné au cœur de son travail, l'homme perd tout dynamisme d'autodétermination. Il s'asservit ou se fait oppresseur à son tour. Il vivra par exemple des relations sadomasochistes avec son conjoint, ses enfants, son patron, ses compagnons de travail. Il se soumettra à la nature comme à la culture dominante. Le couple domination-esclavage constituera une dialectique totale et englobante, ne laissant place ni à la libération, ni à l'être pour soi-même. Il perdra toute confiance en lui-même et dans les changements qu'il pourrait faire. Il se voit comme ne pouvant se changer lui-même. Sa situation devient mythe fatal, dogme inaltérable, pouvoir absolu de contrainte.

L'humble démarche de la carte des contenus à travers les activités et les centres d'intérêt atteint parfois une lucidité extraordinaire, même si le travailleur n'a pas l'équipement philosophique et idéologique pour atteindre les diagnostics précités. Mais ceux-ci émergent progressivement de cette prise critique sur la réalité, sur le milieu spatio-temporel. Certaines cartes commencent à cerner les relations entre les comportements, entre les modes d'être et d'agir au travail, à la maison, à la taverne et devant la T.V. Un d'entre eux m'expliquait le rapport saisissant qu'il avait établi sur sa carte :

« Je suis allé visiter Roger chez eux. Il était seul dans le sous-sol, bien assis devant sa télévision. Sa femme et ses enfants bourdonnaient d'activité en haut. Je le retrouvais comme à l'usine, solitaire et silencieux devant sa machine. Il était rivé à l'appareil, incapable de se sortir de sa passivité. L'œil sur l'écran, il causait à bâtons rompus. Le dialogue était impossible. Pourtant je l'entretenais de problèmes qui le concernaient au plus haut point. Il revenait sans cesse à l'écran et demeurait lointain, inaccessible. Mon amitié avec lui me permit de réagir violemment. Il m'avoua qu'il avait perdu tout ressort, tout intérêt. À tous les soirs, il s'enfermait dans son sous-sol, ne voulant rien savoir. « Ça fait douze ans que je tire mon fil [...] j'ai perdu toute capacité de faire autrement. Je continue de tirer mon fil à la T.V. Je fais l'amour un peu comme ça. Je ne sais pas quoi dire avec mes gars et mes filles. Je suis comme bloqué. Je vis en dehors du réel, dans le rêve. Je suis joueur de hockey, vedette, chanteur, politicien, mais jamais moi-même. Je suis l'ombre des autres... de ma machine, de la T.V. Tu ne peux rien faire avec moi. Essaie plutôt avec des plus jeunes. Moi, c'est fini. »

« J'étais bouche-bée devant Roger. Jamais je n'ai autant compris les causes profondes de l'absence de solidarité, de conscience ouvrière, d'implication syndicale chez les gars. J'ai vu comment sa femme le dominait. Il avait besoin d'elle comme du *boss*. Il était incapable de communiquer d'une autre façon. Il s'en remettait toujours à un patron. À vrai dire, il ne pouvait même pas être un compagnon de travail, encore moins un membre actif du syndicat. Il fait partie de tous ces silencieux aux assemblées syndicales. Il parle peu, même à la taverne. Je suis sorti de chez lui un peu découragé. Mais j'ai compris ce qui se passait en faisant le lien entre l'usine et la maison, entre deux manières d'agir. Je me serais assis à mon tour, si je n'avais pas saisi qu'il existe d'autres rapports positifs chez ceux qui ont un noyau de relations, qui se joignent à d'autres dans une activité quelconque. Je pense aux équipes de bowling. En établissant ma carte, j'ai vu que ces équipes correspondaient à des groupes que je voyais à la cafétéria et à la taverne. On a tout transformé l'action syndicale en passant par ces groupes et leurs leaders. On a eu des actions collectives au travail de la même façon. Jusque là, on n'avait pas réussi à mobiliser les gars. »

4. *Les réseaux de mots et de phrases clés* C'est une des opérations les plus fécondes. Elle révèle d'une façon saisissante la mentalité d'un milieu, les structures mentales comme les structures sociales, les aliénations comme les dynamismes. Une expression comme celle-ci : « Jusqu'ici on s'est fait organiser, maintenant on s'organise », montre un glissement significatif de conscience. Le même mot : organiser n'a pas le même sens dans les deux membres de la phrase. On passe de la dépendance à l'autopropulsion collective. Il y a peut-être ici une mutation profonde du milieu. La fréquence d'une expression marque aussi une tendance particulière. C'est le cas de : « La compagnie va encore profiter de nous

autres. » De même le recours spontané aux slogans publicitaires montre jusqu'à quel point les media servent de médiane quotidienne de communication. Un slogan comme « tout le monde le fait, fais-le donc » est lourd de nos complicités avec les langages téléguidés par les pouvoirs économiques et leurs agents de promotion. Les media ne sont ici que des courroies de transmission. « C'est ce qui fait que les gars sont satisfaits. » La Montego, c'est un « style de vie ». La Renault vous « classe ». « Mettez-y du *dream whip,* mettez-y de la gaieté, de la beauté. » La Labatt comme la loto « tu l'as ou tu l'as pas ». Sans s'en rendre compte, même les oppositions adoptent la même structure de langage dans leurs slogans, sur leurs pancartes, dans leurs manifestations. Parfois, les réalités les plus profondes de la vie sont noyées dans une psychologie de centre d'achats ou une philosophie de marketing, tel l'avortement « sur demande », un peu comme cet objet de consommation qu'on choisit ou achète sans s'impliquer.

Voilà une première couche de langage. Pour connaître un milieu de vie, il faut aller plus loin et saisir les expressions particulières de la vie spontanée. Des obstacles et des dynamismes latents s'y cachent. « Je me trouverai bien une job ailleurs. » « Que le gouvernement fasse sa job. » « Il faut aller voir le maire et le député. » « On se fait trop charrier. » Parfois, les termes sont empruntés à l'expérience de travail. Ils sont souvent plus riches de sens, plus proches des attitudes et des comportements.

Il arrive que certains milieux se créent un langage bien à eux. Pour en saisir la structure concrète, on doit se prêter à une attention soutenue et rigoureuse. On y découvre le réseau de communications, l'évolution collective, les leaderships, les lectures de situation, les interprétations reçues ou nouvelles, les orientations de pensée et d'action, les forces critiques et même des pistes d'action. Des cohérences invisibles font surface. Le quotidien se révèle. P. Berger suggère ici quatre niveaux d'observation :

— L'expression spontanée qui a valeur de réactif dans un milieu

— La phrase typique qui exprime une attitude fréquente

— Le système de communication gestuelle et verbale

— Les modèles de compréhension critique.

Y. Deschamps a tiré ses monologues d'une observation sagace de son milieu d'origine : « un bon *boss* », « les unions, qu'ossa donne ». On pourrait retracer ces quatre niveaux dans ses monologues qui rejoignent notre fonds populaire commun. Mais c'est un témoin lointain qui a développé des méthodes d'utilisation du langage pour conscientiser et politiser

un milieu, et cela à travers un processus aussi primaire que l'alphabétisation. Voici les principaux jalons pédagogiques de la démarche de Paulo
Freire :

La méthode de Paulo Freire   Première phase : « le relevé de l'univers-
vocabulaire » des groupes avec lesquels on travaillera est effectué au cours
des rencontres non formelles avec les habitants du secteur à atteindre.
On ne retient pas seulement les mots les plus chargés de sens existentiel
— et, à cause de cela, d'un plus grand contenu émotionnel — mais aussi
les expressions typiques du peuple : expressions particulières, mots liés
à l'expérience des groupes, et notamment à l'expérience professionnelle.

Cette phase donne des résultats très enrichissants non seulement à
cause des relations qui se créent, mais de la richesse, parfois insoupçon-
née, du langage populaire. Les entrevues révèlent anxiété, frustration,
méfiance, mais aussi espérance, élan et participation.

« Je veux apprendre à lire et à écrire, dit un analphabète de Récife,
pour cesser d'être l'ombre des autres. » Et un homme de Florianopolis,
découvrant le processus d'émergence populaire dans la transition brési-
lienne, conclut : « Le peuple a une réponse. » Un autre, sur un ton de
chagrin : « Je ne souffre pas d'être pauvre, mais de ne pas savoir lire. »
« J'ai le monde pour école », dit un analphabète d'un État du sud du
pays, ce qui incita le professeur Jomard de Brito à demander dans un de
ses essais : « Que pourrait-on offrir à un homme adulte qui affirme : j'ai
le monde pour école ? »

« Je veux apprendre à lire et à écrire pour changer le monde »,
affirme un analphabète, pour qui, avec raison, connaître, c'est agir sur
la réalité. Plusieurs de ces « textes » d'auteurs analphabètes ont fait l'objet de l'analyse. Les mots « générateurs » devaient naître de ces relevés
et non d'une sélection, si parfaite fût-elle techniquement, que nous effec-
tuerions dans notre cabinet de travail.

Deuxième phase : « le choix des mots dans l'univers-vocabulaire »
relevé constitue la deuxième phase.

Cette sélection doit être soumise aux critères suivants :
a. celui de la richesse syllabique ;
b. celui des difficultés phonétiques : les mots choisis doivent répondre aux difficultés phonétiques de la langue et être placés dans
   un ordre de difficulté croissant ;
c. celui de la teneur pragmatique du mot, qui implique une plus
   grande pluralité d'engagements de ce mot dans une réalité
   donnée, sociale, culturelle, politique...

Aujourd'hui, nous voyons que ces critères sont contenus dans le critère sémiologique : le meilleur mot générateur est celui qui réunit en soi le plus haut pourcentage possible de repères syntactiques (possibilité ou richesse phonétique, degré de difficulté phonétique complexe, de possibilité de manipulation des ensembles de signes, de syllabes, etc.) de repères sémantiques (plus ou moins grande intensité du lien entre le mot et l'être qu'il désigne). La plus ou moins grande teneur de conscientisation que le mot porte en puissance, ou l'ensemble des réactions socioculturelles que le mot engendre dans la personne ou le groupe qui l'utilise, voilà les visées de cette deuxième étape.

Troisième phase : la troisième phase est celle de la création de situations existentielles typiques du groupe avec lequel on va travailler.

Ces situations jouent le rôle de « défis » présentés aux groupes. Ce sont des situations-problèmes, codifiées, portant en soi des éléments qui seront décodifiés par les groupes avec la collaboration du coordinateur. Le débat à leur sujet — comme ce qui se fait avec les situations qui nous donnent le concept anthropologique de culture — amènera les groupes à se « conscientiser » pour s'alphabétiser.

Ce sont des situations locales qui ouvrent des perspectives à l'analyse de problèmes nationaux et régionaux. Parmi ces perspectives se situent les mots générateurs, ordonnés selon la graduation déjà signalée de leurs difficultés phonétiques. Un mot générateur peut aussi bien englober la situation complète, que se référer seulement à un des éléments de la situation.

Quatrième phase : la quatrième phase est celle de l'élaboration de fiches indicatrices qui aident les coordinateurs de débat dans leur travail. Ces fiches ne doivent être que de simples aides pour les coordinateurs et non une prescription rigide et impérative.

Cinquième phase : la cinquième phase est l'élaboration des fiches comportant la décomposition des familles phonétiques correspondant aux mots générateurs.

Une fois le matériel élaboré, sous forme de diapositives, de films fixes ou d'affiches, les équipes de coordinateurs et de superviseurs constituées, entraînées même aux débats relatifs aux situations déjà élaborées et ayant reçu leurs fiches indicatrices, commencent le travail effectif d'alphabétisation.

La méthode d'alphabétisation de Paulo Freire fait appel à une motivation fondamentale : la valorisation de l'expérience vécue empiriquement. Car tous ces adultes analphabètes travaillent, discutent, souffrent, se divertissent ; et c'est à partir de ces centres d'intérêt qui leur sont propres qu'il faut embrayer l'alphabétisation proprement dite. La conscientisation et l'alphabétisation seront donc deux faces d'un processus fondamentalement identique.

Ce qu'il vit, fait ou éprouve, l'homme peut l'exprimer par la peinture, la sculpture, la musique. Mais à ces formes d'expression déjà codifiées s'en rattache une autre, plus complexe sans être essentiellement différente : le mot. En effet, l'homme peut aussi apprendre à nommer ce qu'il fait, à penser et à dire ce qu'il fait. Le mot dit consciemment est prise de distance par rapport à l'objet qu'il désigne. Le travail, activité réfléchie d'un sujet sur la nature, nous est apparu comme un enrichissement de celle-ci, c'est-à-dire comme une manifestation de culture. Le mot ne diffère pas essentiellement du travail : il est lui aussi un produit culturel et n'a de signification que pour d'autres sujets qui en accueillent le signe phonétique ou visuel. Pour le sujet qui la profère désormais consciemment, la parole est recréée, redécouverte dans son lien avec l'expérience thématisée. Suivant l'expression de Paulo Freire lui-même, elle est récupérée. Pour le vieux Platon, connaître c'était déjà reconnaître...

Comment se présente, en pratique, une session d'alphabétisation conçue dans cet esprit ?

Tout d'abord un nombre plus ou moins considérable de séances est consacré à la conscientisation comme telle. On part de l'expérience vécue par le groupe, on la décrit, on l'analyse, on la discute, on la critique. Ainsi se détachent peu à peu des thèmes dominants qui varient suivant les régions et les groupes : thème de l'habitat, de la sécheresse, des transports, etc. Cependant, quel que soit le thème retenu, l'attention est constamment attirée sur l'intervention de l'homme.

Une fois que ce processus de conscientisation est bien lancé, on en arrive à la découverte d'un mot « générateur », toujours retenu en fonction de son pouvoir évocateur et conscientisant. À partir des éléments de ce mot pourront se former d'autres mots, qui seront découverts ultérieurement par les participants. L'application de ce procédé, il faut en convenir, est particulièrement commode du fait que le portugais et l'espagnol s'écrivent à peu près comme ils se parlent.

Soit l'exemple classique d'un mot que nos lecteurs connaissent bien : *favela*. On projettera une diapositive ou on dessinera un tableau représentant de façon codifiée une situation concrète : une favelle. La discussion tournera autour des problèmes qui s'y posent : pauvreté, chômage, hygiène, maladie, promiscuité, eau, etc. Puis on découvrira le mot écrit. De même que l'image proposée à l'analyse, le mot dévoilé sera décodifié :

le groupe décomposera le mot en ses divers éléments syllabiques. On découvre alors qu'à l'élément vocalique de chaque syllabe correspond une famille : à une même consonne peuvent se greffer diverses voyelles. C'est à partir de cette analyse que, par une opération de synthèses actives, le groupe va composer de nouveaux mots. Le mot primitivement découvert devient générateur d'autres mots. Ainsi, dans l'exemple considéré, en décomposant le mot *fa-ve-la*, et en altérant ses voyelles, on dispose d'éléments qui permettront la fabrication d'autres mots comme *fila* (file : problème de la pénurie, des distances, de la production, des prix, etc.) ; *vela* (bougie : problème de l'éclairage, des barrages, de la sécheresse, des pouvoirs publics ; ou *voile* : problème de la pêche, des multiples intermédiaires dans le commerce, des coopératives, etc. [3])

Nous sommes bien conscient d'avoir présenté ici une expérience inhabituelle. Et pourtant, il s'agit d'une méthode qui se déploie dans des milieux très modestes. La démarche est à la portée de tous. P. Freire faisait même écrire un journal où les travailleurs commençaient à exprimer leur situation, leur perception critique du milieu, de la société, des pouvoirs, etc. Le processus avait tellement d'impact révolutionnaire que le gouvernement brésilien l'a stoppé.

Je suis persuadé que nous avons beaucoup à apprendre de cette expérience. Déjà la carte des langages peut acheminer les travailleurs vers cette pédagogie grosse d'une praxis sociale très puissante.

Il n'est pas nécessaire d'atteindre ce degré de complexité pédagogique pour commencer un travail de prospection des mots privilégiés, des expressions typiques, des réseaux de communication verbale et gestuelle, des théories explicatives fréquentes. Déjà la sélection et la fréquence des thèmes publicitaires retenus dans un milieu de travail peuvent éclairer une mentalité. Il en est de même des proverbes, des discours religieux qu'on emprunte au vieux fonds culturel. Les mots nouveaux qui apparaissent dans le trafic quotidien et qui sont repris souvent, véhiculent parfois un changement de mentalité, une réinterprétation d'un vécu. Il y a aussi des transmutations subtiles de sens des mots usuels. Une analyse plus raffinée permettra ici de saisir l'évolution du groupe ou du milieu. Certains mots refont surface et manifestent une attitude ou un état de conscience collectif. Ainsi des militants ont noté la fréquence inattendue du mot tradition dans leur milieu. C'est une annonce de la compagnie Coca-Cola : vive la tradition, qui les avait alertés. À partir de ce filon, ils ont repéré un certain langage du milieu où s'exprime une volonté de renouer avec le passé.

---

3. Cf. Documentation de L'I.N.O.D.E.P. M. Shooyans, « La méthode de Paulo Freire », *in* : *Culture et développement* 2 (1971), p. 435-451.

Voilà une voie parmi d'autres pour saisir les états d'esprit collectifs, les tendances dans un temps et un espace circonscrits. Les expériences que nous avons poursuivies en ce domaine nous ont convaincu de la fécondité d'une telle observation soutenue. Depuis longtemps, nous cherchions des instruments valables pour assumer ce qu'on appelait vaguement la mentalité du milieu. « Vous savez : la mentalité ici est différente. » Combien se servent de cette remarque comme processus de fuite devant les vrais problèmes et les solutions à envisager ? Par ailleurs, les cadres idéologiques tout faits sont aux antipodes de la pédagogie populaire où les commettants réfléchissent et agissent à même leur expérience concrète dans leurs milieux naturels. Les grands schèmes d'analyse ne viennent qu'après cette phase initiale.

Note : cadre logique de ce coffre d'outils.

a. Les expériences spontanées

Les réseaux de personnes en relation

Les réseaux de lieux et moments privilégiés

Les réseaux d'activités et de centres d'intérêts

b. Les expériences structurées

Les réseaux d'appartenances (organismes, institutions)

Les réseaux de pouvoir et de leaderships

Les réseaux de techniques utilisées

c. Les expériences signifiées (symboles, fins, idéologies)

Les réseaux de mots et d'expressions clés

Les réseaux de signes quotidiens

Les réseaux de tendances (valeurs, idéologies, politiques)

5. *Les réseaux de signes* De tout temps, les signes ont été le moyen de communication par excellence entre les hommes. Dans une civilisation de l'image qui a multiplié les possibilités de créer des signes, certains phénomènes nouveaux sont apparus. Les signes artificiels ont pris une importance énorme. Marx a bien vu, au siècle dernier, l'émergence de ce nouveau pouvoir « mythologique » imposé par ceux qui possèdent de tels canaux de production [4]. Ses prévisions ont été largement dépassées par

---

4. « La presse quotidienne et le télégraphe qui répand ses inventions en un instant dans tout l'univers, fabriquent en un jour plus de mythes qu'on aurait pu en produire autrefois en un siècle. » *Correspondance* de K. Marx.

les progrès époustouflants de la technologie en ce domaine. Mais son intuition majeure reste plus vraie que jamais. Cette production des signes crée une sorte de torrent qui dénude le lit de la vie et emporte irrésistiblement les hommes. Elle provoque une dispersion mentale et une aliénation très profonde. La plupart des citoyens perdent la maîtrise des clés de compréhension de la vie collective. Les codes de signification sont de plus en plus complexes et nombreux. La vision technologique de McLuhan a leurré bien des esprits iréniques. En effet, cette extension technique et démultipliée des sens est au service de quoi, de qui, de quels intérêts, de quels objectifs ? Elle ne se déplace pas dans un champ humain neutre. Elle est au service de certains pouvoirs et intérêts. Ceux-ci s'asservissent les équipements et les agents de production des signes pour mieux manipuler les consciences et neutraliser les oppositions.

Une telle puissance s'est débridée au point d'échapper à ses concepteurs ou à ses possesseurs. Nous faisons face à des phénomènes fous. Notre vie urbaine est un univers chaotique de stimuli et de signes évanescents atomisés et très désintégrateurs. Il n'y a plus de cadre symbolique stable et de contenu humain intégré. Le médium échappe aux uns et aux autres. Les codes se heurtent, se repoussent, se détruisent. Nous vivons dans une infinité fluide de petits signes passagers qui empêchent toute prise solide sur le vécu. Bien des langages sont inaccessibles. La plupart des hommes modernes retrouvent la situation du primitif devant les signes naturels. Les codes techniques ont un impact aussi mythologique. Ils médusent, séduisent, fascinent et mystifient, au point de rendre la vie réelle insignifiante. Le rêve devient objet de consommation, marchandise, gadget. Ce bombardement d'images fatigue le psychisme. Il réduit la résistance et neutralise l'esprit critique. Et surtout il castre toute velléité d'action. Plusieurs démissionnent et se laissent téléguider par les appareils de signalisation. La signologie technologique est la plus grande force inédite de l'histoire pour « massifier » et « masser » les hommes, les communautés, les milieux de vie. Le style de l'image-pression du monde publicitaire et marchand se transpose dans tous les domaines : en politique, en éducation, dans les loisirs et ailleurs. Ce pouvoir ambivalent de l'image devient tyrannie, dans la mesure où il n'est pas au service d'une liberté lucide et créatrice.

La démarche pédagogique que nous proposons permet une distance critique sur de tels conditionnements. Elle équipe aussi pour une saisie de phénomènes plus profonds qui identifient un milieu de vie. En effet, celui-ci développe sa propre signalisation quotidienne. Bien la connaître, c'est renforcer sa capacité de communication. Voici un véhicule de solidarité dont on ne peut se passer à cause de son impact direct et spontané.

On constate dans certains milieux un nouveau dynamisme en ce domaine. *Il y a des groupes qui se créent leur propre réseau de signes* dont les membres sont parfois les seuls à connaître le code. Voyons d'abord les démarches initiales d'observation des signes dans un milieu.

Signes de statuts. Un groupe de travailleurs d'hôpitaux sont parvenus à tracer un portrait saisissant du milieu de travail hospitalier uniquement en retraçant les réseaux de signes qui identifient les paliers de statut professionnel. Par exemple, chacun des statuts a ses propres vêtements de travail. La référence est immédiate et les clivages sont très marqués... peut-être beaucoup plus qu'ailleurs. On reconnaît immédiatement l'administrateur, le médecin, le technicien, l'infirmier, l'aide-infirmière, les gars de la « maintenance », etc. Les lieux réservés ont un caractère quasi sacré, et cela jusque sur le terrain de stationnement. Les observateurs se sont rendu compte de la rigidité de cette structure hiérarchique, qui raidit les rapports de travail. Les solidarités syndicales inter-catégories sont difficiles. « Il y a toujours quelqu'un à côté de vous qui vous regarde de haut et vous fait sentir que vous n'êtes pas de son palier. » Et que dire de la difficulté d'établir une véritable communauté de travail. Voici un des lieux qui transpose d'une façon ouverte et bien signifiée ces statuts moins bien dessinés dans les autres secteurs de la vie urbaine. On y découvre plus clairement les comportements de classes, les conflits qui restent latents ailleurs et les enjeux d'une véritable démocratisation par en bas.

Signes de classe. Un autre groupe a fait la carte des signes de cette catégorie d'ouvriers qui veulent s'identifier aux classes moyennes. Voyons-en quelques-uns : l'importance du bungalow familial, le retrait de toute manifestation collective de la vie ouvrière (surtout les gestes publics), le désintérêt pour les problèmes du milieu de travail sauf dans les cas où on est personnellement concerné, les thèmes de conversation uniquement centrés sur les enfants qu'on va faire sortir du milieu par l'instruction, le mépris pour les assistés sociaux et pour les confrères de travail moins pourvus, un comportement très individualiste dans la façon de travailler, une absence d'attention à l'environnement, le peu d'intérêt aux événements collectifs du milieu, le caractère très limité de leurs relations (ça se voit à la cafétéria), une absence de spontanéité dans leurs rapports humains, une attitude calculatrice mesquine dès qu'un avantage personnel est à gagner, ou enfin une attitude de lèche-cul devant les *boss,* etc.

Signes de conditions de vie et de travail. Des militantes ouvrières ont établi une géographie comparée des services directement liés aux conditions des travailleurs et à celles des équipements. Le parallèle est saisissant. Les machines sont aux petits soins par rapport aux mesures de sécurité pour protéger les travailleurs eux-mêmes. On laisse, en l'occurrence, les toilettes dans des conditions sordides. On ne s'inquiète pas tellement des risques que prennent les hommes au travail. L'*engineering* est sans proportion avec l'organisation humaine du travail. Ces femmes se sentent humiliées par cette facilité insensible que manifestent leurs patrons quand il s'agit de remplacer le « matériau humain ». Ceux-ci se préoccupent davantage du vieillissement de machines que de la détérioration physique et psychique de la main-d'œuvre. Qu'est le sort d'une femme épuisée à côté d'une machine en panne ? En dépit des protections syndicales et légales, les ressources humaines restent, entre toutes, la matière première la plus remplaçable ou « manipulable » ou interchangeable. Dans le cas précis, cette matière première était au dernier barreau de l'échelle des services, des comptabilités, des préoccupations. « Nous sommes de la chair à boulons. » L'environnement humain passe bien après les structures d'administration, de production et de *marketing*. Ces priorités sont inscrites dans la géographie même de l'institution. On entre en celle-ci par la petite porte des « domestiques ». On suit un tracé de bête de somme qui gagne sa stalle d'écurie sans possibilité de communiquer avec l'ensemble du milieu. On ne sait rien en dehors de sa filière de tâche. Autant de signes pour vous faire sentir que vous êtes : des étrangers, des exécutants, des maux nécessaires en attendant une machinerie plus efficace et docile. » « Nous ne faisons pas partie de l'institution. Nous sommes plutôt des rouages de son appareil. » « Toute l'organisation est conçue pour nous disperser, nous isoler, nous lier bêtement à la tâche mécanique attribuée. Nous arrivons et partons en douce par un couloir obscur et sale du sous-sol. Et nous vivons comme ça, ailleurs dans la société. Ce sentiment d'indignité commence là. »

Signes des fictions aliénantes. Notre société a multiplié les possibilités de fuite factice du réel. Les « machines à rêves » sont nombreuses et puissantes dans le milieu populaire. Elles mobilisent ce qu'il y a de plus primaire, ou primitif dans les bas étages de la conscience de la vie. On dévore les romans en image. On vit par procuration avec les vedettes omniprésentes. Un tel s'inspire de son petit calendrier porno au-dessus de sa machine. Un autre occupe tous ses moments libres avec les revues de l'automobiliste. Plusieurs s'excitent avec la batterie tonitruante du transistor. La conversation porte sur toutes les fictions des media. Les programmes préférés de la T.V. servent de canal de communication. On y passe plusieurs heures tous les soirs. Un bilan de tous ces signes-substituts dans certains départements de travail nous a convaincu de l'omniprésence de cet univers de fiction qui enlève toute velléité de regard critique et d'intervention sur la vie réelle. La dernière mode sert de mode de vie. La fabrication des rêves est ici aussi aliénante que la fabrication des tissus. La quotidienneté n'a plus de texture propre. Toutes ces fabrications échappent à leurs auteurs au service du médium, au profit des autres, au détriment de la conscience libre et responsable. La culture est aussi imposée que le pouvoir ou la technique. C'est le même filon d'aliénation... homogène, univoque, unidimensionnel.

La critique de Marcuse prend une concrétude saisissante dans ces tableaux de milieu de vie ouvrière. Il n'est pas un espace libre que la technostructure n'envahit pas pour en faire un lieu économique de production ou de marché. Ces « pores d'existence » (Marx) pour la respiration de l'âme et du cœur sont remplis par cette respiration marchande. On cherche en vain le « je » dans cette géographie de la vie quotidienne. Il n'est pas facile de conscientiser une âme aussi enterrée ou étouffée. Toute praxis devra se munir de foreuse et d'explosif très puissants pour décaper de tels encroûtements de la vie réelle. Ces premières prospections nous en avertissent. La libération de l'existence quotidienne ne saurait être que radicale, très critique, et très patiente. La carapace est trop blindée pour céder à des agitations de surface. Il faut rejoindre la vie dans les creux profonds où elle s'est réfugiée, engourdie ou endormie. Seule une militance de tous les jours peut opérer et soutenir cette rencontre des dignités oubliées ou ignorées. On ne suscitera pas un élan vital avec des sursauts épisodiques rythmés par les nouvelles signatures de contrats collectifs ou par les crises publiques des lointaines élites.

Ce tour d'horizon met davantage en relief les creux que les bosses de la vie ouvrière. Mais ces signes d'aliénation peuvent avoir un impact de militance quand les travailleurs s'en font un portrait réaliste. Ils comprennent alors qu'ils ne peuvent même plus communiquer entre eux sur la longueur d'onde de leur véritable expérience. Après enquête, ils se rendent compte qu'ils ont bien peu de signes à eux et pour eux. Les opiums se sont raffinés. Les déterminismes naturels, artificiels, mythologiques se renforcent. L'étoile des media, le signe astrologique, l'image porno coincent l'homme ordinaire d'en haut et d'en bas, et cela dans la foulée unique des intérêts investis. « Nous, les hommes ordinaires » peut paraître un slogan banal. Il faut en briser l'écorce. Il y a au-dedans un noyau vital explosif. En effet, certains commencent à évaluer une société qui a perdu le sens de la vie ordinaire, des hommes vrais en chair et en os, du « nous » enfoui sous les media, les techniques et les produits.

Qui sait si les êtres de cette société n'ont pas à refaire leur tissu social en recréant des signes qui expriment leur vie concrète, leurs relations réelles, leurs aspirations vraies ? Après tant d'artifices, il est temps de restaurer une communication qui mette davantage en rapport direct les hommes eux-mêmes. Une travailleuse a su faire intelligemment un détour

pour y arriver. Dans son département, chaque fille avait son petit tran-
sistor et écoutait son programme préféré. Cette militante a réussi à amener
les unes et les autres à écouter des programmes semblables, à les com-
menter et à les critiquer ensemble. Après un certain temps, les unes et
les autres avaient plus le goût d'échanger entre elles que celui d'écouter
passivement la petite vedette insignifiante qui leur serinait un rêve en
Espagne. Humble démarche, mais combien féconde. En effet, pour la
première fois les membres du département acceptaient de poser des gestes
collectifs vis-à-vis de la direction. La communication rétablie entre elles,
elles pouvaient se faire désormais des signes compréhensibles. Chacune
était plus attentive à l'autre, à la vie du milieu, au groupe [5].

6. *Les réseaux d'institutions* C'est peut-être le domaine où l'on verse
le plus facilement dans le globalisme abstrait ou dans des généralisations
simplistes. Pensons aux stéréotypes qui qualifient l'État, le gouvernement, les technocrates, les syndicats, les pouvoirs financiers. Il y a aussi
les catégories reçues : bourgeoisie *vs* peuple. On parle de la classe ouvrière,
de la classe moyenne, de l'élite sans se préoccuper de vérifier si ces conceptions correspondent vraiment à la réalité. Une attention un peu plus
poussée nous révèle que tout cela est beaucoup plus complexe dans la
vie concrète. Moins on a d'idées précises (et vérifiées) sur une situation,
plus les jugements sont drus, globaux, affirmatifs et aussi simplistes
qu'incohérents. Sur le plan de l'action, le problème devient très grave.
Tout se passe comme si le dynamisme d'action diminuait en proportion
des généralisations arbitraires et factices. *Que de fois, j'ai constaté ce*
phénomène particulièrement chez les travailleurs qu'on a idéologisés à
forte dose. Ceux-ci, en perdant leur sens du concret, devenaient de plus
en plus stériles dans leur action quotidienne. Il en résultait une sorte de
coupure tragique entre leurs idées et leur vie dans le milieu. Leurs compagnons de travail ne les comprenaient plus. Un fossé se creusait progressivement. À la limite, il se produisait un déracinement du milieu, un
déclassement par en haut.

L'expérience du travailleur ordinaire est très concrète. Il n'a pas
d'occasion de jouer avec les idées ou de brasser de grandes considérations. Quand celles-ci entrent dans sa vie, il a la tentation de considérer
son expérience comme insignifiante et peu engageante. Il trouve son

---

5. Il n'est pas inutile de rappeler ici cette définition judicieuse de l'action sociale, qui a intégré le réseau de signes : « Une action sociale n'existe que si en
premier lieu elle est orientée vers certains buts, si en deuxième lieu l'acteur est placé
dans des systèmes de relations sociales, si en troisième et dernier lieu l'interaction
devient communication grâce à l'emploi de systèmes symboliques. » A. Touraine,
Sociologie de l'action, p. 9.

milieu de travail, sa famille, ses voisins ennuyeux ou arriérés. Il ne rencontre que des gens de son dire et de sa pensée. Il s'enferme dans ce cercle et ne vit vraiment qu'en celui-ci. Il ne sait plus quoi faire ni quoi dire dès qu'il en sort. Il ne sait plus repérer les dynamismes existants dans son milieu immédiat. Il ressemble étrangement et malgré lui à celui qui s'est désolidarisé du milieu en se perçant un trou au plafond. Je ne suis pas sûr qu'on ait justement évalué l'itinéraire de certains leaders populaires. Il y a bien des façons de les siphonner par le haut dans des superstructures de syndicat, de parti ou d'idéologie. Il n'y a pas que la récupération par le système établi. Certaines politisations leur ont fait perdre des richesses essentielles, tout en élargissant leurs horizons. Autrefois l'arbre, chez eux, masquait la forêt. Aujourd'hui, c'est la forêt qui cache l'arbre à la portée de la main ou des yeux. Loin de nous la tentation de revenir à l'action immédiate, à courte vue. Mais notre expérience nous a convaincu qu'il n'y a pas de militance effective quand les agents humains n'ont pas établi des liens lucides et concrets entre les situations vécues et leurs horizons idéologiques ou politiques, entre leurs collectifs quotidiens et le système social, entre leurs milieux de vie et la grande société.

Rien ne remplacera la prise concrète sur les médiations institutionnelles qui relient ces deux bouts de la chaîne. Combien de travailleurs connaissent bien les structures de leur industrie, de leur syndicat, de leur conseil municipal, de leur commission scolaire ? Combien se sont fait une idée précise du fonctionnement de l'ensemble de leur entreprise ou de l'institution où ils travaillent ? Combien peuvent décrire avec justesse et à-propos la structure immédiate du pouvoir qui les domine ? Combien ont objectivé leur propre réseau de relations avec les institutions qu'ils rencontrent sur leur route ? Il y a ici une première socialisation que ne peuvent apporter des cours généraux sur le Québec, sur le capitalisme ou le socialisme. Sans doute, une connaissance assez large et profonde de tout le système social est nécessaire. Mais on ne peut en déduire une praxis, d'autant plus que les travailleurs ordinaires n'accèdent aux significations décisives que par leur expérience cruciale, celle de leur activité quotidienne.

Marx a opéré ici une véritable révolution même au cœur de l'intelligence. La praxis, pour lui, c'est cette synergie vitale et dialectique de l'expérience réfléchie et de la critique de ce qui l'aliène. Partir, d'une façon déductive, de doctrines ou de systèmes ou de cadres théoriques, c'est faire le jeu de la fausse conscience qui sert si bien les pouvoirs dominants. Pendant trop longtemps, les hommes d'ici ont dû subir une vision du monde empruntée. Il ne faudrait pas poursuivre, sous d'autres modes, le même processus. Le vide de contenu et de légitimité d'une certaine démocratie libérale, est peut-être l'occasion de renverser la démarche idéologique habituelle et de construire un projet de société qui soit le fruit d'une véritable praxis. Une praxis où l'expérience réfléchie et critique des travailleurs sera la principale rampe de lancement.

La géographie du réseau immédiat d'institutions et de pouvoirs a l'avantage de concrétiser, tout en l'élargissant, l'expérience structurée des travailleurs eux-mêmes. Une première saisie du contexte institutionnel se fera par le portrait réaliste des structures quotidiennes dans lesquelles des travailleurs évoluent : structures concrètes de l'organisation de l'usine, du syndicat, de l'école, des services publics, etc. Pour y arriver, chacun doit faire un premier déblayage, ou plutôt une première clarification de l'ensemble de ses rapports institutionnels. Voici quelques exemples :

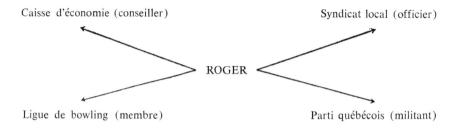

Voilà les quatre principales structures où Roger s'investit sociale- ment. Il s'est rendu compte qu'il vivait ces engagements d'une façon trop parallèle. Il n'a pas encore clarifié les discordances et les concor- dances entre son travail d'officier d'union et ses activités militantes au parti. Il n'a pas bien situé le service de la caisse d'économie par rapport aux deux institutions précitées. Quant à sa ligue de bowling, il a peut-être sous-estimé la possibilité d'en faire un lieu dynamique de solidarité. Qui sait si un noyau de relations ne pourrait pas naître de cette rencontre hebdomadaire ? Ce premier portrait retouché l'amène à faire des liens entre ces quatre types d'activités. Il amène des membres de la ligue de bowling à la caisse d'économie, d'autres au P.Q., d'autres à l'assemblée syndicale. Certains gars sont plus spontanés et plus vrais dans des ren- contres gratuites. Roger apprend à mettre à profit les dialogues et les échanges qui s'y tiennent. En comparant ses activités syndicales et ses activités politiques, il découvre comment les unes sont susceptibles de s'enrichir ou de se corriger par les autres. Les premières sont plus près des enjeux quotidiens, les secondes des cadres sociétaires qui les sous- tendent. Roger commence à évaluer le genre de personnes qu'il rencontre dans ces quatre secteurs. Il compare les centres d'intérêts, les objectifs. Il repère certains filons qui les relient, certaines contradictions qui les affaiblissent. Il pèse d'une façon plus juste les moyens que l'un ou l'autre secteur se donne. Il connaît mieux les possibilités et les limites du service de la caisse, de l'instance syndicale, de l'activité plus immédiatement politique. Il découvre certains comportements ignorés dans l'activité plus spontanée du bowling. Voyons un autre exemple :

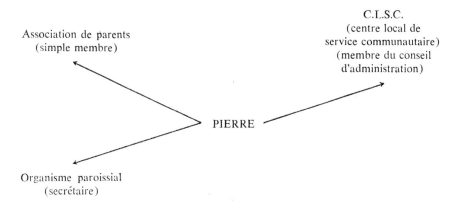

Pierre, en faisant sa carte, note qu'il n'a aucune participation reliée à son expérience de travail. Son centre de gravité c'est la famille, le quartier. Il y a donc un trou. Bien sûr, il ne peut être présent sur tous les fronts. Mais dans quelle mesure n'a-t-il pas besoin d'ouvrir son appartenance ? Il hésite : ne vaut-il pas mieux investir autour du pôle C.L.S.C. et aller au fond dans cet axe ? Qu'y fait-il au juste ? Quelle conception a-t-il de son rôle sur le conseil d'administration ? Comment ce conseil se situe-t-il dans l'ensemble de la structure ? Quel est son fonctionnement réel ? Respecte-t-il les intentions de départ, les statuts ? Y a-t-il promotion réelle des travailleurs ? Les professionnels écrasent-ils progressivement les citoyens ordinaires délégués au conseil ? Ces questions viennent de son observation récente. Ses camarades d'équipe lui demandent s'il ne choisit pas des participations bien encadrées, s'il ne cherche pas à s'appuyer sur des grosses patentes, s'il n'agit pas parallèlement dans son milieu domestique ? Autant de cotes d'alerte. Pierre va faire la carte de participation des travailleurs dans ces organismes. Il essaiera de constituer un noyau d'action. En même temps, il situera le C.L.S.C. dans la géographie des organismes populaires de son milieu. Il établira des liens avec le syndicat pour que le monde ouvrier organisé puisse ne pas perdre de vue la vie ouvrière de quartier.

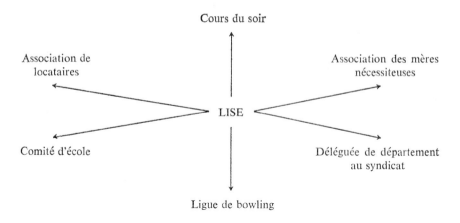

Lise en traçant cette première carte commence à s'interroger sur sa dispersion sociale. Elle est tiraillée par trop « d'affaires ». Elle se promène d'une structure à l'autre. Son travail et son foyer en souffrent. Elle est partout et nulle part en même temps. Elle n'a pas grand-chose à dire sur chacun des six organismes auxquels elle participe. Quand elle fait le bilan des heures consacrées en un mois à ces diverses activités, elle se rend compte du pourquoi de sa fatigue et de son énervement. En évaluant chacun de ces secteurs, elle commence à mieux les situer, à établir une hiérarchie de choix, à savoir où elle peut agir d'une façon plus efficace. Elle laissera tomber certaines participations, quitte à trouver d'autres travailleurs pour la remplacer. Mais cette observation systématique et suivie l'a amenée à mieux connaître son milieu et à évaluer les forces ouvrières qui y agissent. Elle trouvera son unité d'action dans le noyau inter-militant.

Ces trois exemples montrent un départ d'analyse du réseau d'institutions dans le milieu. Une analyse inséparable d'une véritable implication. Progressivement, les uns et les autres découvrent les rapports entre ces institutions, les forces en présence, les structures de pouvoirs. Et en même temps ils dégagent des formes d'action plus valables ; ils donnent cohérence à leur militance ; ils prospectent les possibilités d'un leadership populaire capable de front commun dans la communauté locale ou la région.

7. *Les réseaux de pouvoirs et de leaderships* On a souvent une bien piètre idée des influences internes qui s'exercent dans un milieu de vie. Par exemple, l'analyse du pouvoir se limitera aux structures officielles d'autorité. Comment alors vivre certaines luttes de pouvoir sans avoir

assumé les divers dynamismes de leadership qui existent à la base ? Face aux lourdes hiérarchies des superstructures, les commettants des communautés horizontales et quotidiennes se doivent d'aboutir à des stratégies de leadership à leur propre niveau. Une conception trop simpliste des leaders du milieu empêche une diffusion du pouvoir dans le groupe lui-même. On reproduit le type d'autorité qu'on conteste. Ainsi s'en remet-on passivement aux représentants syndicaux élus, aux superstructures de la centrale. Les luttes quittent ainsi le terrain quotidien.

Bien sûr, pour rejoindre les pouvoirs décisifs qui s'exercent à des paliers bien loin du département ou de la firme elle-même, il faut des instances plus larges et plus hautes d'intervention. Le syndicalisme s'est équipé en conséquence. Il a débordé la négociation d'entreprise locale. Il a voulu frapper de plain-pied les grands pouvoirs économiques et politiques qui téléguident les administrateurs locaux. Il suffit de penser aux conglomérats et aux *holdings* dirigés par de lointains bureaux d'administration, aux vastes et complexes pouvoirs politiques de l'État moderne. Cet élargissement nécessaire des luttes de pouvoir a siphonné par en haut les leaderships de base. Plusieurs ne se sont pas rendu compte des dangers de centralisation unilatérale (voir *la Crise syndicale* de H. Gagnon). On renvoie toujours plus haut l'intervention, un peu comme dans les autres structures bureaucratiques. On écrème les leaders de la base pour en faire des permanents. La pertinence de l'action et des solutions d'en bas semble perdre de sa vérité et de sa force. Peu à peu le centre de gravité du mouvement historique ouvrier se déplace. Interrogeons-nous à la limite. Que serait un parti ouvrier sans tissus politiques quotidiens, sans leaderships de base bien diffusés et articulés ? Ce serait un haut lieu pour une nouvelle élite, et pas plus.

Il faut donc resserrer la dialectique de l'élargissement par en haut et de l'enracinement en bas, tout en redonnant à la base son primat démocratique. Autrement, le slogan : « Les travailleurs au pouvoir » est un vain mot. Cette attention à la dynamique politique du milieu immédiat a amené certains noyaux de militants à mieux cerner les réseaux de leadership dans leur milieu. Ils ont tracé une première carte qui constitue déjà une typologie très riche.

Les *populaires*. Il s'agit de ces leaders qui exercent une influence de solidarité, de spontanéité, d'identification collective dans un milieu donné. Ce peut être un sportif, un bouffon, un gars sympathique, à travers lequel tout le milieu communique spontanément. Il est dangereux de miser sur ce genre d'influence pour établir des critères de « chefferie ». Voilà plutôt un leadership d'appoint, évidemment très précieux, mais incapable de tâches qu'on confie, par exemple, à un chef syndical.

Les *efficients,* ce sont les gars capables d'une action réaliste et efficace pour mener à bonne fin une décision collective. Ils sont débrouillards, compétents. « *They get the job done.* » Habituellement, ils ne sont à l'aise que dans des tâches ou missions précises. Leur aire d'intervention est étroite et fonctionnelle. Ils ont moins d'empathie et d'antenne sociale que les « populaires ». Il leur manque le flair des charismatiques et la largeur de vue des politiques. Mais on peut compter sur eux pour un travail défini, efficace et provisoire. Sur ce terrain, plusieurs les suivront à cause de leur compétence.

Les *charismatiques* sont des leaders de la situation, de la conjoncture. Ils ont le flair des sensibilités communes, des aspirations, des moments stratégiques. Leur leadership est provisoire et épisodique. Ils savent dynamiser une crise, rallier des consensus rapides. Ce sont des agents mobilisateurs. Leur pouvoir de séduction peut être dangereux sans les « politiques » dont nous parlerons. Mais dans le réseau de leaderships, ils jouent un rôle inestimable. Ils ont force d'entraînement, d'audace, de risque. Leurs intuitions sont souvent très justes. Mais il ne faut pas compter sur eux pour des démarches rationnelles et démocratiques, pour des stratégies d'implication réfléchie et critique des troupes. Les charismatiques n'ont pas toujours la patience de la militance quotidienne suivie. Leur superficialisme politique est dangereux. Les choses deviennent trop simples et le milieu risque de s'engager dans des embardées avec des leaders purement charismatiques.

Les *politiques* sont ceux qu'on appelle traditionnellement des « chefs ». Mais dans le contexte démocratique moderne, il s'agit de leaders polyvalents avec des traits plus complexes que ceux des leaders traditionnels. Les politiques savent trouver et faire travailler ensemble les leaderships précédents. Ils mettent à profit les diverses ressources *ad hoc,* pour telle ou telle ligne d'action ou d'influence. Ils savent articuler les fins et les moyens. Ils ont le sens d'une action d'ensemble bien organisée et finalisée ; ils ont la capacité d'établir des stratégies qui allient la participation, l'efficacité, la mobilisation et l'action collective. Ce sont des stratèges qui donnent consistance au vécu d'un milieu.

Les *militants.* Prenons un exemple extrême. Jos est un gars bien peu favorisé par la vie. Il bégaye ; il est infirme ; il n'a rien des leaderships précités. Mais il a le feu sacré. C'est un convaincu. Il veut faire quelque chose. Le président du syndicat ne sait pas trop à quoi s'en tenir devant un gars aussi hypothéqué au départ : Jos ne le lâche pas. Il s'informe des objectifs. Il suit toutes les activités du syndicat et du milieu. Il est l'homme des relations interpersonnelles. Il va aux uns et aux autres. Il n'intervient jamais en « public ». Mais il a une force extraordinaire de persuasion dans les contacts individuels. Son souffle militant et sa couenne morale le font respecter par tout le monde. On le sait désintéressé, nullement assoiffé de pouvoir ou de prestige. On l'écoute avec attention et respect. Peu à peu il devient un agent extraordinaire de relations dans l'ensemble du milieu. Il accomplit des missions difficiles de persuasion en y mettant le temps et l'énergie nécessaires. Il est à l'origine de plusieurs noyaux de militants. Il met les uns et les autres en rapport. Il rapproche des réticents, des oubliés, repère des leaders latents. Il met à profit toutes les occasions au travail, au lunch, à la taverne, dans le quartier, à l'aréna. En termes de classe ouvrière, c'est une sorte de prototype, de résumé de ce qu'il y a de meilleur. Il est l'homme du peuple qui va chercher dans le vécu des siens des dynamismes de libération et d'engagement. Pourtant, c'est un homme effacé, d'allure timide, sans prétention aucune. Il a un comportement très démocratique, un sens aigu de la justice et de l'égalité, une sorte de dignité naturelle de l'homme tout court... tout nu. Un être profondément humain, enraciné, situé, et aussi un être ouvert, confiant, plein d'allant. Parfois têtu, mais jamais désobligeant ou obsédant.

Les *saboteurs*. Voilà un leadership à l'envers. Il s'agit de cette catégorie de gens qui, plus ou moins inconsciemment, entraînent leur groupe dans des culs-de-sac. Ils participent à tout et mettent la pagaille quasi malgré eux. Ils ne fonctionnent que sur la ligne du conflit. Ils ont besoin du groupe et en même temps ils font tout pour créer des phénomènes de rejet. Ils ont parfois un flair exceptionnel pour mettre à vif les failles, les lézardes. Ce sont des « casse-pieds » invétérés et presque incorrigibles. Le phénomène est plutôt d'ordre pathologique. Inutile de tenter, en l'occurrence, une stratégie de persuasion ou de réintégration positive. Il faut plutôt les neutraliser. Quand on les ignore systématiquement, ils deviennent silencieux et incapables de faire dérailler le train.

Les *autocratiques*. Un autre leadership négatif. Certains milieux peu structurés voient parfois naître le terrorisme d'une personnalité autoritaire et extrémiste qui s'asservit les uns et les autres. D'abord les plus faibles. Peu à peu il construit ses troupes dociles et renverse les éléments critiques et réticents. Il fait flèche de tout bois. Il écrase, ridiculise, paternalise, récompense, punit, séduit, frappe, divise ou récupère. Il exige une confiance aveugle et absolue. Il n'accepte aucun contrôle, aucune critique. C'est lui qui intervient, et lui seul. Il est l'anticlasse de l'intérieur, fût-il l'ennemi des pouvoirs extérieurs. Il faut une longue et forte militance pour détrôner ces roitelets installés dans les milieux populaires ou les secteurs de travail les plus désorganisés et dépourvus.

Voilà un exemple de carte des leaderships internes dans une communauté de travail. Il y a aussi la carte des structures de pouvoirs. Bien sûr, on peut utiliser l'organigramme officiel. Mais celui-ci peut véhiculer beaucoup d'illusions et d'artifices. Il ne révèle jamais les zones cachées des caucus, des éminences grises, des pressions extérieures, des pouvoirs camouflés, des jeux d'influence non officielle. Les enjeux véritables sont parfois cachés sous l'arène publique, en dehors des circuits contrôlables. Des militants ont retracé parfois avec une observation systématique la carte du réseau des « gros ». Rapports, par exemple, entre leurs *boss,* le notaire un tel, le maire, le député, le « richard » du milieu, le gérant du Bell. Ils ont repéré une série de décisions de ce caucus qui opère en dehors de tous les circuits démocratiques du milieu. D'autres travailleurs ont découvert la collusion des gérants de personnel du milieu pour ne pas embaucher des ouvriers syndicalistes et politisés. Ils ont mis à nu le système de soumissions fermées de l'organisation libérale. D'autres militants ont retracé les filons d'un réseau de trafic d'influence organisé par un groupe d'intérêts des travailleurs et des contremaîtres de leur milieu, des commissaires d'école et des conseillers municipaux et des organisateurs du parti au pouvoir.

Toutes ces démarches ont été le résultat d'une observation soutenue, d'une quête à la miette d'informations. Peu à peu le tableau se complétait. Un *underground* faisait surface. L'opinion publique et les milieux de travail étaient alertés. Ces travailleurs apprenaient ainsi à démonter des mécanismes de pouvoir qui échappaient à tout contrôle démocratique. De telles initiatives valaient bien des tas de cours sur la politique ou sur le système en général. Quand on découvre par soi-même et quand on touche du doigt des phénomènes habituellement traités d'une façon générale, l'engagement et les motivations se font plus concrets, les critiques plus précises, et les interventions plus mordantes. Aussi longtemps que l'homme n'a pas « effardoché » le jardin de son milieu, il a une bien vague idée des mauvaises herbes qui étouffent le bon grain de la société. On a beau monter de beaux procès dans de savants documents, les esprits restent incultes sur leur propre terrain. Ils ne voient rien de l'entourage immédiat, et l'on voudrait leur offrir les grandes visions du télescope idéologique. Les hommes ne cherchent pas effectivement leur libération, aussi longtemps qu'ils n'ont pas démystifié les structures toutes proches de domination qui les asservissent. Combien de travailleurs connaissent concrètement le fonctionnement du management qui dirige leur usine ? Voilà une première structure de pouvoir qu'il faut démonter en détail pour saisir certains enjeux de combats ouvriers plus larges et plus décisifs. On connaît des *boss,* des fonctions, mais on n'a pas une idée concrète de la superstructure qu'on a sur la tête. L'office en avant ou en haut reste une image vague, lourde de sens, mais peu saisissable en termes de rapports de forces.

8. *Les réseaux de tendances* Voici un groupe de travailleurs de différents départements de travail. Ensemble, ils décident de faire un portrait des diverses tendances pour mieux saisir ce qui se passe dans leur milieu de travail, pour en saisir l'évolution, les points d'appui, les pierres d'achoppement. Le groupe commence par tracer un portrait-robot des diverses tendances. Il en retient huit majeures :

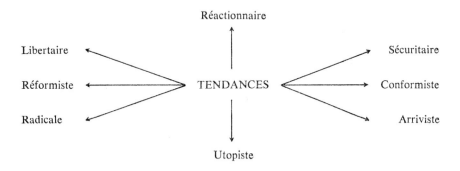

Chacun fait un portrait de son département en vérifiant la présence de l'une ou l'autre de ces tendances, en évaluant le pourcentage des adhérents, en établissant les influences prépondérantes, en précisant les contenus humains concrets des attitudes plus fortes et fréquentes.

Dans la première phase d'investigation, ils se rendent compte de leur jugement superficiel sur leur milieu. Ils sentent le besoin de saisir plus profondément les attitudes que véhiculaient ces tendances pour mieux cerner les orientations du milieu de travail. Ils commencent à comprendre la complémentarité de l'expression : « Vous savez la mentalité ici... » Voici leurs découvertes :

Les *sécuritaires* se recrutent chez les plus vieux. Il y a tout un passé de résignation qui conditionne leur comportement. Parfois, cette insécurité cache de lourdes inquiétudes ignorées dans le milieu de travail. On garde le silence. On s'y enfonce. On a l'impression que les autres ne comprendront pas. Plusieurs développent ici une mentalité d'assiégés. Ils se sentent menacés par toutes les luttes du milieu. Pourtant, quand ils ont l'occasion de faire part de leur anxiété, quand ils peuvent parler de leur situation, ils deviennent plus ouverts aux solidarités possibles. Ils arrivent à se convaincre qu'ils doivent faire entendre leur point de vue. Certains chefs ou militants décident trop vite qu'il n'y a rien à faire avec eux. Ils perdent ainsi des interlocuteurs souvent plus sérieux et profonds que bien d'autres gros parleurs. Le sécuritaire met du temps avant d'agir.

Il veut vider son sac, être reconnu, avoir le minimum d'assurance. Il oblige les uns et les autres à un certain réalisme politique. Cela respecté, il acceptera plus facilement de se faire secouer et de risquer.

Les *conformistes* ne se laissent pas saisir facilement. Par exemple, au moment des luttes syndicales, ils sont tantôt sécuritaires avec les sécuritaires, tantôt radicaux avec les radicaux. Ils brouillent l'évaluation des forces. Ils sont moins inoffensifs qu'on les croit. Bien sûr, ils marchent dans le sens du vent. Mais ils seront impitoyables pour sacrifier l'ensemble à leur intérêt particulier. Ils sont très habiles pour neutraliser l'action militante. Ils n'ont pas le fond humain des sécuritaires. On les croyait gagnés et ils vous échappent. Mais c'est leur superficialité qui est à vaincre. Ils ne voient que l'extérieur des problèmes. Leur attitude de conformité est quasi mécanique. Ce sont les prototypes de l'homme conditionné de la société urbaine. Le conservatisme traditionaliste des sécuritaires est plus intériorisé. Ici, c'est l'homme consommateur, intégré, ajusté qui transpose au travail, dans ses relations humaines, une psychologie d'alignement. Il a le culte des apparences à sauver. Il faut faire tomber ses masques et ses tampons protecteurs.

Les *arrivistes* sont peu nombreux dans ces milieux populaires. Ils n'en ont pas tellement la possibilité. Ils ont plutôt l'esprit absent quand ils sont dans le milieu de travail. Ils cherchent des solutions ailleurs. Ils sont moins des ennemis de la solidarité que des émigrés de l'intérieur. Ce sont pourtant des tempéraments forts qui peuvent faire un gros travail syndical quand ils changent de mentalité. Mais il faut les surveiller constamment. Leurs motivations arrivistes prennent souvent le dessus. Ils utilisent à leur profit les responsabilités acquises. Ils se prêtent facilement au marchandage. Parfois, ils canalisent leur ascension sociale dans la soif de pouvoir qu'ils savent bien camoufler. Ce sont les plus habiles du milieu. Ils trompent avec finesse leurs camarades de travail.

Les *libertaires* se recrutent parmi les plus jeunes. Ils ont des idées radicales et donnent l'impression d'être intéressés à la lutte. Mais ce sont des êtres instables, insatisfaits d'eux-mêmes et des autres. Ils transportent leur déséquilibre personnel dans les conflits collectifs. Ils n'ont pas de constance dans l'action. On ne peut pas se fier à eux pour une participation soutenue, pour des démarches cohérentes. Ils foutent souvent la pagaille dans le département. C'est au fond leur seule liberté qu'ils revendiquent. Et pourtant, certains d'entre eux véhiculent des nouvelles valeurs. Ils scandalisent, font réfléchir. Ils invitent à penser qu'il y a peut-être d'autre chose à chercher. Leur goût farouche de liberté a parfois une rare densité humaine, et provoque un sursaut de dignité chez ceux qui ont démissionné. C'est un peu le fer de lance qui agace, qui tient éveillé, qui fait réagir. Les satisfaits de leur sort en sont ébranlés. Le libertaire n'est pas un militant. Mais il peut être un témoin du futur, un réacteur du moment, une force provisoire.

Les *réformistes* se disent champions du réalisme. Eux savent faire avancer les choses et tenir compte des possibilités du moment. Ils veulent gagner du terrain pouce à pouce. Ils plaident pour qu'on tienne compte des limites de la situation, qu'on ne sacrifie pas les sécurités fondamentales. « On a des responsabilités, on ne peut tout casser. Avec quoi vivra-t-on, si tout tombe ? Il y a moyen de trouver des solutions dans les cadres actuels. » Les réformistes préfèrent le changement aux ruptures. Ils acceptent de nouveaux moyens, mais ils refusent de remettre en cause les objectifs. C'est là qu'on doit les interroger et les contester. Leur immédiatisme leur fait oublier le long terme. Ils arrondissent les problèmes pour enlever leur radicalité. Le bon sens n'est pas toujours au milieu, au centre, dans la voie moyenne. Dans un contexte qui exige une forte lutte, les réformistes peuvent être facilement des éteignoirs ou des agents qui émasculent la brutalité de la situation et l'action virile qu'elle requiert. C'est une tendance assez fréquente avec laquelle il faut compter.

Les *radicaux*. Il y a d'abord les *vieux lutteurs* qui ont mené de dures et nombreuses batailles syndicales. Ils ont souvent payé cher leur engagement. Ils savent qu'il n'y a pas de demi-mesure pour la libération collective du monde ouvrier. Certains ont refusé systématiquement des promotions pour ne pas quitter leurs solidarités de base. Dans le milieu on les craint tout en les respectant. Ils ont la « couenne » dure et patiente. Ils parlent peu. Il y a chez eux une fierté et une dignité très profondes. Ce sont très souvent des ouvriers compétents et responsables. Mais leur radicalisme provoque un certain isolement dans les milieux peu politisés et peu marqués par l'idéologie syndicale de type socialiste. Leur influence refait surface au moment des crises et des épreuves majeures. La deuxième catégorie de radicaux se recrute chez les nouveaux scolarisés. Ce sont des jeunes qui ont un certain cadre d'analyse. Mais leur façon de voir les choses est abstraite, peu accessible à la population ouvrière. On leur reconnaît quand même leur qualité de critique lucide. Mais on se méfie d'eux dans l'action. Leurs interventions intempestives énervent les uns et les autres. Ils ne savent pas tellement tenir compte des situations et des hommes. Plus ou moins rattachés à cette deuxième catégorie, il y a les activistes, genre agitateurs qui ne vivent que de conflits, quitte à les susciter entre les ouvriers eux-mêmes. On leur reproche de vouloir charrier d'une façon peu démocratique. En cherchant des mobilisations factices, en exaltant la violence pour elle-même, ils se coupent de la masse des travailleurs. Mais il faut reconnaître qu'ils maintiennent un aiguillon nécessaire, surtout dans les milieux de travail marqués par une longue résignation.

Les *réactionnaires* réagissent plus qu'ils n'agissent. Ils voient systématiquement les désavantages et les inconvénients des décisions collectives. Ils sont toujours à la renverse. Ils cultivent un esprit de clan et entretiennent des caucus prêts à frapper au bon moment. On les entend très peu aux assemblées syndicales. Et on les accuse souvent d'hypocrisie. Mais le principal reproche, c'est leur attitude anti-classe ouvrière. Ce sont souvent de petits « politiciens » qui reproduisent tous les traits d'une certaine partisanerie traditionnelle. Parfois, leur idéologie est assez bien articulée. Elle constitue alors une sorte de fascisme latent prêt à prendre la méthode forte pour empêcher les décisions démocratiques. Certains ont toutes les subtilités de la droite : par exemple, se présenter comme des gens libres de toutes idéologie et appartenance politiques. Cette tendance se recrute chez des personnalités autoritaires, agressives et déçues. La majorité les rejette. Ils n'ont rien à perdre et font flèche de tout bois. Il est plus facile de faire dérailler un train que de le faire construire, le mettre en marche, le faire opérer ou le remettre sur rail.

Les *utopistes* sont plutôt rares dans le monde des travailleurs. Nous parlons des utopistes qui projettent des images du futur. Trop d'hommes dans ces milieux sont dévorés par les soucis du moment. Ils gardent pour eux-mêmes leurs rêveries intérieures. Le contexte de travail est trop brutal pour laisser percer la fantaisie, la gratuité. C'est plutôt un luxe de bourgeois, d'intellectuel ou d'étudiant. Mais il existe toujours quelques visionnaires qu'on ne prend pas tellement au sérieux. Ils sont les fous du milieu. Certains savent être sympathiques. Ils accrochent parfois l'attention en parlant de ce qui devrait être. Mais leurs propos ont tellement peu de rapport avec les conditions réelles, qu'ils apparaissent farfelus et sans impact. Dans un milieu qui n'a pas de dynamique d'avenir dans la plupart des cas, les utopistes servent de catalyseurs d'inquiétude. Ils renvoient les uns et les autres à leur situation plus ou moins bloquée. Ils ont au moins le mérite de replacer le futur devant les yeux d'interlocuteurs qui cherchent par tous les moyens à ne pas y penser. Qui sait s'il n'y a pas ici un déclencheur de sursaut derrière une attitude apparemment inoffensive.

Voilà ce qu'un groupe de militants ont pu découvrir comme grille de mentalité dans leur département de travail. Cette première opération les a amenés à se demander comment agir par rapport à ces divers types.

D'une rencontre à l'autre, ils approfondissaient leur connaissance du milieu et expérimentaient des formes plus réalistes d'intervention auprès des différentes catégories [6].

UN COFFRE D'OUTILS   Cet ensemble de cartes de relations constitue un coffre d'outils qui sert d'appoint à l'apprentissage d'une praxis d'intervention dans les milieux de travail et les milieux de vie connexes. L'approche pédagogique emprunte beaucoup aux sciences et techniques d'observation. Mais les travailleurs ont su mettre ces instruments à leur portée. Ils arrivaient d'abord à cerner leur milieu grâce à un premier travail de géographie humaine. Puis, ils s'acheminaient progressivement vers la saisie de phénomènes moins visibles et plus profonds. Une telle démarche ne séparait jamais l'observation, l'interprétation et l'action. Il s'agissait de prospecter le terrain pour y découvrir les dynamismes collectifs à l'œuvre, les pierres d'attente comme les pierres d'achoppement, les racines et les sources profondes. Peu à peu on passait des effets aux causes, du plus connu au mieux connu. C'était un travail soutenu, sans cesse révisé et confronté. Les uns et les autres découvraient les richesses insoupçonnées de leur vécu. Celui-ci devenait la première école d'information, de formation et d'engagement, le matériau de base d'une militance quotidienne. C'est par toute leur vie que désormais ils pensaient et agissaient. Ils acquéraient ainsi une plus grande confiance en leur propre expérience, en ce qu'ils réussissaient à faire par eux-mêmes.

Les pédagogies de pointe visent des « s'éduquant ». Mais elles atteignent rarement la cible d'une praxis quotidienne d'intervention sociale. Le monde de l'éducation opère encore beaucoup trop en dehors des milieux de vie où les hommes mettent le poids de leurs intérêts et de leurs expériences. Les initiatives de pointe en ce domaine rejoignent des secteurs

---

6. Nous avons connu une autre expérience où l'on a tenté d'identifier les principales *peurs* du milieu. Peur de perdre une sécurité minimale ; peur de l'autorité, peur de passer de l'ordre au chaos, peur de l'épouse au foyer, peur de l'opinion sévère des autres classes sociales ; peur d'être doublé (ou *bumpé*) par un autre, peur de la politique, peur du syndicalisme lui-même, peur de l'indépendance, etc. Ce travail de démystification a eu l'effet d'une catharsis. Pour la première fois, on les nommait ces peurs, on les apprivoisait, on les désacralisait. Les militants y trouvaient une plus grande motivation d'action radicale. Et les travailleurs du milieu commençaient à se réveiller, à avoir honte d'avoir honte. Rien de pire que cette angoisse du sous-sol de la vie. On se sent tyrannisé, emprisonné, sans savoir pourquoi et comment. Vaine psychanalyse ? Il y va plutôt de la lucidité la plus primaire de l'homme, celle qui dégage les brouillards les plus épais de son existence. Ces forces obscures sont trop influentes pour ne pas les clarifier et les affronter comme telles.

d'existence assez marginaux. Elles n'atteignent pas les grands circuits sociaux, les collectifs quotidiens. Il s'agit plutôt de hors-d'œuvre culturels inoffensifs, du moins dans bien des cas. On n'aboutit pas à une culture, à une économie, à une politique « populaires » sans féconder le pays réel de l'expérience du peuple. « Ma terre est peut-être plus pauvre que celle du voisin, mais c'est la mienne, et c'est celle-ci que je vais cultiver et faire produire. » Telle est la conviction majeure d'une autodétermination dans l'éducation comme dans l'action. Le terreau premier reste l'expérience du travail, même s'il n'est pas exclusif. En négligeant trop cette assise, l'éducation devient artificielle, la socialisation marginale, la politisation abstraite. Il y manque une dynamique de l'intérieur, de la vie elle-même. Les milieux quotidiens sont les sous-sols nourriciers de toute praxis populaire. Les échecs d'une certaine éducation des adultes en témoignent. On a trop réduit les problèmes à la recherche de rapports fonctionnels entre l'école et le marché du travail. Ni l'une ni l'autre n'avaient une praxis pour les relier dans une même expérience unifiée et finalisée. Après tout, il s'agit toujours du même homme. Pourquoi ne pas miser d'abord sur une dynamisation qualitative de son vécu ? Les instances institutionnelles seront toujours secondes par rapport aux expériences individuelles et collectives. La démocratie doit aller jusque là. Des citoyens étrangers à leur propre environnement ne deviendront jamais familiers des grandes vigilances politiques. Voilà ce qu'il faut inverser pour une démarche d'implication réaliste dans les enjeux collectifs.

Cette démarche assurée, *l'animation du milieu immédiat doit s'ouvrir à l'ensemble de la société. Nous retrouvons ici les axes praxéologiques qui traversent l'ouvrage de part en part, à savoir les praxis culturelles, économiques et politiques. Celles-ci précèdent, accompagnent et dépassent la maîtrise du terrain quotidien circonscrit que les cartes de relations peuvent arpenter ou paysager avec réalisme. Bien sûr, cette dernière pédagogie populaire de recherche-action peut servir de point de départ pour remonter l'amont et rejoindre l'aval de telles praxis.* Mais un tel travail de base n'aboutit pas par lui-même à des cadres d'analyse assez larges pour mordre sur les grands systèmes qui conditionnent et façonnent en quelque sorte les milieux de vie des travailleurs. Il faut donc prendre une certaine distance critique pour regarder de plus haut le paysage culturel, économique et politique dans lequel les milieux ouvriers vivent leurs espoirs et leurs désespoirs. Par exemple nous avons déjà parlé des contradictions entre les praxis actuelles de l'éducation et celles du travail. Dans le prochain chapitre nous aboutirons à un cadre critique pour mieux cerner ces contradictions et leur dépassement possible. Notre cadre de réflexion n'en demeure pas moins praxéologique, c'est-à-dire soucieux de relier vécu, sens et action ; situation, critique et transformation ; expérience, idéologie et politique ; recherche, pédagogie et action. On vit une praxis avec sa tête, son cœur et ses mains. Dynamique et projet de vie exigent ces trois coordonnées. Elles recoupent, en fait, les trois types de praxis qui nous intéressent. Est-ce forcer les choses que de parler d'une politique de tête, d'une économie des mains et d'une sensibilité culturelle du cœur ? Non, s'il s'agit simplement d'un accent propre à chacune de ces praxis. Parce qu'en fait, il y a un mouvement dialectique entre ces trois pôles, et cela au cœur de toute praxis.

Pour assurer une cohérence interne à notre démarche globale dans cet ouvrage, et particulièrement dans cette troisième partie, nous garderons le milieu de travail comme première et dernière instance critique pour juger des anciennes et des nouvelles praxis collectives. Une autre façon, d'ailleurs, de respecter une pédagogie plus familière à l'expérience et à la conscience populaires.

Ceci dit, nous reconnaissons qu'il y a d'autres voies d'intelligence pour aborder la culture, l'économie et la politique, que ce soit l'analyse structurale, la critique idéologique ou tout autre démarche valable de l'une ou l'autre discipline des sciences sociales. Notre réflexion praxéologique ne revendique aucun statut en ce domaine. Elle est soumise à la fois aux validations de l'expérience et aux critiques des sciences. Elle partage les faiblesses et les forces, les limites et les possibilités du pédagogue honnête qui doit respecter autant les exigences de la recherche que celles de l'action, tout en développant une liberté et une dynamique propres d'intelligence transmissible et transformante.

PRAXIS
CULTURELLES

« Donner conscience aux paysans de leur situation afin qu'eux-mêmes s'efforcent de la changer, cela ne consiste pas à leur parler de l'agriculture en général, à recommander l'emploi d'engrais chimique, de machines agricoles et la formation de syndicats. Cela consiste plutôt à leur faire comprendre le mécanisme de la production agricole auquel ils se soumettent par simple tradition, à leur faire examiner et critiquer tous les actes journaliers qu'ils accomplissent par habitude. Ce qu'un homme a peut-être le plus de peine à connaître intelligemment, c'est sa propre vie, tant elle est faite de tradition et de routine, d'actes inconscients. Pour vaincre la tradition et la routine, le meilleur procédé pratique n'est pas de répandre des idées et des connaissances extérieures et lointaines, mais de faire raisonner la tradition par ceux qui s'y conforment, la routine par ceux qui la suivent. »

Correspondance de **Péguy**.

UNE PROFONDEUR CULTURELLE À ASSURER D'ABORD

On ne peut comprendre le milieu de vie comme manière particulière d'être et d'agir ensemble, sans s'intéresser à la dimension culturelle. C'est celle-ci qui qualifie l'identité d'un contexte donné d'existence. Cela est aussi évident dans l'activité économique, dans le travail qu'en tout autre secteur. Par exemple, les Américains ont cru que leurs modes d'organisation du travail industriel étaient universels et en même temps les plus efficaces. Les Japonais leur ont emprunté beaucoup de processus technologiques. Mais ils ont su garder leur distance et leurs dynamismes culturels propres. Par exemple, la culture japonaise privilégie la stabilité du travail et des travailleurs par rapport à la mobilité professionnelle, sociale, géographique ou autre. On arrive ainsi à de tout autres modèles d'organisation du travail, aussi efficaces, et bien acculturés. N'est-ce pas la preuve que même les techniques les plus neutres peuvent être changées radicalement en passant d'un contexte culturel à un autre. La culture particulière marque les rapports des travailleurs entre eux, leur façon de travailler, leurs liens avec les institutions de base. Même le régime salarial, en l'occurrence, a ses spécificités.

Une société ausi différente que celle de la Chine communiste nous révèle des phénomènes du même ordre. Mao a utilisé les moules culturels communautaires de la Chine traditionnelle pour y verser un nouveau contenu idéologique, des visées humaines neuves. Il n'a pas voulu briser les tissus sociaux du peuple, mais les structures de pouvoir et de domination. En ce sens, il a voulu que sa révolution soit *culturelle*. Au delà des niveaux de vie, il y a le genre de vie et les objectifs d'existence. C'est par l'acculturation qu'une visée idéologique, une politique, une démarche économique ou une technique deviennent praxis propre à un peuple ou à un milieu.

Le drame actuel de l'Amérique du Nord est peut-être son manque de profondeur culturelle et historique. L'arbre est grand, large et haut, mais il a de petites racines comme ces gros trembles qui ne résistent pas à une forte tempête. Certains négligent nos jeunes racines, d'autres les coupent. Nous n'avons pas connu une longue suite de défis historiques comme les vieilles cultures européennes. Nous avons cru que les héritages de ce type alourdissaient la marche d'un peuple. Nous étions plus libres pour créer, inventer, organiser, faire et défaire. Cette force a eu ses heures de gloire. Mais voici que sa fragilité apparaît tout à coup. Elle a peu de résistance devant des secousses répétées et profondes. Le Nord Américain, jadis si sûr de lui, devient un être « insécure », hésitant, traumatisé. Il lui manque de cette énergie accumulée dans les racines culturelles et historiques, comme c'est le cas des vieux pays. Ceux-ci semblent mieux prendre le tournant actuel de civilisation avec ses ruptures inédites et gigantesques. Raison de plus pour donner plus de profondeur aux praxis culturelles possibles ou existantes.

LE TRAVAIL COMME MÉDIATION CULTURELLE Nous parlons trop souvent de la culture en termes de « donné » spécifique, de visage particulier, de qualité intellectuelle. Nous sommes plus pauvres pour faire de la culture une praxis de transformation du monde et de l'homme lui-même. Notre récente idéologisation, nos neuves politisations, nos nouvelles expériences économiques, nos réformes scolaires manquent souvent de verdeur et de saveur culturelles. Nous empruntons beaucoup dans tous les sens du mot. Nous ne creusons pas notre terreau et nos appartenances. Nous n'avons pas confiance dans les praxis qui nous ont faits peuple et histoire particulière.

Selon certains, il faut faire table rase. On transpose sur le plan de la culture des vues radicales qui s'appliquent davantage à une stratégie de renversement des structures et des pouvoirs. L'homme n'a pas ce privilège de se ressusciter, les cultures non plus. On peut briser une structure, en faire une autre. Ce n'est pas le cas pour l'homme, le peuple, la culture. Ces trois réalités doivent rester vivantes pour féconder du neuf.

Vie et création sont inséparables dans la culture. Or le travail est précisément la médiation proprement humaine entre les deux premières. C'est le principal terrain d'exercice du dynamisme culturel. Et le milieu de vie fournit l'humus, le lieu d'enracinement, l'assise des solidarités, le sous-sol où jaillissent les sources vives culturelles. Si la démarche politique donne cohérence, et la démarche économique fonctionnalité, la praxis culturelle fournit le dynamisme. Celui-ci se cache souvent au fond du lit de la vie. Il faut profondeur d'analyse et d'action pour l'assumer et lui donner ses possibilités créatrices.

Voilà ce que nous enseigne P. Freire dans son admirable expérience évoquée plus haut. Elle est un exemple d'une praxis culturelle transformatrice de milieux de vie et de travail. Voyons-en les composantes qui nous intéressent ici. À notre avis, la démarche d'alphabétisation est secondaire par rapport aux visées de Freire. On peut aussi bien partir de la situation du travail pour élaborer de nouvelles dynamiques de société, d'autres projets collectifs, des types d'hommes différents. Ce qu'il faut retenir, c'est que la maîtrise du vécu, de son interprétation critique, de ses ouvertures dynamiques, de ses fermetures aliénantes, de son langage et de ses relations, est nécessaire pour déclencher une action chez l'homme du peuple. Indirectement, Freire nous incite à penser que certaines idéologisations récentes assommaient plus les Québécois qu'elles ne les mobilisaient pour l'action. Il s'agit ici d'une action aussi critique que constructive. Freire aussi nous apprend que les idéologisations et les politisations sans projets collectifs assez dessinés et identifiables bloquent encore davantage le goût d'agir et de lutter ensemble. Sans ces projets, les entreprises de politisation manquent de pertinence et de crédibilité dans le milieu quotidien et l'expérience réelle de la majorité des travailleurs.

UN CAS TYPE DE PRAXIS CULTURELLE « La conscientisation a pour point de départ l'homme brésilien, l'homme illettré, l'homme du peuple, avec sa façon de capter et de comprendre la réalité ; captation et compréhension principalement magiques. De même, à toute compréhension avant tout magique va correspondre une action magique elle aussi.

« La seule façon d'aider l'homme à réaliser sa vocation ontologique, à s'insérer dans la construction de la société et dans la direction du changement social, c'est de substituer à cette captation principalement magique de la réalité, une captation de plus en plus critique.

« Comment y parvenir ? En utilisant une méthode active d'éducation, une méthode de dialogue — critique et qui invite à la critique — en modifiant le contenu des programmes d'éducation. »

Freire et son équipe ont pensé que la première dimension de ce nouveau contenu par lequel ils pourraient aider l'analphabète — avant même de commencer son alphabétisation— à dépasser sa compréhension magique et naïve et à entrer dans une compréhension critique, était le concept anthropologique.

Ils ont estimé que, pour opérer cette transformation essentielle, il était indispensable de faire parcourir à cet homme simple tout un cheminement au cours duquel il prendrait conscience :

de l'existence de deux mondes : celui de la nature et celui de la culture

du rôle actif de l'homme dans et avec la réalité

du rôle de médiation que joue la nature pour les relations et les communications entre hommes

de la culture comme résultat de son travail, de son effort créateur et recréateur

de la culture comme acquisition systématique de l'expérience humaine

de la culture comme incorporation (par là, critique et créatrice) et non comme une juxtaposition d'informations ou de prescriptions « octroyées »

de la démocratisation de la culture comme dimension de la démocratisation fondamentale

de l'apprentissage de la lecture et de l'écriture comme clefs avec lesquelles l'analphabète commencera son introduction dans le monde de la communication écrite

du rôle de l'homme qui est un rôle de sujet et non de simple objet.

Se découvrant ainsi auteur du monde et créateur de culture, découvrant que toute création humaine est culture, que lui, comme le lettré, est créateur, que la figurine de terre cuite faite par un artisan est culture au même titre que l'œuvre d'un grand sculpteur, l'analphabète commencerait l'opération de changement de ses attitudes intérieures.

Pour réaliser cette prise de conscience, cette introduction au concept de culture, Freire et son équipe ont mis au point onze situations existentielles qui amènent à faire les découvertes ci-dessus.

Chacune de ces situations est représentée par une peinture ou un dessin. Ainsi la première situation, qui vise à exciter la curiosité de l'analphabète et cherche à lui faire distinguer le monde de la nature de celui de la culture, représente un homme simple. Autour de lui, des êtres de la nature (arbres, soleil, sol, oiseau...) et des objets de la culture (maison, puits, habits, outils, etc.). Une femme et un enfant. Avec l'aide d'un animateur un long débat s'engage. Par des questions simples telles que : « Qui a fait le puits ? Pourquoi l'a-t-il fait, comment l'a-t-il fait ? Quand ? », questions qui se répètent en relation avec les différents éléments de la situation, émergent deux concepts de base : celui de « besoin » et celui de « travail » ; la culture s'explique alors au premier niveau : celui de la subsistance.

L'homme fait un puits parce qu'il a besoin d'eau. Et il le fait dans la mesure où, entrant en relation avec le monde, il fait du monde l'objet de sa connaissance. Soumettant le monde par son travail, il engage un processus de transformation du monde. Ainsi il fait une maison, ses vêtements, ses instruments de travail. À partir de là, sont discutées en groupes, en termes évidemment simples mais objectifs, les relations entre hommes, qui ne peuvent être de domination et de transformation comme les relations de l'homme avec la nature, mais des relations entre sujets.

Une fois les deux mondes reconnus — celui de la nature et celui de la culture — d'autres situations vont se succéder au cours desquelles tantôt s'approfondit, tantôt s'élargit, la compréhension du domaine culturel.

L'analphabète parvient à comprendre que le manque de connaissance est relatif et que l'ignorance absolue n'existe pas. Le simple fait d'être un homme entraîne connaissance, contrôle et créativité. Le septième dessin de la série montre un groupe dans lequel un couple exécute une *cueca* — danse folklorique chilienne. Le « cercle de culture » découvre que l'homme ne crée pas seulement des instruments pour ses besoins physiques mais qu'il crée aussi pour son expression artistique. L'homme a un sens esthétique et les manifestations culturelles populaires ont une vitalité et une beauté qui égalent les autres formes de culture. De nouveau, le coordinateur pose des questions : « Pourquoi ces gens dansent-ils ? Qui a inventé la danse ? Pourquoi les hommes créent-ils de la musique ? Est-ce qu'un homme qui compose une *cueca* peut être un grand compositeur ? » La situation vise à indiquer qu'un homme qui compose de la musique populaire est un aussi grand artiste qu'un célèbre compositeur.

Avec le huitième dessin, nous entrons dans la phase d'alphabétisation elle-même. On organise une séance autour d'un mot et d'un dessin ; le groupe apprend qu'on peut symboliser une expérience vécue en la dessinant, en la lisant ou en l'écrivant. Au lieu de la maison prospère de milieu bourgeois, des manuels habituels, nous trouvons une humble maison chilienne et une famille dont les caractères sont typiques de la classe inférieure. À gauche, il y a une maison un peu plus modeste.

Le coordinateur du groupe guide le cercle de culture dans la réflexion et la discussion sur le sens de « maison », en utilisant des thèmes, tels que la nécessité d'un logement confortable pour la vie familiale, le problème du logement dans la nation, les possibilités et les manières d'acquérir une maison, les types d'habitation dans les différents pays et régions, et les problèmes du logement en relation avec l'urbanisation. Des questions provocantes telles que les suivantes développent une attitude critique envers les problèmes de tous les jours : est-ce que tous les Chiliens ont des maisons convenables ? Où et pourquoi manquent-ils de maisons ? Est-ce que le système des économies et des prêts est suffisant pour l'acquisition d'une maison ?

Sur le neuvième dessin nous trouvons une situation différente : une « usine » avec un écriteau annonçant « pas d'embauche ». L'expression des visages reflète probablement une expérience réelle pour beaucoup d'entre eux. Quoique le mot s'adresse à un groupe rural, ils ont tous une interprétation personnelle du sens d'une « usine ». Les questions pour la discussion sont les suivantes : où fabrique-t-on les vêtements que nous portons, les outils avec lesquels nous travaillons, le papier et le crayon avec lequel nous écrivons ? Est-ce que l'usine participe à la production de notre nourriture et à la construction de nos maisons ? Pourquoi les gens ne produisent-ils pas la plupart des articles dont ils ont besoin comme ils le faisaient auparavant ? Pourquoi les pays ont-ils besoin de s'industrialiser ? Est-ce que le Chili peut s'industrialiser davantage ? De quoi un pays a-t-il besoin pour se développer industriellement ? Quelles sont les industries qui ont les meilleures possibilités dans notre pays ? Est-ce que l'expansion industrielle influence les zones rurales ? Est-ce que les zones rurales contribuent au processus ? Est-ce qu'on peut industrialiser l'agriculture et l'élevage des animaux ?

La dernière situation tourne autour de la dimension de la culture comme acquisition systématique de l'expérience humaine. De là, on passe au débat sur la démocratisation de la culture avec lequel s'ouvrent les perspectives de l'alphabétisation.

Ces débats, réalisés au sein de « cercles de culture » avec l'aide d'éducateurs spécialement préparés à ce travail d'animation, se sont révélés très vite un moyen puissant et efficace de conscientisation, transformant radicalement l'attitude face à la vie de ceux qui y participent.

Beaucoup d'entre eux, pendant les débats sur les situations, affirmaient, heureux et confiants en eux-mêmes, qu'on n'est pas en train de leur « montrer quelque chose de nouveau, mais plutôt de leur rafraîchir la mémoire ».

« Je fais des souliers, a dit une fois l'un d'eux, et je découvre maintenant que j'ai la même valeur que l'homme instruit qui fait des livres. »

« Demain, affirme un autre, lors d'une discussion sur le concept de culture, je vais commencer mon travail la tête haute. » C'était un simple balayeur de rue, qui avait découvert la valeur de sa personne et la dignité de son travail [7]. »

TRAVAIL ET CULTURE PREMIÈRE Certains trouveront cette expérience bien sommaire. Ne convient-elle pas seulement à des contextes socioculturels de sous-développement ? N'avons-nous pas une population scolarisée, des équipements plus complexes et plus efficaces ? Répétons-le, il ne s'agit pas ici d'emprunter ou d'imiter une praxis culturelle qui est née d'un milieu bien différent du nôtre. Mais cette référence nous renvoie à nos responsabilités de féconder notre propre culture, et d'y trouver ses dynamiques originales. Ne vivons-nous pas sur d'énormes illusions ? Nous agissons comme si le spectateur à la télévision avait accès *ipso facto* à la

---

7. P. Freire, *Conscientisation,* Paris, I.N.O.D.E.P., 1971. Notons aussi que la réponse aux défis crée l'homme en ceci qu'elle le force, ou du moins l'invite au dialogue, à des relations humaines qui soient non de domination mais de sympathie et de réciprocité... Dans la mesure où l'homme, s'intégrant aux conditions de son contexte de vie, réfléchit sur elles et fait face aux défis qu'elles lui opposent, l'homme crée sa culture. À partir des relations qu'il établit avec son monde, l'homme créant, recréant, décidant, dynamise ce monde. Il lui ajoute ce quelque chose dont il est l'auteur. Par là même, il fait sa culture. La culture a en effet chez Paul Freire un sens bien différent et beaucoup plus riche que le sens couramment admis. La culture — par opposition à la nature qui n'est pas une création de l'homme — c'est l'apport que l'homme fait à la nature. La culture, c'est tout le résultat de l'activité humaine, de l'effort créateur et recréateur de l'homme, de son travail.

culture technique, à l'esprit d'invention, à la civilisation moderne. Nos aliénations et nos pauvretés sont plus subtiles. De même nos formes de domination. D'immenses pans de population, chez nous et ailleurs dans les pays développés, ne sont pas dans le coup du progrès tel qu'on l'a conçu. Bien plus, les couches populaires des pays riches risquent d'être culturellement plus impuissantes et plus traumatisées. Les mythes de l'abondance laissent croire que la croissance économique d'un pays amène automatiquement des bénéfices à tous ses citoyens. Trop de recherches ont prouvé le contraire. Les distorsions culturelles, les écarts socio-économiques et les déchets humains de toutes sortes semblent croître dans ce type de progrès matériel que nous avons privilégié unilatéralement et exclusivement. Par exemple, les sous-cultures de pauvreté de nos pays riches ont très peu d'éléments positifs. Dans le Tiers monde, il existe des cultures populaires encore vivantes, saines, et susceptibles de fécondation.

Nous, nous avons détruit les assises de la culture seconde ; nous avons saccagé nos cultures premières. N'est-ce pas ce que nous enseignent maladroitement les mouvements de contre-culture, la lutte antipollution, le néo-naturisme, les révoltes des jeunes générations, les crises urbaines et les batailles de l'environnement ? Pour trois semaines d'Olympiques avec quelques retombées financières immédiates, les autorités sont prêtes à sabrer dans des tissus physiques et sociaux noués à long terme. Nous avons des stratégies de marchands ou d'empereurs, avec ce triste pouvoir de faire oublier les misères du petit peuple à l'ombre de ces grandeurs démesurées.

L'illusion va très loin. Riches et pauvres de nos sociétés occidentales partagent une même condition : les uns et les autres ont perdu la trace de leur culture première, de l'homme « situé ». Pire encore, la culture seconde s'est stéréotypée, standardisée, un peu à l'image de certains styles insignifiants d'habitat : le bungalow de banlieue ou la tour du centre-ville. Cette culture seconde s'affole. L'art perd pied. Il devient patholo-gique, violent, chaotique. Les hommes ordinaires ne se reconnaissent ni dans la vie urbaine, ni dans les rêves torturés du cinéma ou des romans. Ils cherchent alors les artifices des diverses drogues. La chimie devient succédané d'existence. De haut en bas de l'échelle sociale, la plupart des hommes ont à redécouvrir des praxis culturelles de base, à refaire des milieux humains respirables. Diogène remonte en surface avec la question majeure de toute civilisation : où donc est l'homme dans tout cela ? Bien sûr, on parle beaucoup de liberté et de bonheur. C'est peut-être parce qu'on n'est pas heureux dans la civilisation actuelle. Moins heureux que jamais.

Le « pré-fabriqué », le « programmé », le montage ou l'organigramme, semblent tellement loin des aspirations les plus simples et les plus fondamentales qui refont surface : vivre, communiquer, aimer et être aimé, comprendre, créer de son âme et de ses mains, espérer quelque chose de valable. L'auscultation des divers milieux de vie nous révèle des hommes déçus. Combien étouffent et cherchent la fuite de toutes les façons inimaginables ? Il manque des praxis culturelles de respiration intérieure. *On s'inquiète plus de l'environnement que de l'intérieur de l'homme.* Les interrogations sur la qualité de la vie restent bien vagues. Elles sont à l'image de ce vague à l'âme, de cette angoisse flottante insaisissable. Qui investit pour réinventer des milieux humains plus sains au travail ? Mais non, on cherche un épanouissement en dehors des contextes ordinaires de vie.

Il faut rapatrier les dynamiques culturelles (et aussi les politiques) dans leur milieu vital, dans leur vrai sol nourricier. Pourquoi ne pas réapprendre à vivre dans les secteurs ordinaires de la vie réelle ? Bien sûr, la vie n'est pas que quotidienne et ordinaire. Nous avons besoin de distance gratuite, de rêve, d'au delà. Mais que valent les rêves-substituts d'une vie insignifiante ? Il n'y a pas d'extraordinaire sans ordinaire, ni de greffe sans arbre. Le secondaire a étranglé le primaire. L'homme en arrive ainsi à se suicider dans des œuvres qui devraient l'épanouir. En tout cela, la vie proprement humaine paie la note.

Le procès de la « structurite » a tout de même un fondement de vérité. C'est la révolte du naturel, du culturel premier contre tant de modes de vivre et d'agir artificiels. Tout se passe comme si les êtres humains avaient à récupérer leur corps, leur cœur, leur âme, leurs mains, leur propre vie sous ce lourd surplomb d'appareils. Il ne suffit pas de rappeler le primat des ressources humaines dans les prochaines avancées du progrès. Ce plaidoyer fait encore de l'homme une courroie de transmission. Est-il anachronique de soutenir qu'on organise le travail d'abord et avant tout pour les hommes ? Ne fait-on pas le contraire effectivement ? Les hommes servent à d'autres choses qu'à eux-mêmes : l'avoir, le savoir, le pouvoir en soi.

Certains pseudo-réalistes sont les plus grands mystificateurs de l'histoire. Ils orientent la civilisation vers des objectifs extra-humains, et à la limite antihumains. L'homme lui-même n'est pas tellement la vraie cible du progrès. C'est l'argent, la puissance, le prestige. Voilà les idoles, les pires opiums. Nous ne réinventerons pas une philosophie sociale sans reprendre radicalement les bases humaines de la culture première au travail, à la maison, à l'école, bref dans la vie ordinaire. Évidemment, il faut redéfinir différemment les problèmes fondamentaux de la vie et de l'aventure humaine. Mais, c'est à ce niveau, de plain-pied avec l'existence concrète, que nous retrouverons la base de l'homme vrai, nu, de l'homme et de la vie tout court.

Ce sera quoi un homme libre, responsable, créateur, aimant et heureux dans la société nouvelle que nous voulons bâtir ? Il n'est pas sûr que cette question soit en simple continuité avec l'évolution actuelle de nos réformes et de nos rénovations. Il se peut même qu'elle exige des changements très profonds d'orientation, qu'elle conteste même les utopies culturelles et politiques de pointe. Trop de révoltes et d'oppositions ressemblent à ce qu'elles dénoncent. Parfois, il nous arrive de penser que les hommes ordinaires, et en particulier le petit peuple, pourraient être les seuls à indiquer la voie d'une société vraiment humaine et de solidarités authentiques. Nous inversons les problématiques habituelles : les riches partagent, les nations bien pourvues aident le Tiers monde. Au contraire, si les choses continuent, il faudra bientôt dire que seuls les pauvres peuvent sauver les riches, désaliéner les élites anciennes et nouvelles.

Le Tiers monde va peut-être nous réapprendre à vivre dans la prochaine étape de l'histoire. Du coup, l'expérience de Paulo Freire prend un relief inattendu chez nous. Le désenchantement du civilisé fait contraste avec la nouvelle dynamique culturelle de ce monde qu'on avait crue en liquidation irréversible. Nous ne sommes plus les vrais civilisés. Nos barbaries en témoignent. Tout à coup, nous relisons l'histoire différemment. L'avenir dira peut-être que les civilisés du XXᵉ siècle ont accompli la plus grande invasion de barbares, de tous les temps, et cela en détruisant la culture tout autant que la nature. Ils auront promu une civilisation sans culture, sans profondeur d'âme, sans philosophie de l'homme, sans vraie communauté de destin. Ils auront aliéné le travail de sa dimension essentiellement humaine.

Les utopistes radicaux ressemblent aux pouvoirs en place, en projetant sur le primitivisme idéalisé une conscience bourgeoise malheureuse. Ils s'intéressent à la vie sauvage comme les explorateurs-exploiteurs colonialistes d'hier. La vie libre et pacifiée dont ils parlent, n'a rien du pays réel de l'homme situé. Cette remythologisation du bon sauvage n'a pas d'assise culturelle première. « Laissons le travail aux machines, disent-ils..., et jouissons de la vie libérée des contraintes. » Étranges plaidoyers qui traduisent différemment le mythe de l'abondance dont se servent les pouvoirs dominants pour tromper le consommateur sur les produits qu'il ne contrôle pas.

L'homme, peut-il être heureux dans un cas comme dans l'autre ? Ainsi Marx aurait eu tort de croire que l'homme se crée par son travail, que la culture véritable y puise sa sève vitale. Nous gardons cette option jusqu'à preuve du contraire. Toute dynamique culturelle qui fait vivre (au sens fort du terme) passe par le travail. Un travail dont l'homme comme tel est de bout en bout la fin véritable, la raison déterminante, l'horizon décisif. Tous les autres facteurs ou visées restent des instances secondes et des moyens. Vérité de La Palice. Tout notre système social la dément tragiquement. Le cas type de praxis culturelle que nous venons d'analyser est déjà gros de tout un programme de recherche et d'expérimentation pour découvrir nos propres pistes d'action. Dans nos ouvrages déjà cités nous avons présenté plusieurs formes d'action culturelle accordée aux possibilités des travailleurs d'ici.

Il nous reste à investiguer une autre piste culturelle d'une extrême importance, celle où travail et éducation entrent en rapports étroits.

DEUX PRAXIS À ARTICULER : ÉDUCATION ET TRAVAIL

Au risque d'être un peu simpliste, nous établirons au départ un schéma de deux séquences praxéologiques sous-tendues par deux systèmes assez divergents, pour ne pas dire opposés. On peut dire que les praxis de travail et d'éducation ont développé récemment des tendances majeures qui sont loin de converger malgré tous les efforts louables qui ont été tentés.

UN DIVORCE À SURMONTER

TRAVAIL :	Besoins	- sécurité -	stabilité -	avoir -	moyens -	produits
ÉDUCATION :	Aspirations -	risque -	créativité -	être -	fins	- hommes

Bien sûr, ce schéma ne fait pas justice aux nouvelles expériences de travail et aux critiques sévères sur les réformes de l'éducation. Il ne rend pas compte des nouveaux rapports que l'on a tenté d'instaurer entre les praxis de travail et d'éducation. Il escamote des phénomènes comme la mobilité socioprofessionnelle et culturelle dans le monde du travail, comme le caractère formaliste des critères de diplôme et de statut rattachés à la bureaucratisation de l'éducation. Il peut même suggérer de fausses dichotomies, par exemple, entre sécurité et risque. Il s'agit de deux valeurs centrales dans l'expérience humaine ordinaire. Même au cœur d'une aspiration à la mobilité, il y a un besoin profond de sécurité.

De plus, ne doit-on pas reconnaître que la recherche de sécurité et le goût du risque sont deux penchants alternatifs chez l'homme ? Par ailleurs, est-ce céder à un jugement de valeur gratuit que de considérer la créativité comme agent mobilisateur plus riche et plus complexe que la recherche de sécurité ? La première engage davantage l'homme et ses diverses virtualités, alors que la seconde peut s'obtenir par une discipline courageuse.

On a trop tardé à intégrer dans le travail les valeurs d'être et de devenir, les finalités proprement humaines, les aspirations culturelles nouvelles. Évidemment, en amont il y a eu un progrès indéniable de l'homme dans la maîtrise technique de la nature, dans l'intelligence des moyens, dans la création d'œuvres civilisatrices. Mais en aval, le travail a débouché sur des servitudes comme le primat de l'administration des choses, comme l'instrumentalisation de l'apport humain, comme l'utilisation non critique du patrimoine terrestre, comme l'aliénation dans de purs objectifs marchands. Le danger des expériences nouvelles en matière d'organisation du travail, surtout en Amérique du Nord, est de récupérer des forces d'être pour sauver le bateau de pouvoirs investis qui ne remettent pas en cause leur philosophie de l'homme et de la société. Par exemple, les services publics de requalification (très dispendieux) pourraient bien servir davantage au contingentement plus qualitatif de la main-d'œuvre dans des entreprises qui s'approprieront ces nouvelles ressources humaines à leur unique profit. Or, cette qualification, avec ses visées de polyvalence et de perfectionnement, veut surtout permettre à l'homme-travailleur une plus grande liberté de choix, une dynamique d'affirmation et d'accomplissement personnel, une diversité d'accès à un champ plus large et plus gratifiant de responsabilités.

C'est ici qu'interviennent les fins véhiculées par les praxis actuelles de l'éducation : tout l'homme en chaque homme, apprendre à apprendre, actualisation des aspirations, façonnement d'une liberté créatrice, auto-éducation permanente, etc. Tout cela n'est pas sans refluer sur l'expérience fondamentale du travail. Mais, il faut se souvenir de raccords passés très ambigus entre éducation et travail. Par exemple, le modèle d'imitation en éducation servait bien la cause du taylorisme au travail. Les deux praxis étaient ici aussi mécanistes. De même l'idéologie de l'adaptation a marqué, un moment, les deux praxis en les soumettant à une même foulée, celle de servir le système établi de la façon la plus sûre et la plus fonctionnelle. Éducation et travail devaient s'adapter ensemble aux changements aveugles d'une économie libre d'un contrôle social critique. C'est ainsi que deux praxis humaines fondamentales ont subi la dérive de processus non finalisés d'industrialisation, d'urbanisation et de bureaucratisation dont on connaît les culs-de-sac aujourd'hui.

Puis, l'éducation s'est en quelque sorte détachée de contraintes qu'on maintenait aveuglément dans l'univers humain du travail. Les réformes éducationnelles se tournaient d'une façon parfois audacieuse vers la créativité individuelle et collective, vers l'expérience communautaire, vers la poursuite plus gratuite des aspirations et des fins humaines. L'autos'éduquant se centrait davantage sur son être, sur son expérience proprement humaine, sur sa participation responsable et critique aux enjeux collectifs. L'ère des spécialisations étroites et hyperfonctionnalistes était dépassée. Il fallait établir de nouveaux rapports entre les systèmes sociaux et les systèmes techniques en mutations constantes. On n'a qu'à penser à la sensibilité particulière à tout ce qui relève de l'univers de la communication.

Mais, il fallut aller plus loin et assumer des vécus inédits de plus en plus en décalage avec les modèles anciens et nouveaux des structures d'éducation et de travail. Par exemple les critères de quantité avaient pris une importance démesurée par rapport à ceux de la qualité des biens et de l'existence humaine elle-même. Voici que le « culturel » envahit le social, l'économique et le politique, d'abord sous forme d'une critique radicale des valeurs et des contre-valeurs implicites qui inspiraient ces univers collectifs, et puis sous forme de nouvelles perspectives d'aventure humaine et sociétaire. Mais la démarche débouche aujourd'hui sur un propos philosophique de teneur métaphysique. N'est-ce pas évident dans certaines thématiques des praxis actuelles de l'éducation ? Telles ces redéfinitions : « L'éducation, un processus de l'être qui, à travers la diversité de ses expériences, apprend à s'exprimer, à communiquer, à interroger le monde et à devenir toujours davantage lui-même. » « L'éducation, un facteur essentiel du devenir [8]. » La question des raisons de vivre et des projets d'existence est reprise dans l'acte même de l'éducation, et indirectement dans celui du travail.

Du coup se révèle l'étroitesse de certaines praxis anciennes et nouvelles. Celles-ci ou celles-là ne peuvent contenir l'amplitude des images actuelles de l'homme, de la société. Les dramatiques contemporaines du destin de l'homme contrastent avec les élucubrations des technocrates sur les mécanismes d'adaptation au changement. Quel changement ? Pourquoi ? Pour qui ? En vue de quoi ? Avec quel contenu humain ? Les experts ne répondent qu'avec l'*engineering* des comment. Par exemple les énormes problèmes philosophiques et culturels de la communication dans la technopolis moderne seront-ils résolus automatiquement par les systèmes extrêmement perfectionnés de la communication cybernétique et

---

8. E. Faure, *Apprendre à être,* Unesco, Fayard, 1972, p. 119, 163.

technétronique. Quel glissement des illusions ! Ne vivons-nous pas encore en pleine magie, en changeant tout simplement les formes de mythification ? Bien des thérapies de groupes ressemblent étrangement aux rites initiatiques des vieilles sociétés. Les sciences et les techniques des moyens semblent laisser croire à plusieurs intervenants que les fins peuvent se ramener à des objectifs fonctionnels, et qu'il faut laisser le reste aux mythologies compensatoires. D'où ces nouvelles mythologies décrochées et ces vécus aplatis par l'*engineering* des techniques sociales et des administrations. Il existe bien peu de praxis cohérentes qui articulent l'institution et la vie, la rationalité et l'impondérable, la liberté et la nécessité, les moyens et les fins. On en arrive à ces extrémismes exacerbés « qui opposent l'administrateur et le *drop out,* la grève sauvage et le décret gouvernemental, l'utopie et l'ordinateur ». Nous employons ici à dessein des images clés, non seulement contrastantes mais éclatées. L'homme actuel se regarde dans un miroir brisé même lorsqu'il s'agit de démarches aussi fondamentales que celles de l'éducation et du travail.

Bon gré mal gré, nous sommes forcé de chercher des cohérences partielles, réalisables sur des terrains plus circonscrits, mais ouverts les uns aux autres. Tel est le cas de la synergie entre éducation et travail. Mais ici, nous avons voulu signifier, d'abord le danger de cantonner l'une et l'autre praxis dans deux domaines étanches, par exemple l'éducation-liberté et le travail-nécessité, ensuite l'impératif d'établir des rapports plus judicieux, par exemple entre l'auto-éducation et le travail autogéré. Ces préoccupations nous ont amené à la réflexion critique, soit culturelle, soit philosophique, sur les dessous anthropologiques de tels desseins. Les contestations actuelles de l'éducation et du travail charrient des quêtes spirituelles d'une rare densité humaine.

Déjà replacer certaines visées de l'éducation de pointe dans l'univers du travail, c'est remettre en cause profondément les vides et les manques de la condition laborieuse. Encore à titre d'exemple, essayons d'imaginer ce que serait le travail qui correspondrait à ces tâches de l'éducation : « Préserver l'originalité et l'ingénuité créatrice de chaque sujet sans renoncer à l'insérer dans la vie réelle ; lui transmettre la culture sans l'accabler de modèles tout faits ; favoriser la mise en œuvre de ses aptitudes, de ses vocations et de ses expressions propres sans cultiver son égotisme ; être passionnément attentif à la spécificité de chaque être sans négliger que la création est, aussi, un fait collectif [9]. » Nonobstant certaines expressions qui appartiennent davantage aux anciennes praxis de l'éducation, reconnaissons ici des objectifs dont les agents de l'organisation scientifique du travail se sont bien peu préoccupés. Des innovations

---

9. E. Faure, *Apprendre à être,* p. 171.

comme les congés-éducation, les temps forts de recyclage restent périphériques par rapport à la mutuelle inclusion de l'autodidaxie et du travail autogéré.

On ne saurait loger l'éducation uniquement à l'école, et le travail à l'usine, ni cantonner la culture gratuite dans la première et la technique dans la seconde, ni réduire le professionnel au *training in industry* et l'acte éducationnel aux impératifs du marché. Il y a bien d'autres exigences pour qu'une dynamique de vie s'exprime pleinement dans une praxis de travail ou une praxis d'éducation. Cette dynamique précède, accompagne et dépasse les deux autres, un peu comme l'homme est plus que le travailleur, l'étudiant, ou encore le citoyen. L'homme a besoin de toute sa vie, privée et publique, intérieure et extérieure pour s'exprimer dans son travail et son éducation. De même, celui-là et celle-ci doivent avoir prise sur tout le champ humain pour ne pas opérer les réductions déjà mentionnées. Les visées de l'éducation se sont élargies et approfondies. Celles du travail ont beaucoup à y apprendre. S'éduquer par toute la vie, en toutes circonstances et en tout lieu, cela comprend une redéfinition profonde de l'activité laborieuse. Certains sautent vite aux solutions extrinsèques : la diminution des heures du travail, les substituts mécaniques de l'automation, le revenu garanti, le détachement de l'identification personnelle et sociale des critères de milieu ou de profession ou même de niveau de vie. On ne répond pas aux défis intrinsèques du travail, vu comme une des formes majeures de l'autocréation de l'homme et de la société.

Qu'on nous comprenne bien, l'*homo laborans* n'est pas la quintessence de l'homme, pas plus que l'*homo studens*. Mais, dans les conjonctures présentes, on perd de vue ces dynamiques primaires pour investir dans des praxis de second degré : animation, administration, politisation. L'acte même du travail et celui de l'éducation sont en quelque sorte noyés dans l'organisation instrumentale, les luttes de pouvoirs, la défense des statuts professionnels, les redéfinitions de structures et que sais-je encore. D'où ce dégoût chez les uns et cette fuite chez les autres ; les hommes ordinaires sont coincés entre des grands débats artificiels et une insignifiance de pratiques quotidiennes. Le désengagement des masses est provoqué des deux côtés. Qui sait si de véritables praxis d'éducation et de travail n'ont pas précisément ce rôle démocratique de relier vitalement le politique et le quotidien, le privé et le public, l'individu et la société, la nature et la culture, et cela à la portée de la majorité des hommes. Ces raccords pourront peut-être dépasser les échecs de réformes : pensons à la circulation plus libre, à la mobilité plus souple, à la diversité des accès dans les diverses structures d'éducation et dans les diverses structures de travail. L'un et l'autre doivent offrir un « tronc de connaissance et d'habilités » qui donnent accès aux diverses branches de la société.

Une véritable éducation comme une authentique expérience de travail devraient rendre le citoyen apte à jouer certains rôles dans les divers secteurs de la vie collective, par exemple l'administration municipale, l'organisation des loisirs, l'action politique, l'initiative économique, la créativité culturelle, etc. Est-ce bien le cas actuellement ? L'éducation et le travail ne sont souvent que des appoints extérieurs et extrinsèques (un diplôme de classification, un revenu). Ils ne seront pas inférieurs aux projets de vie. Les expériences humaines signifiantes se font souvent ailleurs. Seules des personnalités fortes bénéficient de certains avantages indéniables de notre société ouverte. Mais avec des praxis de base aussi pauvres, la masse des citoyens vit donc une étrange marginalité par rapport à la société réelle vraiment vécue par une minorité de citoyens. Ce n'est pas seulement un problème politique, c'est encore plus un défi de civilisation, ou d'humanité tout court. Une action sociale, culturelle, économique ou politique, qui n'atteindrait pas ce niveau de profondeur déboucherait sur un statu quo, *ou sur une réforme, ou sur une révolution qui laisseraient les hommes du peuple tout aussi démunis pour prendre leur destin en mains.*

PRAXIS
ÉCONOMIQUES

UN NÉO-CAPITALISME ESSOUFFLÉ Plus que l'économie, la culture semble avoir de multiples parentés avec le milieu de vie. Les grandes questions économiques nous renvoient davantage aux mécanismes des superstructures financières et gouvernementales. Ici tout prend des proportions inouïes : la planète entière devient un vaste marché tissé par des firmes multinationales, par des ententes monétaires et fiscales internationales. De grands blocs économiques se disputent le leadership. Les pouvoirs se concentrent en quelques mains. La machine devient tellement énorme que les agents humains n'arrivent plus à la contrôler. La technostructure s'impose à tous. Les macropolitiques d'hier ont beaucoup moins d'efficacité. Même les États riches se sentent menacés par les déséquilibres de leurs partenaires ou de leurs concurrents plus faibles. Cette solidarité obligée des riches commence à se détraquer. Elle connaît les seuils critiques des ressources naturelles en voie d'épuisement, des congestions urbaines, d'une technologie devenue monstrueuse et parfois stupide (ex. : le Concorde). Échec aussi des stratégies mondiales de développement. Genève 1964, New Delhi 1968, Santiago 1972 ont tour à tour établi le lourd passif des tentatives timides d'une économie mondiale plus solidaire. Le bloc socialiste, après un décollage *(take off)* impressionnant, connaît une sorte de ralentissement chronique.

Loin de nous la tentation de minimiser le génie humain qui a réussi à construire la civilisation technologique. Mais il faudrait être aveugle pour prétendre que le saut qualitatif d'une économie humaine a été franchi. Que de déchets en cours de route ! Et voici que l'on parle de point de non-retour dans le déséquilibre de la nature ! Au sens originel du terme, l'économie connotait une utilisation aussi raisonnable que rationnelle des biens de la terre, une utilisation non seulement organisée mais aussi finalisée. On a aménagé des moyens toujours plus puissants sans trop se préoccuper des finalités humaines. Les soucis philosophiques et humanistes devaient rester hors de la sphère économique. Pourtant, n'a-t-on pas dit que l'économie et son pendant technique ont connu des progrès fulgurants le jour où ils se sont déployés dans un champ indépendant ? Le libéra-lisme comptabilise ses progrès en évoquant cette fière autonomie vis-à-vis de la politique et des autres institutions. On sait mieux aujourd'hui com-ment il s'est accaparé la politique et l'éducation pour les réduire à de simples rouages d'un système ploutocratique qui n'avait de démocratique que les apparences. Dans ce contexte, il n'y a jamais eu d'économie du peuple, ou de politiques économiques démocratiques. Les mesures sociales difficilement arrachées venaient amoindrir les retombées inhumaines de ce nouveau Babel qui à court terme profitait de forces débridées, aujour-d'hui en plein chaos. Comme nous l'avons vu dans un chapitre précédent, ces praxis économiques sont parvenues au bout de leurs contradictions.

UN SOCIALISME EN RECHERCHE   Le socialisme, depuis cent ans, tente d'inventer de nouvelles praxis économiques. Cette fois, il y a de véritables visées d'une économie populaire et solidaire. Le travail hu-main reprend sa primauté. On veut enfin miser sur de vraies communautés de travail autogérées. Les réalisations historiques du socialisme vont déce-voir cette visée franchement humaniste qui garde toujours sa vérité pro-fonde, malgré les avatars des systèmes en place. On a dit que Marx a eu des intuitions pour le XXIᵉ siècle, tout en développant un appareil critique très lié à l'économie du XIXᵉ siècle. Par exemple, il n'a pas prévu les adap-tations du néo-capitalisme, du développement planifié de l'État libéral. Or, les systèmes socialistes ont versé dans l'économisme à leur tour. Ils n'ont pu résoudre les problèmes structurels de l'économie industrielle, ni le défi d'une véritable démocratisation du travail. Même dans les expé-riences d'autogestion, la base s'en remet aux technocrates, à ceux qui savent. Plus grave encore est l'apparition d'une « nouvelle classe » qui a pris le relais des bourgeoisies. Une nouvelle classe qui tire son pouvoir de la bureaucratie omnipotente du parti. Ainsi les technocrates à l'Est comme à l'Ouest sont au service du pouvoir dominant. Et les travailleurs ne semblent pas avoir plus de poids. G. Martinet, dans *les Cinq commu-nismes,* le démontre crûment. Cela ne condamne en rien la praxis écono-mique visée par le socialisme, puisqu'elle n'a pas encore été mise à l'épreuve. Le contexte historique obligeait à une sorte de capitalisme d'État, à une économie de marché, à des technostructures capables de communiquer entre elles. Il n'y a pas tellement de différence entre les bureaucrates du communisme et les managers du capitalisme.

Dans les deux systèmes, le salariat reste le régime de travail principal. De profondes inégalités existent sous différents modes. Les privilégiés du parti ont remplacé les privilégiés de la propriété privée. Les structures des appareils des deux sociétés se ressemblent. Le peuple, dans un cas comme dans l'autre, n'a pas plus de pouvoir. Certains idéologues ont tenté d'éviter ces questions brutales, en suggérant de nouvelles alliances entre les paysans, les ouvriers et les intellectuels. D'autres évoquent le prototype de la révolution culturelle en idéalisant les gardes rouges qui ont mis la Chine au pas de la démocratie socialiste. La quotidienneté semble tout autre, et les vrais enjeux aussi. Mais on revient à la charge pour justifier la mécanique dialectique bien connue.

Ainsi, selon une nouvelle interprétation, on s'en irait vers une lutte décisive entre les nouvelles classes moyennes salariées et le nouveau pouvoir technocratique. Mais jamais ces idéologues ne remettent en cause leur cadre d'analyse. Le socialisme, comme praxis historique, est autrement plus complexe que la dichotomie simpliste de deux classes, dans ses versions nouvelles comme dans les anciennes.

Ne faut-il pas dépasser les critiques habituelles et stéréotypées du capitalisme et du socialisme ? N'avons-nous pas perdu de vue certains raccords fondamentaux des sociétés traditionnelles, entre le mode de vie, le style de production, les rapports sociaux et la vision du monde ? Les grands systèmes actuels ont opéré des cassures que nous devons mieux identifier.

On se prend à rêver quand on lit cette description d'un économiste qui, après avoir contesté le concept actuel de croissance, définit ce que doit être une économie historique humaine. « Considérée comme un processus dirigé vers un but, c'est-à-dire en vue de l'idéal à atteindre, l'intégration économique, à son niveau le plus élevé, se présente comme la mise en place d'une organisation sociale, fondée sur une technique politique efficace, grâce à laquelle les individus peuvent organiser, de leur plein gré, leur vie en commun, par le développement d'une politique appropriée à la réalisation de cet idéal » (G. Myrdal, *Une économie internationale*, p. 16). Les critiques formulées plus haut ramènent à la réalité brutale qui contredit ce *wishful thinking*. Mais une telle vue des choses et des hommes a l'avantage de nous montrer tout le chemin à parcourir pour retrouver ou réinventer des espaces humains pour la vie collective. Elle indique aussi que désormais on cherchera moins à humaniser un milieu donné qu'à créer et aménager des espaces humains où l'habitat, le travail, le loisir, l'éducation se déplaceront dans d'authentiques milieux de vie.

ENJEUX ET LUTTES DU TRAVAIL À LA BASE A-t-on déjà évalué les traumatismes psychologiques et socioculturels de la mobilité exacerbée que commande un certain style de croissance économique ? Que se passe-t-il au juste quand un travailleur passe d'un lieu de travail à un autre, quand il déménage dans une autre ville ? Bien sûr, on a mis les espaces sociaux en mouvement pour favoriser des démarches plus souples d'accueil ou d'envoi. Mais qu'en est-il de la qualité humaine de ces milieux fluides et mobiles ? Ne sont-ils pas des cadres de référence et d'intégration évanescents ? Y a-t-il place pour des enracinements de classe, pour des sujets collectifs consistants, pour des continuités biographiques et une conscience historique minimale ? Ne reste-t-il pas que des statuts et des rôles, et des mécanismes anonymes ? Les 40 ou 35 heures, le centre d'achat, la roulotte, le campus anonyme, l'écran du soir, l'isolement banlieusard sont des références bien fragiles pour constituer un mode de vie ou un espace humain. Comment se représenter la continuité de son destin, de ses affinités culturelles et sociales dans un tel contexte ? À la limite, il n'y a plus que les processus économiques d'échanges marchands au travail et partout ailleurs. Les besoins et les aspirations reçoivent leur définition de cet univers. Ils n'originent plus de la personnalité ou du milieu. Les nouveaux mythes qu'on offre sont des substituts à l'absence de signification de ces praxis économiques. Pour le comprendre, il faut encore aller au cœur de l'expérience du travail.

« L'usine est un système de contrainte. Il faut bien voir que cette contrainte s'exerce d'abord sur la faculté d'exprimer des valeurs de la part de l'ouvrier : son activité normative est bloquée au niveau le plus élémentaire, quitte à ce qu'on lui laisse une petite marge de satisfaction. Ou que l'ouvrier compense cette restriction par la participation à la lutte syndicale ou par l'illusion de s'exprimer dans l'aménagement d'un monde bien à lui dans la consommation et le loisir [10]. »

Si les travailleurs font entrer leurs valeurs, leurs normes et leurs critiques dans le processus de production, son contenu et ses objectifs, c'est tout l'esprit et la lettre du pouvoir en place, qui s'en trouvent bouleversés. Celui-ci sait très bien que là s'exercerait une influence importante sur l'évolution de la société. Il veut bien accorder certaines satisfactions

---

10. F. Dumont, *la Dialectique de l'objet économique*, p. 217.

subjectives, mais non des interventions normatives qui, à ses yeux, seraient des corps étrangers dans le système homogène. Preuve de plus que les travailleurs comme tels ne font pas partie de l'organisation des producteurs. Le travailleur est en quelque sorte détaché de son travail qui appartient, comme une machine ou un produit, aux gestionnaires.

« La lutte syndicale se limite de moins en moins à réclamer une rémunération plus élevée de l'ouvrier ; elle vise aussi à arracher à l'entrepreneur une partie de ses pouvoirs sur l'entreprise. Comment ne pas voir, dans ce déplacement encore timide des objectifs, la reconnaissance explicite d'un droit de l'ouvrier à l'expression de ses propres normes quant à ce système social que constitue son milieu de travail [11]. »

Il serait donc dangereux de voir ces luttes comme de simples moyens d'amélioration. Il s'agit de fins humaines inscrites dans le travail lui-même et dans l'orientation de l'économie et de tout le système social. Dans des expériences de ce type, nous avons constaté un double langage : d'une part, la direction parlait de moyens, et d'autre part, les travailleurs y voyaient plus ou moins consciemment une fin en elle-même. La lutte atteint cet enjeu, elle touche aux structures fondamentales non seulement du pouvoir mais aussi de la vie économique et sociétaire. Les valeurs recherchées par les travailleurs n'ont pas de poids social décisif quand elles n'ont pas d'impact en ce lieu privilégié de l'orientation de la société. Certaines luttes ne visent que le changement des règles du jeu. On a vu récemment un débat où l'autorité politique élue a soutenu que les travailleurs n'ont pas le droit de changer un contrat social accepté par la majorité des citoyens. La fiction juridique ici n'a pas été démasquée parce qu'on n'a pas rejoint les sources, les contenus et processus déterminants qui amènent l'acceptation automatique des règles du jeu de ce contrat social. Sur quoi repose, en définitive, celui-ci ? Il faut donc aller plus loin.

Le libéralisme a bâti les normes à partir des faits qu'il avait lui-même créés. Marx l'a bien vu. Dès lors l'instance critique de la démarche démocratique est viciée au départ. L'ordre social existant est piégé. Et les travailleurs, pour le critiquer, doivent retourner aux sources que nous venons d'indiquer pour confronter leurs propres expériences et vision des choses. À ce niveau, ils découvriront les véritables inégalités et la fiction démocratique de lois élaborées tout à fait en dehors d'eux. On devrait dire la même chose sur la monnaie comme mesure de l'économie. Encore ici, ils n'interviennent que sur les épiphénomènes des normes et objectifs économiques. Peu de citoyens se perçoivent comme des définisseurs et des créateurs de normes. D'où la pauvreté de leur implication politique.

---

11. F. Dumont, *la Dialectique de l'objet économique*, p. 227.

Dans la mesure où les travailleurs acceptent de vivre des significations reçues, dans la même mesure ils ne dépassent pas la réforme des moyens et la revendication des quantités. Ils ne pensent pas à donner d'autres sens au travail et à la société. Ils refusent aussi de se percevoir comme « classe » qui conteste le système social. Au contraire, la classe sera pour eux un des mécanismes fonctionnels de la société, ou un palier hiérarchique d'un ordre naturel, ou un prolongement d'une tradition historique indiscutable. Mais revoyons ces considérations dans le milieu de travail.

« Le système social de l'usine est modelé jusqu'à ses limites extrêmes sur la technique. La complexité de celle-ci et sa systématisation permettent son indépendance par rapport à la totalité de la personne. Le travailleur reçoit un rôle sans que référence explicite ou implicite soit faite aux autres traits de sa personnalité que la compétence ou le rendement, sans qu'on tienne compte par conséquent de ses autres liens sociaux. Les requêtes affectives, l'exigence d'une vie ayant signification totale, n'en sont évidemment pas supprimées ; mais la réponse est laissée à la vie privée. La signification est superposée au travail : les rêveries de l'ouvrier condamné au travail monotone sont des petites mythologies intimes. Mais c'est surtout le temps hors travail qui est le lieu de la gratuité, de l'expression totale de soi, du sacré. Le temps de la consommation tend à devenir celui de la signification [12]. »

REFINALISER L'ACTIVITÉ ÉCONOMIQUE   L'ouvrier ne peut donc créer de sens que dans sa vie privée. Et encore là, il n'a que les fantaisies de la consommation et les rêves par procuration des media. Son univers de signification ne pénètre pas dans la praxis du travail, et surtout pas dans le filon des enjeux et pouvoirs publics. La dichotomie travail-loisirs est vue ici sous un autre éclairage. Notre type de société a opéré une dissociation qui nous amène très loin... jusqu'au divorce du privé et du public, du sens et de la praxis. Le monde des valeurs et les symboles d'identification, de solidarité, d'horizon et de projet de vie sont refoulés en dehors des praxis déterminantes sur lesquelles les hommes ordinaires n'ont aucun pouvoir. Dans ce contexte, les valeurs propres de ceux-ci sont enfouies dans l'inconscient ou dans la vie purement privée ; et l'univers de sens est absorbé par les mythologies « fluctuantes et inconsistantes » des stratégies commerciales (ne parle-t-on pas du *show business ?*). On ne s'interroge plus sur les fins humaines et sociales. Il ne reste

---

12. F. Dumont, *la Dialectique de l'objet économique*, p. 263.

que des mythes vidés de l'expérience des hommes. Le processus de production et de consommation constitue un monde de manipulation. Celui du sens devient marginal et perd sa force de compréhension, de critique et de liberté créatrice. Ce phénomène est évident dans une science comme l'économie où l'on se refuse à déborder l'instrumentalité, les techniques. On s'inquiète peu de la qualification des biens, du travail, de l'activité économique comme partie intégrante de la société.

Bien sûr, une industrie n'est pas une agence sociale. C'est ce genre d'argument que plusieurs hommes d'affaires nous servent dans les débats publics. Leur façon de poser le problème exprime bien ce fossé énorme entre le social et l'économique. Mais la vie réelle est différente. Le travail est une dimension de leur existence. Quand il est décroché, il déséquilibre complètement l'aventure humaine.

Peut-on comprendre le problème sans regarder le travail à niveau d'homme ? Dans cette perspective, on ne saurait se limiter à la division technique du travail ; mais il faut accéder à la division sociale du travail. Celle-ci ne se fera pas sans établir des raccords entre l'organisation du travail, les modes de vie et l'échelle de valeurs d'un milieu humain. Pensons aux problèmes soulevés par le travail des sept jours. Deux logiques s'affrontent : les impératifs techniques, concurrentiels et rentables, d'une part et d'autre part, des conditions humaines de vie dans la famille, dans la vie privée. Fossé infranchissable dans la mesure où le travail comme tel et l'activité économique ont perdu leur sens humain et social. Les valeurs privilégiées dans les chartes démocratiques n'ont pas droit de cité dans la praxis économique. Sur ce terrain, elles sont fiction et abstraction. Il y a ici des complicités de toute part. Dès qu'il est question d'argent, on marche sur les principes comme si ceux-ci perdaient tout à coup leur qualité humaine de normes de vie. « On va travailler le dimanche, mais qu'ils nous paient en conséquence. » Le cercle vicieux est alors bouclé.

Le divorce va beaucoup plus loin. Les valeurs auxquelles on tient deviennent des questions pour la vie privée, des opinions, des tendances ou des options purement individuelles. Elles n'entrent pas dans l'action publique et politique, même chez certains militants de gauche. Encore ici on fait la boucle au grand avantage des pouvoirs menacés par ces valeurs qui pourraient critiquer les vrais contenus de la démocratie formelle et officielle. La valeur n'a plus signification de fin. C'est un matériau ou un moyen de propulsivité, de rentabilité, de maintien ou de conquête du pouvoir. S'agit-il seulement de changer un pouvoir par un autre pouvoir ? Changera-t-on aussi les fins, les objectifs, les contenus de l'existence ? Pourtant, on avoue abstraitement qu'il faut une société et un homme nouveaux.

Il reste ici bien peu d'éléments humains pour redéfinir le travail, la vie, la société. Les besoins ne sont pas remis en cause. Ils sont « adaptés », « intégrés » à ce qui a déjà été défini dans le système social. Le pouvoir, et non la culture et l'expérience réelle des hommes, détermine ces besoins, quitte à en faire des aspirations par les techniques de manipulation. L'abondance est à la portée de ceux qui veulent bien utiliser les possibilités du système, le crédit y compris ! Nous sommes bien loin de l'homme créateur par son travail et sa vie, comme le voudrait Marx. L'esprit, les sentiments et les valeurs n'ont pas leur compte. La rationalité technique et marchande bloque toute recherche critique de fins humaines et sociales, dans la mesure où elle mobilise tout l'univers de signification. Celui-ci est pourtant inséparable de l'expérience humaine, s'il veut faire vivre, s'il veut exprimer, constituer ou orienter un mode de vie.

RÉINVENTER DES COMMUNAUTÉS DE TRAVAIL   Par delà ces fossés, il n'y a plus de véritables contextes sociaux d'intégration des diverses dimensions de la vie, ni de cadre symbolique collectif, ni à vrai dire, de monde cohérent de valeurs. Celles-ci sont attachées aux individus, à des appartenances morcelées et instables. « Elles n'expriment ni n'assument la volonté normative des personnes. Elles circulent librement, sans être intégrées fonctionnellement aux structures sociales. » Aussi pour qualifier les genres de vie, on recourt plutôt aux niveaux d'occupation et de revenu, aux types de zones d'habitation. Il n'y a donc pas à proprement parler de véritables sous-cultures. Et même la conscience de classe émerge difficilement. Mais ce que nous retenons ici, c'est l'absence de totalités vitales. Le travailleur en rentrant à l'usine, par exemple, doit abandonner les valeurs globales de sa personnalité. D'où l'impossibilité de faire de l'usine un milieu de vie, puisque le travail est décroché du projet d'existence, de la vie collective et des cadres sociaux. *Même la lutte pour le pouvoir, en termes de gestion, est vouée à l'échec, si elle ne s'appuie sur aucune véritable communauté de travail où l'on partage des expériences, des valeurs et des horizons semblables, où l'on s'aménage un cadre cohérent de vie, de relations, et non pas seulement de fonctions. Il faut redonner au processus de production un nouveau contexte social. Sans cette socialisation, les travailleurs bouderont les fronts politiques et chercheront leur liberté uniquement dans la vie privée. Il s'agit aussi de donner à la vie collective un sens qui transforme de l'intérieur l'activité de chacun.* On n'y arrive pas par des intentions individuelles, mais par une action collective et une animation communautaire sur les lieux de travail comme tels. Travail, valeurs, communauté, milieu de vie, action collective et visée politique globale sont inséparables pour socialiser les processus de production et les orienter différemment. Nous avons besoin de nouvelles synthèses vitales à ce niveau pour imaginer d'autres types de société et d'autres praxis et objectifs économiques.

Voilà l'enjeu de véritables milieux de vie qui fédèrent ce qui a été émietté, atomisé : les fonctions, les relations, les appartenances, les valeurs et les projets des travailleurs eux-mêmes. On aura beau ouvrir des fronts nouveaux : politique, consommation, éducation ; on n'aura pas façonné une dynamique sociale de base au travail, au cœur du système. Il faut savoir où établir les cohérences fondamentales. Le travailleur écrasé, replié, dispersé mentalement, isolé au travail, a besoin de se retrouver sur le terrain le plus près de lui, avec ceux qui partagent la même quotidienneté. C'est là la première praxis. Sinon idéologies ou utopies seront des bouche-trous, des substituts de praxis véritables. Elles n'auront pas plus d'impact que l'astrologie ou les spectacles à la télévision. Rien de bien dynamique et motivant. Les grands objectifs du mouvement ouvrier historique subiront le même traitement. On qualifiera de rêveurs ceux qui parlent de cogestion ou d'autogestion. Une telle perspective, tout au plus, appartiendra à ce monde superficiel des opinions qui se valent, se neutralisent ou se volatilisent. Mais ce ne sera pas un parti pris fondamental pour changer radicalement l'économie et la société. Une politique qui n'établit pas ses quartiers dans le lieu de travail ne sera jamais une politique ouvrière, une libération du peuple.

INTÉGRER LA DYNAMIQUE ÉCONOMIQUE DANS LE MILIEU SOCIAL Voilà notre cible principale. Nous n'ignorons pas pour cela d'autres cibles. Notre société francophone a un réseau d'institutions tronqué. Celui-ci est en dehors des grands circuits économiques. Nous avons traité ailleurs de ce problème gigantesque [13]. Ce qui nous intéresse ici, ce sont les possibilités de réseaux économiques quotidiens. Les caisses populaires, par exemple, ont tissé une institution économique qui couvre tous les milieux francophones du Québec. Elles sont bien campées dans chacune des communautés locales. Elles pourraient servir de carrefour économique pour les diverses initiatives socio-économiques d'un milieu. Pensons à cette montée récente d'entreprises coopératives en habitation, en alimentation, en production agricole ou autre. Nous ne pouvons ignorer

---

13. J. Grand'Maison, *Nouveaux modèles sociaux et développement,* Montréal, H.M.H., 1972.

ces praxis économiques, les seules qui viennent de notre propre contexte social. Elles peuvent nous inspirer pour faire une trouée plus importante dans les circuits économiques. Qu'on nous comprenne bien, il ne s'agit pas de faire du modèle coopératif, la clef de toute praxis économique. Le contexte réel de notre économie nous offre d'autres possibilités, tout en présentant des obstacles que l'entreprise coopérative ne pourrait surmonter.

Par ailleurs, comment nier ici que les initiatives récentes rejoignent des formes de solidarité, et de travail en connivence avec notre personnalité historique et culturelle, et aussi des formes d'action qui réalisent ce contexte social du travail, dont nous avons parlé plus haut. Les Québécois ne fonceront pas dans les défis économiques sans ces raccords nécessaires. Nous devons tenir compte de notre condition de petite minorité ethnique sur le vaste continent nord-américain. Nos praxis économiques ne devront pas être isolées, parallèles. Elles ont besoin des dynamismes culturels, sociaux et politiques, bref de la « corvée » de l'ensemble de la société. Nous n'avons pas le choix. Le libéralisme est pour nous un luxe inaccessible et désastreux. On nous dira que c'est pourtant le définisseur de l'économie nord-américaine. En le suivant aveuglément, sommes-nous plus avancés ? Bien au contraire, notre situation économique se dégrade, sans stratégie autonome de développement, sans politique économique vigoureuse. Il faut redonner à notre réseau d'institutions, à nos divers milieux une dynamique économique intégrée.

Même nos initiatives économiques restent trop souvent parallèles aux milieux sociaux, éducationnels et politiques. *Il suffit de regarder de près la surface écologique des communautés francophones avec leur réseau d'écoles, d'églises et de services publics. Tout le circuit d'activités économiques reste marginal. Tout se passe comme s'il ne faisait pas partie du « milieu social », même s'il occupe une place importante dans la cité. L'économie chez nous est hors-contexte et l'on a la tentation d'établir le travail dans la même marginalité. On met le poids de sa vie ailleurs. Ce n'est pas une donnée contextuelle, mais un apport extérieur pour vivre dans le milieu.* On ne développera sûrement pas le Québec francophone en luttant pour la semaine de trente-deux heures, en battant les records nord-américains de consommation futile. Le réalisme et le dynamisme économiques doivent pénétrer nos milieux de vie, jusqu'au cœur de la famille. Combien d'enquêtes ont montré que des traditions d'initiative économique se transmettent par un style de famille, d'école, de vie sociale favorable à une telle initiation chez des jeunes. Combien d'entre eux sortent du C.E.G.E.P. ou de l'université sans connaître l'abc de l'économie ?

Parmi tous les projets de régionalisation au Québec, ce sont les projets et les structures économiques qui ont été les plus négligés. Pensons à la faiblesse des conseils de développement économique par rapport aux autres structures régionales. Il nous manque de véritables carrefours de communications et d'initiatives économiques. Nous brûlons nos instruments de promotion avant de les avoir expérimentés. Les citoyens sont trop peu interpellés au niveau de leurs comportements économiques. Le contexte social et culturel n'est pas tourné de ce côté-là. Pourtant, il y va de la qualité et de la force de notre assise matérielle. Celle-ci est trop faible pour supporter les autres projets collectifs. Nous nous sommes interrogé dans cet ouvrage sur l'impact que pourraient avoir de nouvelles dynamiques de travail. Pour nous, il faut commencer par là. Du moins, c'est une pièce maîtresse de notre libération et de notre promotion collectives.

PRAXIS
POLITIQUES

RÔLE POLITIQUE DES MOUVEMENTS SOCIAUX Dans bien des milieux de travail, la référence « politique » est marquée d'une foule d'ambiguïtés. Pour la plupart, le terme connote le parti, l'action partisane. Chez une minorité, on pense à une action qui déborde les problèmes immédiats du milieu et débouche sur les instances gouvernementales : locale, provinciale, fédérale. Chez les militants radicaux, souvent, toute question se ramène à un problème « politique ». Mais ici la connotation est surtout idéologique : critique et rejet du système, conception autre de la société, instauration d'un régime socialiste, impérialisme américain *vs* révolution québécoise, colonialisme *vs* indépendance, lutte des classes *vs* réformisme, etc. Ces simples remarques suffisent pour signaler le fouillis des débats sur la politisation. Et que dire des perplexités manifestes dans l'opinion publique où l'on entendait des propos très révélateurs lors de l'épreuve de force du Front commun 1972. Par exemple, certains disaient que les chefs syndicaux voulaient faire une sorte de coup d'État, limoger les chefs politiques élus, prendre le pouvoir, briser le système capitaliste et instaurer un régime socialiste.

En politique, on saute vite aux images globales et aux grands desseins. Singulier contraste avec les préoccupations immédiates et très limitées de la plupart des citoyens. Dans la perspective de réinventer de nouveaux milieux de travail, nous voulons insister ici sur cette dimension politique de la *libération collective du quotidien*. Voilà un niveau politique trop négligé dans l'estimation de l'évolution récente des mentalités. Pourtant, il y a eu ici des transformations sociales qui devraient produire un impact

politique à plus ou moins longue échéance. La floraison des mouvements
de base dans les domaines les plus disparates : éducation, habitation, consommation, crédit, chômage, assistance sociale, etc., nous apparaît comme
une étape essentielle de la libération politique des quotidiens. Libération,
mais aussi promotion de nouvelles formes de solidarités socioculturelles,
économiques ou autres. Rappelons ici que certains partis politiques et
centrales syndicales ont bénéficié de cette première socialisation dont ils
n'ont pas été les promoteurs. Comment souhaiter qu'ils comprennent cette
leçon : il y a bien d'autres démarches politiques que celles définies par
les instances institutionnelles. *Et qui sait si la démocratie la plus authentique n'est pas celle qui se nomme après s'être donné une personnalité
dans des expériences de solidarité et d'action quotidiennes. Le grand
danger qui menace les politisés d'ici, c'est de ne pas croire effectivement
aux humbles tâches de la base sociale, aux luttes du milieu quotidien.*
Aucune idéologie acculturée, aucune grande stratégie politique ne peuvent
en faire l'économie.

Certains militants posent-ils le problème au bon endroit quand ils
expliquent les échecs par l'« imprécision idéologique », l'« imprévoyance
stratégique » et la « faiblesse organisationnelle » des mobilisations récentes : front commun, grèves générales, manifestations de protestation ?
Bien sûr, il y a un peu de cela dans les difficultés qui ont marqué ces
grandes manœuvres. Mais sur quels tissus politiques pouvait-on miser ?
Comment se façonnent une conscience idéologique, une stratégie politique,
une solidarité populaire, une appartenance de classe, un nouveau pouvoir,
une opinion publique autre, un projet collectif inédit ? Certains mobilisateurs gagneraient à scruter davantage ce qui s'est passé dans des mouvements de base qui ont marqué quelques milieux urbains et quelques
régions de chez nous. J'ai essayé, dans la grille ci-jointe, de présenter
sous une forme très simple les trois étapes qu'ont suivies les mouvements
sociaux qui ont débouché sur une authentique politisation dans leurs
milieux d'implantation.

TROIS ÉTAPES DE POLITISATION D'UN MILIEU DE VIE

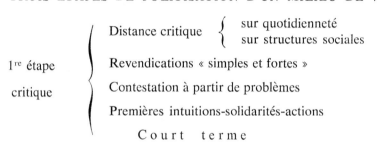

	Distance critique	sur quotidienneté
		sur structures sociales
1ʳᵉ étape	Revendications « simples et fortes »	
critique	Contestation à partir de problèmes	
	Premières intuitions-solidarités-actions	
	Court terme	

2ᵉ étape
organisationnelle
{
Précision des besoins et des aspirations

Cohésion et organisation internes

Microréalisation

Premières tentatives fédératives

Moyen   terme
}

3ᵉ étape
politique
{
Interdépendance plus large de

Savoir — Avoir — Pouvoir

Politiques pour l'ensemble de la société

Luttes collectives de libération

Recherche de nouveaux modèles

Une neuve philosophie sociale { styles de vie
objectifs de vie

Long   terme
}

DES TÂTONNEMENTS NÉCESSAIRES   Ceux qui rêvent de mobilisation et d'idéologisation rapides, rejettent *a priori* ce genre de cheminement. Sont-ils plus avancés aujourd'hui ? Ils ne cessent de répéter les mêmes erreurs d'une escalade intempestive à l'autre. La majorité ne suit pas. Et combien décrochent après ces flambées de faux espoirs ? Le refus de se faire charrier est trop fréquent et trop vif pour ne pas y accorder une attention particulière. Pourtant la preuve a été faite d'une élection à l'autre. De tels résultats sont si criants qu'il faut dénoncer avec vigueur ce faux militantisme d'idéologues abstrus et obtus qui viennent même briser des mouvements de base bien amorcés. On les retrouve un peu partout avec le même nihilisme castrant, le même disque cacophonique et lassant. On dirait qu'ils emploient tout leur temps à casser les pieds de tout le monde. À la limite, ça devient pathologique. Le peuple est trop sain pour s'y laisser prendre. Mais pendant ce temps, d'admirables initiatives sont compromises. Des militants de base se découragent à force de se faire dire qu'ils travaillent inutilement s'ils ne suivent pas aveuglément ces idéologues qui ont trouvé et le bobo et le remède définitifs. Quant au respect du cheminement démocratique, de l'autodétermination des groupes, on semble bien s'en « balancer » ! Encore si on suggérait de véritables démarches politiques.

N'y a-t-il que ce bilan négatif ? Ne devait-on pas passer par cette phase de tâtonnements et d'anarchisme pour sortir d'un long hiver d'apolitisme dans les milieux de travail et ailleurs ? Qui sait si même les extrémismes fous n'ont pas contribué à faire avancer les choses. Il fallait de fortes secousses pour surmonter les résistances passives et les forces d'inertie d'un syndicalisme d'affaire, complice des dominations. Certains auraient voulu faire l'économie des crises qu'on a connues récemment. Reconnaissons qu'elles ont eu le mérite de poser les problèmes de fond en termes politiques. Les ressacs conservateurs ou insécuritaires prouvent à l'envers la profondeur de la libération à vivre. Il est inévitable qu'on connaisse un balancement d'un extrême à l'autre, une diversification des tendances après l'éclatement de l'idéologie unitaire d'hier. C'est pratiquement une loi de l'évolution humaine que ces temps de ruptures radicales qui précèdent l'émergence de nouveaux modèles et projets. L'histoire des hommes et des peuples ne progresse pas selon un schème évolutionniste et réformiste homogène. Il y a des cassures, des sauts qualitatifs. Même la nature nous enseigne que la vie passe par la mort du grain de semence. Les libéraux d'aujourd'hui ont oublié la révolution que leurs prédécesseurs ont faite pour briser le carcan féodal. Mais l'expérience historique nous enseigne aussi que conservateurs, réformistes et révolutionnaires jouent chacun un rôle différent mais nécessaire dans tout champ politique. Les uns et les autres mettent en présence le passé, la situation actuelle et l'avenir, les forces de continuité, de rupture et de dépassement. Comme l'arbre, nous avons besoin des racines et de l'air libre pour vivre et grandir.

Mais cette sagesse ne suffit pas. Elle peut même faire le jeu de l'ordre constitué si elle n'admet pas le rôle du chaos, de la critique radicale, du scandale. Il y a des « non » décisifs à dire. Il y a des temps révolutionnaires à vivre quand les réformes d'un système sont parvenues à la limite critique. Encore ici, l'histoire politique nous apprend que bien des révolutions ont avorté, parce que leurs ruptures n'ont pas été accompagnées de stratégies et de projets de dépassement. Combien de guerres purement destructrices l'humanité n'a-t-elle pas connues ? C'était surtout le petit peuple qui payait la note de ces batailles d'élites.

Tout mouvement politique qui ne repose que sur des leaderships, aboutit à de simples déplacements de pouvoirs. Il faut toujours considérer la situation des *memberships* comme un test de vérité décisif... surtout quand il s'agit du sort des hommes ordinaires. N'est-ce pas l'interrogation démocratique par excellence ? Kant a bien vu l'enjeu quand il posait la question : est-ce que la libération amène effectivement le citoyen de la base à être capable d'un jugement critique libre en face de qui que ce soit, fût-ce les chefs de son propre parti ? Y a-t-il vraiment autodétermination, responsabilité et contrôle d'en bas ? Est-ce que les divers milieux de vie développent de l'intérieur une dynamique politique ? Est-ce que la politisation est en relation avec cette expérience quotidienne qu'est le travail ? N'est-ce pas le premier point d'appui d'un engagement syndical et politique ? N'est-ce pas le premier lieu de l'élaboration d'une idéologie qui soit vraiment celle des travailleurs.

SANS PRAXIS ET PHILOSOPHIE POLITIQUE ON ABOUTIT AU DOGMATISME STÉRILE Ces considérations ne se veulent pas exclusives d'autres dimensions essentielles. Des changements rapides et radicaux nous obligent à revoir de fond en comble la définition de toutes les institutions, la conception des politiques d'hier et d'aujourd'hui. Certains s'inquiètent de l'absence de véritables stratégies politiques mais ils pointent rarement les causes de cette carence. *À notre avis, il y a une faiblesse aux deux extrêmes : la praxis quotidienne et la philosophie politique.* D'où ces actions sur le tas non finalisées et ces références idéologiques bien vagues. La critique du système s'est affinée, mais elle ne crée d'elle-même, ni une praxis, ni une philosophie politique, ni un projet politique. Autant d'éléments essentiels pour constituer une démarche idéologique consistante et des stratégies réalistes. Le parti ouvrier dont certains parlent avec emphase ne se constituera jamais, si on maintient un tel aveuglement. Combien ont compris qu'une politique de rupture ou de refus global exige un surcroît de lucidité et de responsabilité ? Autrement, le peuple qui vit déjà dans l'insécurité reculera devant des aventures collectives sans issues clarifiées et reconnaissables. Les sensibilités démocratiques nouvelles aiguisent l'aspiration à formuler sa propre démarche critique, à assumer sa propre situation. Rien ne remplacera jamais ces humbles efforts soutenus d'une implication dans les milieux quotidiens. Voilà ce que les mouvements de base récents nous enseignent.

UNE FONCTION POLITIQUE MAJEURE : LA COHÉRENCE
Nous voulons ici attirer l'attention sur ces cohérences vitales que certains groupes se sont données. Nous insistons beaucoup sur cette dimension. En effet, *selon notre conception de l'action, nous soutenons que la politique a comme un de ses premiers rôles, de donner cohérence, alors qu'on tire de la culture le dynamisme créateur, de l'économie l'appoint matériel, et de la philosophie sociale les fins et les fonctions critiques.* Même dans les périodes d'éclatement ou dans les situations de conflits radicaux, il faut chercher une cohérence politique maximale. Sinon, les troupes se

transforment en masse incertaine. Les forces d'opposition tirent en tout sens et se neutralisent. Des tensions internes folles viennent empêcher un consensus minimal. Et toutes les énergies sont mobilisées pour les conflits de l'intérieur. On ne sait plus se reconnaître entre alliés. Nous soupçonnons que bien de ces situations explosives sont reliées à une absence navrante de sens politique. On agit inconsciemment en « oppositionnistes » même là où il faudrait concertation, démarche constructive, action organisée et finalisée. La « droite établie » se présente alors comme l'unique lieu de cohérence politique. Les « gauches » se disputent sur la marge sans se préoccuper de ce besoin profond d'une appartenance unifiée et cohérente dans le monde populaire. Le peuple ne s'embarrasse pas de ces distinctions subtiles formulées par des chapelles idéologiques. Il accepte ou rejette en bloc. Il a besoin d'identification qui n'exige pas ces longs détours où s'attardent certains idéologues.

Les démarches et les débats doivent être plus clairs, plus compréhensibles ; ce qui n'implique pas qu'on doive céder au simplisme ou au spontanéisme. Mais combien d'intervenants ne respectent pas ces points de repère qu'une longue militance de base nous a appris. Ceux-ci relèvent davantage du politique que de la politique. La seconde appartient surtout à la superstructure identifiée comme telle dans le système social, par exemple : l'échiquier des partis, l'éventail des idéologies. Alors que le politique implique la démarche qui situe un problème, une solution, une action dans un ensemble cohérent et dynamique de fins et de moyens. Le politique, c'est encore l'action critique, organisée et finalisée. Loin de nous la tentation de diminuer l'importance de la sphère politique explicite et formelle, des luttes de pouvoirs, des affrontements idéologiques. Mais ne devons-nous pas reconnaître la faiblesse du politique tant au plan des citoyens que des instances gouvernementales [14] ?

---

14. L. Dion, dans *la Prochaine révolution,* fait remarquer ceci : « Surtout dans les périodes comme celles qui confrontent aujourd'hui le Québec où l'action politique est de première importance pour le développement social et économique, il s'impose de dépouiller la politique de la gangue de faux mystères dont les sociétés ont coutume de l'envelopper. Il est finalement beaucoup plus utile de scruter les effets des décisions politiques comme celle de construire le barrage de la Manicouagan ou celle de procéder au harnachement des rivières de la Baie James — sur l'ensemble de la vie collective et, plus particulièrement, dans des secteurs comme ceux de l'économie, de l'enseignement universitaire et de la recherche scientifique — que de s'adonner à des formules politiques attrayantes qui risquent de n'être que du vent. Ce qui importe aujourd'hui, c'est de mettre la politique à nu, d'en scruter froidement les rouages, d'évaluer avec justesse les capacités et le travail des hommes, d'apprécier la nature des interrelations du politique et du social... C'est en la considérant à partir du ras de sol et non pas en la situant dans les nuages qu'on peut espérer parvenir à découvrir la juste valeur de la politique. »

Une des grandes faiblesses de la gauche dans bien des sociétés occidentales, — et cela vaut au Québec — prend sa source dans la pauvreté des soutiens de base où l'on façonne les dynamiques du politique. On met sur pied des comités qui font de la politique sans être dans les circuits de celle-ci, des comités qui n'accouchent d'aucun projet au delà d'une critique purement idéologique. Les initiatives du politique sont ailleurs. Il manque des démarches aussi fondamentales que celles de situer une action bien orchestrée et finalisée dans le pays réel de la société. Quelle sorte de révolution aurait-on sans cet apprentissage politique de base, diffusé chez un grand nombre de citoyens ? Les points de repère que nous formulons ci-après indiquent déjà certaines données élémentaires d'une praxis politique susceptible d'impliquer plus efficacement et plus judicieusement les citoyens ordinaires.

Repères de praxis

1. Il faut que les gens *comprennent* ce qui se passe (interprétation).
2. Il faut qu'il y ait matière à *identification spontanée*.
3. Il faut dégager des *choses possibles à faire*.
4. Il faut un *espoir* (trouver ce qui peut charrier dynamiquement).
5. Il faut des *paris* traduits en objectifs et en démarches articulées.
6. Il faut un *choix de projets* comme pôle de cohésion et de mobilisation.
7. Il faut une *organisation* (fonction structurante) tâches et communication.
8. Il faut un dispositif d'évaluation (*fonction critique*).

OPÉRATIONNALISATION D'UNE DÉMARCHE

Phase de communication
{
Expression sauvage du vécu

Confrontation des expressions

Rapports de tensions et de solidarités

Signes et symboles
d'identification
de polarisation
de consensus
}

Phase de définition
- Praxis d'interprétation
- Définitions plus articulées de la situation
- Visées de fond
- Confrontation des moyens et des fins
- Explicitation de la société en construction

Phase d'organisation
- Saisie
  - des forces en présence
  - des influences externes
  - des forces internes
- Articulation des démarches
  - programmation
  - stratégie
- Définition et attribution des tâches
- Établissement
  - des communications
  - des contrôles

Phase d'auto-évaluation
- Évaluation des trois phases précédentes
- Réenlignement
  - des moyens instrumentaux et des objectifs-fins
- Révision des tâches et des communications
- Rétrospective et prospective
  - court terme
  - moyen terme
  - long terme

On devra aussi apprendre à articuler deux grandes tendances que l'on trouve dans tout groupe qui veut donner cohérence et dynamisme à son action.

Primat du sens
- Je veux bien comprendre avant d'agir
- Il me faut tenir tous les éléments en main
- Je n'avance pas si je ne suis pas absolument sûr
- On doit savoir où on s'en va, où ça mène, comment y aller... pourquoi ?... avec qui ?... pour qui ?

Primat de l'action
{
Vivre d'abord. La vie apportera sa part de lumière.

Risquons une action commune. On verra bien !

Sortons-nous la tête du bourbier, nous émergerons de la noirceur vers la lumière. Par actions successives nous réajusterons notre tir... nos moyens et nos objectifs.
}

Du sens à l'action
De l'action au sens
→
{
Deux tempéraments

Deux praxis sociales

Un seul mouvement dialectique
}

— La dynamique de l'action spontanée, c'est :

Vivre — Agir — Réfléchir — Agir — Vivre

— La dynamique de l'action organisée, c'est :

« L'action ne peut être posée sans qu'un sens un peu homogène ne soit d'abord donné à la situation, l'action ne dégage son intention que par référence à un espace aux alentours un peu fermés. Promouvoir un sens de la situation par l'action, donner un sens préalable à la situation afin de rendre l'action possible : c'est d'abord dans cette conjonction élémentaire que l'histoire se fait et se parle » (Fernand Dumont).

Attention ! Derrière une praxis politique, il y a souvent deux paris camouflés : un pari d'interprétation et un pari d'action : dans la seconde tendance, on s'avoue difficilement à soi-même le pari d'interprétation qu'on porte. Dans la première, on éprouve peu souvent sa pensée par un pari d'action élucidé.

Certains ne verront ici qu'une dialectique abstruse. Pourtant quand elle n'est pas assumée concrètement, deux camps se constituent : les réalistes et les utopistes, les électoralistes et les idéologues, les techniciens et les prophètes, les administrateurs de moyens et les définisseurs de fins. Combien de groupes érigent en leur sein de telles barricades ? Or, c'est précisément la fonction proprement politique que d'articuler ces deux dimensions essentielles et dialectiques des sens et de l'action. Séparées l'une de l'autre, la première devient abstraite, intraduisible en objectifs et en projets ; la seconde n'a ni cible ni finalité pour orienter l'efficacité et la cohérence de ses instruments. Malraux a bien qualifié ces deux tendances en décrivant les « lucides sans mains » et les « activistes sans cerveau-direction ». On reconnaîtra sans peine ici bien des exemples dans les diverses initiatives sociopolitiques des derniers temps.

Certains tendent à réduire la politique à la pure critique idéologique, et le politique à un réformisme de complicité. Ils ont parfois contribué à éloigner des mouvements prometteurs, à la fois de la politique et du politique. Par exemple, ils ont gravement compromis l'action du F.R.A.P. (Front d'action populaire de Montréal) dans la première phase de son histoire. Depuis ce temps, le F.R.A.P. a toutes les peines du monde à se réenraciner. On devrait dire la même chose de ce *split* simpliste entre le « syndicalisme d'affaires » et le « syndicalisme révolutionnaire ». L'absence de sens et de praxis politique a tout simplement débouché sur ces deux extrêmes aussi peu politiques l'un que l'autre. Entre l'apolitisme du premier et l'idéologie pure du second, s'est constitué un *no man's land* où logent un grand nombre de travailleurs perplexes et déroutés. Bien peu de milieux de travail ont une quotidienneté vraiment politique. Les deux tendances précitées déracinent la politique réelle de ce lieu privilégié. Essayons de voir les choses différemment à travers un phénomène majeur de notre évolution récente. Encore ici, certains mouvements sociaux y ont joué un rôle capital.

UN EXEMPLE RÉVÉLATEUR Prenons l'exemple d'une praxis politique fondamentale : *la libération de la parole.* On n'aura pas de peine à saisir ici certaines constantes majeures des processus qui accompagnent l'action collective réfléchie, organisée et finalisée. Nous retenons ce phénomène politique de libération, parce qu'il a été la première dynamique des mouvements sociaux récents, chez nous et ailleurs.

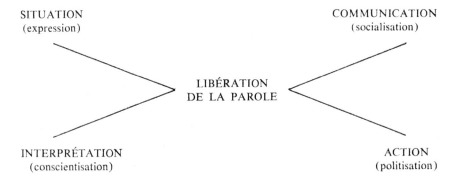

SITUATION
(expression)

COMMUNICATION
(socialisation)

LIBÉRATION
DE LA PAROLE

INTERPRÉTATION
(conscientisation)

ACTION
(politisation)

Voilà un premier schéma de base constitué par ces cinq composantes fondamentales. Des expériences extrêmement fécondes et concentrées en ont fait cinq dynamismes interreliés pour la libération et la promotion collectives des sous-développés du Tiers Monde et des prolétaires urbains. (Voir aussi nos ouvrages *Vers un nouveau pouvoir, Stratégies sociales, Nouveaux modèles sociaux,* H.M.H., 1969-1972.)

Un témoignage saisissant :

Ça m'a pris trente-cinq ans avant de prendre la parole. Le reste de ma vie ne suffira pas pour me l'enlever.

Témoignage d'un prolétaire urbain engagé dans une action communautaire et politique.

Autrefois il gueulait à la taverne, se taisait à l'usine
     il prenait « son trou » à l'Église et à la maison
     il laissait aux élites les conseils scolaires et municipaux
     il avait honte de lui-même devant ses enfants.

Aujourd'hui sa parole a porté
     sa parole a agi
     sa parole a communiqué
     sa parole l'a uni à ses semblables
     sa parole lui a redonné sa dignité
     sa parole l'a rendu

        plus lucide,
        plus courageux,
        plus responsable,
        plus libre

     sa parole l'a conscientisé, socialisé, politisé.

Voilà un cas type de la dialectique entre la parole et la vie, entre l'action et la pensée, de l'émergence d'une nouvelle manière d'être, de vivre, d'agir, de penser.

Cet homme a vécu une praxis qui lui permettait d'établir progressivement la cohérence dynamique de son engagement « situé ». Il s'est impliqué efficacement dans sa quotidienneté et en même temps il l'a critiquée, élargie, finalisée, solidarisée, transformée. Retenons ici une idée force de **Paulo Freire** : il n'y a pas d'éducation ou de politisation effectives sans prise réaliste sur le milieu de vie concret... par la parole libérée, l'analyse critique du quotidien, l'action sur les conditions de vie et la communauté de destin. Notons aussi que l'interprétation politique, elle aussi, doit suivre des étapes d'élucidation et de maturation. Autrement, on oscille entre l'action sur le tas et la rationalisation catéchétique. La pensée, tout autant que l'action, a besoin de cheminements, d'étapes, de stratégies. Comment plaider pour la démocratie et imposer en même temps une lecture idéologique toute faite ? Souvent, inconsciemment, on perd de vue ces exigences d'autodétermination démocratique de la compréhension et de la conscientisation. Toute stratégie politique authentique comporte cette pédagogie d'autogestion des intelligences à même les cheminements d'action. L'expression libérée sert de lien vital entre les deux, comme vient de le démontrer cet exemple qui correspond à l'expérience de plusieurs nouveaux politisés chez nous.

D'ailleurs, l'histoire de la démocratie nous révèle cette intuition praxéologique. Le droit à la liberté de parole n'est pas un simple droit parmi d'autres, ni un pur point de départ. Il s'agit d'assurer un processus humain qui relie : le vécu, la conscience qu'on en a, l'intelligence critique qui le situe, la volonté de le maîtriser et de l'orienter et l'action qu'il faut entreprendre pour y parvenir. Ce processus est une dynamique centrale de notre civilisation. Partout où il est bloqué, on constate la pauvreté de comportement politique. Or, il s'agit de la démarche le plus à la portée des citoyens. Il ne faut pas confondre une telle libération de la parole avec le bla-bla stérile des comités patentés.

LES AVATARS D'UNE PRAXIS DE BASE Nous voulons attirer l'attention sur des expériences récentes qui éclairent d'une façon saisissante le champ politique réel de notre société, et surtout les enjeux critiques d'une certaine démocratie de base qui a commencé à s'affirmer chez nous. Le phénomène nous intéresse davantage parce qu'il touche directement le travail lui-même et sa dimension politique. Il s'agit des projets P.I.L. (projets d'initiatives locales). Nous avons déjà montré comment le système libéral a su exploiter des méthodes très subtiles de récupération pour neutraliser les oppositions dangereuses qui viendraient du pays réel. Certains ont interprété cette initiative des libéraux comme une façon de contrôler des animateurs radicaux qui opéraient dans des structures parallèles. Cette critique est bien superficielle. Les pouvoirs en place craignent beaucoup plus ce qui pourrait être une politisation intérieure aux milieux de vie, et un signe d'identification pour les citoyens en désaccord avec leurs gouvernements. En dépit des apparences, ce ne sont pas d'abord les activistes, les leaders ou les idéologues radicaux qui inquiètent l'élite dominante, mais plutôt les citoyens ordinaires qui accèdent à une conscience et à une militance politiques dynamiques et critiques à même leurs expériences de vie et de travail. Ceux-ci servent alors de « modèles » à portée de la main pour les autres citoyens. Leur type d'action dégage de nouvelles possibilités d'opposition dans le vrai trafic de la collectivité.

À l'occasion d'un chômage assez massif, voici que le gouvernement met en marche l'opération P.I.L. qui permet à des citoyens de travailler pendant une période de quelques mois. Bien sûr l'acceptation des projets formulés à la base passe par le treillis des hommes du parti, de ses réseaux de contrôle : députés, organisateurs, patroneux, fonctionnaires choisis pour ces objectifs partisans. Mais encore ici, le problème majeur se situe à un palier plus profond. Essayons de le cerner à partir d'une première évaluation des diverses expériences. Disons d'abord que bien des membres des mouvements et organisations communautaires se sont prévalus de ce nouveau programme. N'est-ce pas alléchant ? Cent dollars par semaine, et cela dans des milieux populaires où beaucoup de travailleurs n'ont même pas ce salaire. Mais qu'arrive-t-il au bout du processus ? Certains organismes qui s'étaient construits selon un modèle de solidarité d'engagement et de service ont vu leurs membres revenir au modèle mercantile. P.I.L. avait détruit la militance et l'esprit de ces mouvements de base.

Il ne s'agit pas de cas isolés, mais d'un phénomène constaté dans la plupart des projets. Par exemple, les quatorze comités de citoyens (zones grises de Montréal) qui avaient réalisé un projet ou l'autre, se sont dissous en fin d'exercice du programme. Les membres étaient passés d'un engagement social et politique à une pure condition de salariés de l'État. Même résultat chez des associations populaires de type coopératif, dans des regroupements actifs de jeunes travailleurs. Ce programme provisoire, tel que conçu et administré, ne permettait pas non plus aux chômeurs de retrouver une dynamique de travail. Il manquait cet esprit qui avait présidé aux mouvements sociaux premiers, à savoir : une implication solidaire et responsable des chômeurs eux-mêmes.

Le gouvernement a voulu se faire animateur. Il a tout simplement arrêté la gestation de nouveaux modèles sociaux. P.I.L. devenait un écran pour masquer l'absence ou le refus de politiques économiques susceptibles d'apporter des solutions plus sérieuses au chômage. Politiques qui auraient touché aux vraies causes, aux structures économiques elles-mêmes, aux pouvoirs et intérêts des élites possédantes. P.I.L. véhicule sans doute une philosophie meilleure que celle de l'assurance-chômage qui entretient trop souvent une dépendance chronique et une mentalité de passivité. Mais quand on y regarde de plus près, on se rend compte qu'après ce pas en avant il y a trois pas en arrière. En effet, le gouvernement apparaît bon père ou bon prince. Il semble reconnaître les initiatives sociales des dernières années. Mais c'est une goutte d'eau dans l'océan. De plus, on privatise un problème public dans des solutions parallèles et marginales. Est-ce bien le rôle d'une instance politique ? Il y a tant à faire au plan des politiques d'emploi et de main-d'œuvre, des transformations à envisager en matière de recyclage, de reclassement, de création d'emplois, d'humanisation du travail et de réorientations socio-économiques.

Le gouvernement agissait ici un peu comme ces psychologues industriels de service qui individualisent les problèmes des travailleurs pour les empêcher de rejoindre les causes sociales et politiques de leur situation au travail. Les citoyens perdent ainsi de vue l'ensemble de la société à la manière de ces travailleurs qui, considérés comme individus isolés ou cas particuliers, délaissent la critique des conditions collectives du travail dans leur usine et dans le système économique actuel. « Nous vous offrons de quoi solutionner votre problème personnel et immédiat... n'est-ce pas plus réaliste ? N'écoutez pas les contestataires, ils n'ont rien à vous donner concrètement, sauf des rêves et des critiques stériles. » Ces propos ne sont qu'explicitation d'un langage camouflé chez les apologistes gouvernementaux de projets semblables à ceux du P.I.L. On repousse toujours plus loin les problèmes de fond que véhicule le travail dans notre société libérale.

PRENDRE LE POUVOIR PAR LE TRAVAIL Pendant ce temps, des crises graves s'accumulent. Les pouvoirs libéraux multiplient les législations anti-ouvrières ou antisyndicales. Bien sûr, les grèves sauvages, les conflits de travail ont jeté le désarroi dans l'opinion publique, surtout quand il s'agit des grands services de la collectivité. Mais bien peu s'interrogent sur les causes de telles difficultés, sur l'organisation du travail où naissent de telles insatisfactions, de telles revendications. Non pas qu'il faille donner un diplôme d'intégrité et de justice parfaite à tous les syndicalistes, mais on doit reconnaître que de part et d'autre, on ne s'est pas confronté autour de vrais projets et de vraies politiques. Ces derniers temps, des lois d'exception, des mesures judiciaires discriminatoires ou des législations antisociales ont envenimé le climat, forçant ainsi les travailleurs organisés à limiter leur action à l'exercice de la légitime défense.

Il ne reste plus alors d'énergies pour des solutions nouvelles et positives, et cela de part et d'autre. Que faire devant les dizaines de fermetures d'usine, le bouleversement des structures d'emploi, l'insatisfaction très répandue dans bien des milieux de travail, la série de grèves sauvages, l'échec de tant de conventions collectives ? Dans quelle mesure les débats politiques laissent dans l'ombre ces questions de fond ? Est-on en train de créer une nouvelle classe sociale chez les assistés sociaux ? Laissera-t-on pourrir la situation scandaleuse de paupérisation de cette large couche de petits salariés essoufflés par l'inflation, souvent non syndiqués, non protégés ? Comment solutionner le problème de cet écart non moins scandaleux entre groupes de salariés ? Bref, toute l'organisation sociale, économique et politique actuelle requiert une révision radicale et des stratégies de dépassement autrement plus larges et profondes. Or, le débat politique dérive continuellement vers des épiphénomènes.

Nous donnons, dans cet ouvrage, des exemples de politiques économiques judicieuses et efficaces que certains pays ont mises en œuvre. Mais dans tous les cas, ce fut le résultat de praxis politiques longuement mûries et expérimentées. Raison de plus pour commencer dès aujourd'hui à aider les travailleurs à se donner eux-mêmes des dynamiques politiques propres et des projets collectifs qui forcent la société à voir les choses différemment. Qui sait, si en allant au bout de leurs expériences et de leurs aspirations au travail, ils n'accrocheront pas tout au passage ? La démarche politique aura l'avantage de venir d'en bas, d'être à la portée des divers milieux quotidiens, et de rapatrier le pouvoir démocratique prépondérant au sein du peuple.

NOTE : LES MODÈLES EN PRÉSENCE   Toute praxis se réfère à un modèle plus ou moins explicite. Dans un ouvrage récent, *Nouveaux modèles sociaux* (H.M.H., 1972), nous avons proposé un cadre d'analyse des principaux modèles actuels de praxis. Au chapitre des modèles politiques, nous retenions une première typologie de base qui peut aider à identifier bien des praxis politiques qui ont cours dans divers milieux. Il s'agit du pôle central autour duquel se constitue un modèle privilégié.

1. Modèles autocratiques	→	Le chef
2. Modèles de consensus	→	La collectivité
3. Modèles administratifs	→	L'appareil
4. Modèles libéraux	→	L'oligarchie de pouvoirs
5. Modèles participationnistes	→	Les citoyens
6. Modèles éthico-utopiques	→	Les idées et les valeurs

On pourrait compléter cette première typologie par une autre qui éclaire les praxis sous un autre angle.

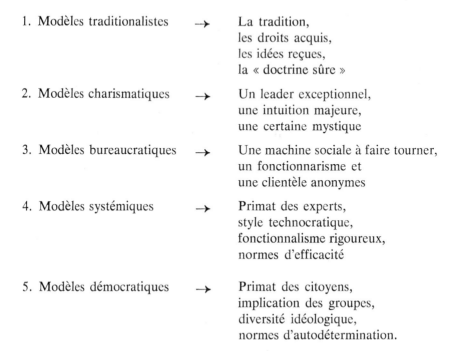

1. Modèles traditionalistes → La tradition,
les droits acquis,
les idées reçues,
la « doctrine sûre »

2. Modèles charismatiques → Un leader exceptionnel,
une intuition majeure,
une certaine mystique

3. Modèles bureaucratiques → Une machine sociale à faire tourner,
un fonctionnarisme et
une clientèle anonymes

4. Modèles systémiques → Primat des experts,
style technocratique,
fonctionnalisme rigoureux,
normes d'efficacité

5. Modèles démocratiques → Primat des citoyens,
implication des groupes,
diversité idéologique,
normes d'autodétermination.

Certains groupes de travailleurs en arrivent parfois à démonter les mécanismes d'un modèle ou l'autre avec beaucoup de finesse. Par exemple, certains travailleurs ont réussi à retracer les rapports cachés qui reliaient des réseaux de pouvoirs dans leur ville. Avec un flair très juste, ils sont partis de la réalité socio-économique, particulièrement des investissements privés et publics, pour rejoindre les divers centres de décision, les collusions d'*underground* des pouvoirs économiques et politiques. Ils découvrirent tout un monde qui échappait à leur premier regard, et en même temps l'ampleur et la force de la structure économico-politique de domination. Même si leur milieu était la caisse de résonance de tout le système social, ils se rendaient compte que sur le plan de l'action, il faut déborder l'aire de leur milieu pour mener des luttes politiques plus larges.

Mais leur prise de conscience première ne s'est pas faite à partir d'une idéologie abstraite. Ils ont cherché à saisir une praxis concrète par une observation sérieuse et une réflexion soutenue. Ils ont appris l'importance de l'information dans notre société. Ils ont mieux connu les processus de décision, les modèles d'action, les tactiques et les stratégies des élites dominantes. Ils ont vu comment les gouvernements et les partis au pouvoir opéraient. Ils se sont fait une idée plus juste de l'ensemble des structures sociales de leur milieu. Ils ont fouillé des sources d'information pour rejoindre les ramifications de certains conglomérats. Ils ont situé, par exemple, le rôle de la banque de Montréal par rapport à des réseaux d'industries et de finances, par rapport aux gouvernements. Bien sûr, il y avait bien des trous dans leur information, surtout quand ils ont voulu évaluer l'expérience du nouveau parc industriel dans le cadre de la « zone spéciale » du ministère de l'Expansion régionale. Mais, ils en avaient assez pour démonter les mécanismes de certaines politiques économiques, de certaines praxis financières. Dans leurs milieux de travail, ils pouvaient éveiller les autres en tenant un langage précis et compréhensible. Tout le contraire de certaines politisations que l'on connaît.

CONCLUSIONS

« *Est réformiste une réforme qui subordonne ses objectifs aux critères de rationalité et de possibilité d'un système et d'une politique donnés. Le réformisme écarte d'emblée les objectifs et les revendications — si profondément enracinés soient-ils dans les besoins — incompatibles avec la conservation du système. N'est pas nécessairement réformiste, en revanche, une réforme revendiquée non pas en fonction de ce qui est possible dans le cadre d'un système et d'une gestion donnés, mais de ce qui doit être rendu possible en fonction des besoins et des exigences humaines.* »

A. GORZ *

UN MOUVEMENT DE CIVILISATION Notre réflexion sur le milieu de travail s'inscrit dans un mouvement de civilisation à peine amorcé. Voici que des millions d'Occidentaux se cherchent des milieux de vie plus humains, plus respirables. La société technologique a bâti des structures lourdes sur des communautés de plus en plus fragiles. Par delà des progrès techniques indéniables, nous voilà confrontés à refaire ou à réinventer des tissus sociaux, de nouveaux lieux de l'homme. L'aspiration communautaire refait surface à travers des expériences inédites de solidarité. On songe ici aux communes, aux communautés de base. Certains y voient le retour épisodique du mouvement communard qui a marqué les périodes de transition de l'histoire. D'autres s'inquiètent de ce qu'ils appellent la retribalisation. Régression vers l'homme primitif ? Remythologisation de l'âge d'or des origines ? Fuite face au défi d'assumer humainement une société plus complexe ? On se replie sur les projets individuels. On se cherche un « petit coin » de paix et de verdure à la campagne : « essayons de nous humaniser dans notre vie privée, puisque la lancée de la technopolis est irréversible ». Mais non, il ne faut pas céder à cette tentation au moment où une telle évolution aveugle est en train de polluer tragiquement la nature et l'homme lui-même.

* *Stratégie ouvrière et néocapitalisme,* Seuil, 1964, p. 12-13.

Le problème est à l'échelle de la civilisation. De nouveaux généralistes apparaissent. Les écologistes remplacent le concept clé de la
technostructure par celui de l'éco-système, comme matrice principale de
l'existence collective. Un environnement qui constitue un véritable milieu
pour l'homme. Bien sûr il y a des ambiguïtés dans cette neuve prise de
conscience. Le naturisme de l'espace vert est une bien petite réponse
face à l'humanisme culturel qui veut se redéfinir. Il y a tout un monde
entre les rénovations urbaines et l'aspiration à un milieu fait pour l'homme
et par l'homme. Le milieu humain est beaucoup plus complexe que toutes
les planifications des écologistes, des aménagistes ou des urbanistes. Il
exige une longue maturation sociale, un façonnement patient d'une quotidienneté solidaire. Il appelle une sorte de praxis vitale et totale qui
déborde les techniques sociales anciennes et nouvelles. L'échec des théories organisationnelles en témoigne. Non pas qu'elles manqueraient de
pertinence. L'erreur était de croire qu'elles pouvaient recréer des milieux
de vie, de travail, d'éducation, d'habitat. Le mouvement écologiste marque
un pas en avant. Il nous fait redécouvrir l'homme, le milieu communautaire par l'environnement. C'est une bien mince avancée. En effet, chez nous
au Québec, on fait intervenir l'écologie quand les jeux économiques et
politiques sont faits. Pensons au cas de l'aéroport Mirabel, de la Baie
James et des Olympiques.

Voilà un premier contexte problématique pour situer l'enjeu des
milieux de travail à réinventer. Ceux qui interviennent sur ce plan connaissent les défis des écologistes. On leur demande de trouver des
« solutions après coup ». Il faudrait d'abord respecter les pouvoirs et intérêts en place, l'administration des choses, le schéma libéral dominant,
puis imaginer certaines solutions humaines qui amenuisent les conséquences malheureuses d'une croissance économique érigée comme fin
dernière de la société et de la civilisation.

Or la redéfinition du travail humain, de la communauté socio-économique concerne tout le système social et sa philosophie de base. Nous
soupçonnons qu'un tel enjeu remet en cause profondément la démocratie
libérale et ses fictions juridiques. Le travail est peut-être le lieu privilégié
de l'explosion des aspirations nouvelles. Mais ne cédons pas au globalisme
idéologique qui ne sait pas se donner des mains politiques. Les sociétés,
comme les hommes, ont besoin d'étapes pour se transformer et atteindre
leurs objectifs. Par ailleurs, nous ne voulons pas donner prise à l'opportunisme et à l'empirisme « à courte vue » des intérêts investis. Nous garderons à l'esprit l'ensemble du système social et le contexte de civilisation
que nous venons d'évoquer. Mais faut-il le rappeler, de part et d'autre
dans les grands débats, on a négligé certaines tâches collectives d'huma-

nisation du travail ? Les uns, au nom d'un *statu quo* de pouvoir à protéger, les autres, au nom d'horizons plus ou moins lointains où enfin il y aurait un changement global de système.

.

UNE TÂCHE PRESSANTE ET MAJEURE : HUMANISER LE TRAVAIL Dans les recherches et expériences multiples que nous avons analysées, « les travailleurs en général désirent éviter les emplois qui sont monotones, répétitifs, très contrôlés et isolés des autres. Par contre, ils recherchent des emplois qui requièrent de l'activité, initiative et jugement, des emplois qui soient autonomes, variés et qui les incitent à apprendre [1] ». Évidemment, personne ne sous-estime l'importance de la sécurité d'emploi, d'un bon salaire, d'une possibilité d'avancement. Mais, d'une façon vive et inédite, beaucoup deviennent critiques devant les modèles d'hier et d'aujourd'hui. À leurs yeux, il faut à tout prix que le travail ait un « sens », qu'il soit utile, objet de qualification, digne de respect et de reconnaissance sociale, qu'il ait valeur de développement personnel et sociétaire. Certains se révoltent en constatant qu'ils sont le matériau de construction le plus facilement remplaçable. D'autres évoquent toute la question des contrôles extérieurs et de l'absence d'initiative personnelle ou de groupe.

Ces remarques s'appliquent à la plupart des milieux de travail (dans les secteurs économiques primaires, secondaires et tertiaires), des manœuvres aux ingénieurs, des mécaniciens aux fonctionnaires, des commis de bureau aux instituteurs. Tous, plus ou moins consciemment, sont influencés par une nouvelle culture qui déplace le centre de gravité social de l'homme « adapté », « contrôlé », à l'homme libre, critique et créateur. Les leaderships institutionnels, même syndicaux, ne savent pas comment interpréter et assumer ces nouveaux comportements critiques de leurs commettants, ces aspirations à une créativité libérée, autonome et plus responsable. Des styles de vie élaborés dans les secteurs plus spontanés de l'existence refluent dans les structures et les modes de travail. Le heurt est alors brutal, tellement les deux univers diffèrent et s'entrechoquent violemment. Les autorités perdent pied. La science et la technique d'un génie administratif si fier perdent de leur panache. On devient erratique. Les ordinateurs et les programmations commencent à révéler leurs limites. Refus de la rationalité et de l'efficacité ? On a tôt fait de considérer les

---

1. M. Maccoby, *Principes d'humanisation du travail,* conférence au symposium de l'association américaine pour l'avancement de la science, *in U.I.M.M.,* avril 1972, p. 2.

revendications comme des poussées anarchiques (les grèves sauvages, par exemple). Mais a-t-on une vision juste des choses et des hommes quand on juge que tout ce qui n'est pas de sa propre rationalité, est forcément irrationnel ? Car telle nous apparaît la réaction de certains administrateurs incapables de saisir ces cohérences et dynamismes culturels nouveaux.

Les cohérences humaines de la vie et du travail ne coïncident pas avec celles des plannings techniques et technocratiques. Il y a ici tout un univers de sentiments, de relations, de libertés, de solidarités, de projets qu'on ne saurait enfermer dans un moule technologique unique. A-t-on la moindre idée des richesses humaines que sécrètent les milieux de travail ? Comment justifier les terribles réductions des théories et des techniques du management moderne ? N'est-on pas passé à côté des problèmes les plus profonds comme des possibilités les plus prometteuses ? De moins en moins, les travailleurs accepteront de relier leur activité productrice à la simple obtention d'une situation décente ou d'un minimum vital. Celui-ci, on l'aura par les politiques sociales. Si l'homme, en général, se comprend, se construit, se socialise d'abord par son travail, il faudra bien inventer de nouveaux modèles qui débordent la pure subsistance. La sécurité minimale assurée ailleurs, la qualité du travail acquiert tout d'un coup une importance inattendue. « Après un certain degré de salaire, plusieurs s'interrogent sur le contenu humain de leur travail », nous dit-on. Cette attitude semble gagner d'autres couches plus modestes de salariés. Il s'agit bien d'une vague de fond. L'absentéisme, la rotation, le sabotage, le désintérêt, l'irresponsabilité ont aussi leur source dans le contenu et le mode de travail lui-même.

TOUJOURS À L'OMBRE DE TAYLOR Dans une société de salariés, certains en viennent à tout mesurer à la paie. Or, c'est précisément contre une telle réduction que l'être humain s'insurge. Il a l'impression d'être une relation commerciale comme n'importe quelle autre. On nous dira que bien des gens s'en accommodent. Mais il faudra bien pointer les causes véritables de comportements irresponsables. Il y a des aliénations plus profondes qui conditionnent toutes les autres. *Un système d'aresponsabilité et de dépendance sécrète des attitudes irresponsables chez les hommes.* Cela vaut pour le grand adolescent retenu trop longtemps sur les bancs d'école et aussi pour des travailleurs qui ne font qu'exécuter ce que d'autres ont pensé et ordonné. Car, ne nous faisons pas d'illusion, le taylorisme reste la trame de fond de notre société actuelle. Il y a ceux qui pensent, et ceux qui exécutent. « Vous n'êtes pas là pour penser, d'autres le font. » C'est encore plus vrai dans un régime technocratique d'experts, dans une technostructure programmée, en dépit de toutes les prétentions démocratiques. Cette critique est devenue un lieu commun. Mais combien vont assez loin pour rejoindre des profondeurs qui cachent peut-être des possibilités de dépassement ?

Par exemple, cette structure dichotomique taylorienne a exténué une dimension dynamique du travail, celle du savoir pratique, de la praxis, de l'expérience réfléchie à la source de l'invention rationnelle. Nous avons de grands contingents de diplômés patentés, statués, classés, reconnus socialement, mais trop souvent incapables d'accomplir la plupart des tâches que requiert le monde du travail. On accroche la compétence et l'excellence non pas à des praxis efficaces, mais à des statuts formalisés. Le docteur en médecine, en génie, est automatiquement considéré comme un expert compétent. Étrange paradoxe d'une société de la rentabilité, de l'efficacité et de la productivité ! Tout se passe comme si le schéma taylorien était arrivé à sa limite critique. On l'a étendu à tout le système social, jusqu'en éducation et dans les services qui devraient être éminemment humanitaires. Cet univers administratif formalisé se retrouve partout, dans les écoles et les hôpitaux comme dans les usines. C'est un univers humain étroit malgré toutes ses prétentions. Un univers de règles, de budgétisation, de programmation qui convient à l'administration des choses. Voici un témoignage assez révélateur de bien des situations. Une infirmière me disait :

« Dans mon hôpital, on est obsédé par le cadre administratif, on ne parle que des normes et jamais des malades : on traduit tout en termes de budget, de clauses syndicales ; on administre la rentabilité ; mon nursing est un rouage d'une vaste machine, tout le contraire des objectifs véritables d'un véritable nursing ; il n'y a aucune communauté de travail, et bien peu de rapports avec les malades eux-mêmes ; tout se passe comme s'il fallait mettre toutes ses énergies à suivre la bonne filière, à bien remplir les papiers, à rencontrer les performances du budget. Ce sont ces filières qui coûtent cher. Bien peu d'administrateurs admettent que leur organisation elle-même est l'item le plus dispendieux. Chacune des catégories professionnelles cherche à y trouver le plus d'avantages possibles. L'administration rationnelle devient le lieu de luttes futiles sur les normes, les statuts, les rôles, les budgets, les échelles complexes de revenus. Les syndicats jouent le jeu... les corporations aussi.

« Pendant ce temps, la qualité humaine du travail, de nos rapports et de nos services aux malades, en prend un coup. Je vis dans une maison de fous. Personne n'y vient travailler avec goût et entrain. Les malades n'y trouvent pas un milieu humain d'accueil. Ils sentent notre ennui et nos tensions. Lors d'une grève récente, nous avons dû délaisser le cadre habituel de travail. Nous nous sommes entendus ensemble pour répartir nos tâches, nous aider les uns les autres, établir nos propres contrôles. Or, avec le tiers du personnel, nous avons fait le même travail. Nous avons été plus près des malades. Nous avons vécu une nouvelle solidarité. J'ai vécu et fait, à cette occasion, une véritable expérience de communauté de travail. Quand tout est revenu à la « normale », tout a cessé. On est retourné à l'ennui et à l'inefficacité d'hier. »

Un exemple-limite ? Non, il en existe des centaines d'exemplaires. Ce qui a été fait au moment de la grève, révèle les énormes possibilités du « savoir pratique » d'une communauté de travail qui définit ses tâches, établit ses normes immédiates, et ses communications, ses contrôles, et ses objectifs d'efficacité. En même temps, nous avons vu ce qui pourrait constituer un véritable milieu de vie où il fait bon travailler.

Nous avons fait état de nombreuses expériences positives en ce domaine. Des équipes de travail avec un pouvoir réel de décision, de définition de tâches et de communication, d'autocontrôle et de performance relativement autonomes, réussissent à refaire un milieu de travail épanouissant et créateur. Productivité et satisfaction croissent ici ensemble. Notons que la gratification doit être attachée directement au groupe de production lui-même, et non pas seulement à l'ensemble des producteurs ou à l'ensemble de l'institution ou de la firme. De nouvelles formes de coopération apparaissent. Les compétences et les savoirs réels sont davantage mis en valeur. Un climat positif de liberté permet alors des responsabilités plus solidaires les unes des autres. L'individu y est reconnu comme personne et comme membre de plain-pied. Peu à peu se constituent par en bas un tissu social, un milieu de vie, une communauté de travail. Des contraintes inutiles disparaissent. Les normes s'assouplissent au profit de réarrangements dynamiques des rôles et des complémentarités. Peu à peu l'expérience quotidienne d'un travail partagé ainsi se donne des cohérences originales et fécondes. Les statuts verticaux rigides cèdent la première place à l'aménagement horizontal et souple des rôles. Les difficultés sont partagées par tous les membres dans ces petits groupes autogérés.

NOUS AVONS VINGT ANS DE RETARD On pourrait nous reprocher ici un certain idéalisme facile. Mais trop d'expériences positives dans divers contextes socio-économiques viennent contester le fatalisme pessimiste et l'anachronisme de ceux qui en restent au constat des échecs d'une réforme du travail encore entachée de taylorisme. Des correctifs comme ceux de la théorie organisationnelle ou des systèmes de communication (meilleures relations humaines) ou de l'administration par objectifs, n'ont pas touché au travail lui-même. Il fallait aller plus loin. Il ne s'agit pas d'imiter servilement des modèles étrangers. Par exemple, les structures de travail au Japon apparaîtraient ici comme une forme de paternalisme inacceptable. De même certaines expériences européennes de démocratie industrielle n'ont pas dépassé la révision des statuts. La représentativité des travailleurs dans les divers centres de décision ne faisait qu'accentuer les fictions d'une certaine démocratie libérale. Les représentants élus par les travailleurs adoptaient inconsciemment les « attitudes et les partis pris de la direction ». Et l'ensemble des travailleurs ne sortait pas de sa situation d'apathie et d'aliénation. Il en est tout autrement des expériences de démocratie « participative » qui déplacent le centre de gravité vers la base de la structure de travail. Pensons aux innombrables exemples déjà cités, en Scandinavie, en Hollande, en Yougoslavie. Bien sûr, cette démocratisation s'inscrit dans un système économico-politique orienté en conséquence.

DES EXPÉRIENCES PILOTES Quand on évalue l'expérience scandinave, par exemple, on ne peut que reconnaître l'intelligence et l'humanité des solutions trouvées. Celles-ci n'entrent pas dans les cadres idéologiques habituels : capitalisme, socialisme ou encore coopérativisme. Il suffit de suivre l'évolution historique de l'économie suédoise pour y découvrir le réalisme politique qu'on a mis à profit pour réaliser une démocratisation socio-économique qu'on trouve difficilement ailleurs. Il y a là des paradoxes qui défient toute approche cartésienne : efficacité et participation, centralisation et autonomie de la base, leadership et membership aussi puissants l'un que l'autre, socialisation et initiative privée très poussées. C'est à se demander si la démocratie ne repose pas sur cette synergie que les droites et les gauches refusent pour des raisons différentes. En effet, tout se passe comme si la base et le sommet, la liberté et l'autorité devenaient féconds en se reconnaissant et en se renforçant les uns les autres.

Nous avons sous nos yeux la dernière législation du gouvernement suédois en matière d'organisation du travail. Toutes les corporations suédoises qui ont plus de cent employés (sauf les banques et les compagnies d'assurance) auront deux employés élus par les travailleurs sur le bureau d'administration. Ainsi le mouvement ouvrier pourra placer près de 5 000 de ses membres dans les bureaux d'administration de 2 300 firmes. Les grandes centrales syndicales ont la responsabilité de former ces hommes pour qu'ils puissent assumer les tâches requises et en même temps jouer le rôle *ad hoc* de représentation des travailleurs. Les législateurs disent qu'il faut étendre l'influence de la société et du monde des travailleurs en plein cœur des centres de décision proprement économiques. Et ces mesures ne sont considérées que comme le début d'un processus de démocratisation plus large et plus profond. Une information intégrale devient obligatoire pour mettre au courant les travailleurs d'une firme donnée sur la situation financière. Les syndicats ont même le droit d'envoyer leurs propres comptables. D'autres représentants de la société siégeront aux bureaux d'administration de certains services pour présenter le point de vue du public. Dans le débat qui a accompagné cette législation, certains hommes d'affaires ont invoqué les secrets concurrentiels et les conflits d'intérêt. Le gouvernement a répondu que les membres actuels des bureaux d'administration siègent souvent dans plusieurs de ceux-ci, et connaissent eux-mêmes soit des conflits d'intérêt, soit des situations ambiguës comme conseillers de compétiteurs. Les secrets des corporations sont autrement plus graves, dans la mesure où ils permettent aux pouvoirs économiques d'opérer dans un *underground* sans un minimum de contrôle démocratique par les gouvernements, par la population et par les travailleurs immédiatement concernés. Voilà donc une brèche dans le fameux droit absolu de propriété privée et de gérance. La responsabilité sociale des entreprises ne saurait se limiter aux taxes et à quelques œuvres philanthropiques. Il faut insérer les mécanismes démocratiques dans les principaux centres de décision économiques. Si la fonction politique ne va pas jusque-là, la démocratie devient un circuit périphérique.

MÊME DANS DE VASTES COMPLEXES INDUSTRIELS On objecte souvent que l'autodétermination collective dans l'organisation du travail n'est possible que dans de petites ou de moyennes entreprises. Les réticences sont encore plus poussées quand il s'agit d'élargir les participations et les contrôles dans de vastes administrations. Certains exemples révélateurs démentent ce refus d'envisager une telle possibilité. La British Steel Corporation comporte un système de représentation du personnel où seize salariés sont à temps partiel aux conseils administratifs des six divisions de la production de la B.S.C. Les syndicats ont un large contrôle sur ces nominations et sur l'orientation de leurs membres délégués. Après expérience, de l'avis des diverses parties, il y a eu un apport précieux de ces représentants des travailleurs pour l'élaboration de politiques administratives à la base, plus humaines et plus efficaces dans le domaine de l'organisation du travail, et indirectement dans l'ensemble de la gestion. La Confédération des syndicats britanniques (T.U.C.) confirmait récemment cette évaluation. Notons que les travailleurs délégués gardent leurs fonctions syndicales.

L'intérêt de ceux-ci remet en cause une autre objection fréquente chez les administrateurs traditionnels : « Le travailleur ordinaire ne veut rien savoir de l'entreprise, il demande un bon salaire et des conditions viables ; il fuit les responsabilités qui débordent sa tâche immédiate dans un poste donné ; ses centres d'intérêt sont ailleurs ; plus le travail est simple, défini et automatique, plus il se sent en sécurité et en paix. » Ainsi, la majorité des travailleurs non seulement s'accommode de cette dépendance organisée, mais elle la désire pour ne pas avoir de « trouble ». Bien sûr, il y a une part de vérité dans ce constat empirique. Alors une telle attitude n'est-elle pas reliée, dans une certaine mesure, à un contexte de travail aliénant qui refoule des aspirations profondes et crée une sorte de passivité chronique ? Il en va tout autrement dans un contexte de véritable communauté de travail où chacun devient partie prenante de ce qui concerne tout le monde, où la situation personnelle est rattachée d'une façon active et permanente à la situation collective, où les enjeux individuels et les enjeux collectifs sont articulés les uns aux autres, à l'intérieur d'un cadre politique et administratif cohérent et démocratique. Les petits et les grands défis de l'entreprise ne sont plus extérieurs à l'activité quotidienne du travail.

En l'occurrence, dans le cas cité, les salariés-administrateurs restent à mi-temps dans leur atelier pour bien garder leur identité et leur solidarité de base. Ils reçoivent aussi une formation *ad hoc,* supervisée par le syndicat, pour jouer leur rôle avec discernement et compétence. Ils peuvent rencontrer librement les autres travailleurs dans les divers départements de l'usine afin de mieux connaître les vrais problèmes.

Notons que cette nouvelle forme de participation-contrôle ne se substitue pas à l'action habituelle du syndicat, par exemple en matière de négociations. Après quatre années d'expérience, toutes les parties impliquées n'hésitent pas à y voir un acquis positif.

LE QUÉBEC DANS LA COURSE ? Nous nous sommes attardé sur ce cas type pour bien faire ressortir la possibilité de solutions souples et efficaces dans la réorganisation des structures de travail. On peut donc aussi relever le défi dans une corporation gigantesque qui emploie 230 000 personnes, dans 40 usines différentes, réparties en six divisions de production. Cela ne vaut pas seulement pour de petites entreprises. Notre insistance est aussi en relation avec un débat tenu récemment chez nous.

Le ministre de l'Industrie et du Commerce du Québec a rejeté d'un revers de main une expérience semblable dans le complexe forestier Sogefor. Le *statu quo* traditionnel est la voie la plus facile. Pourtant, ce même ministre et beaucoup d'autres élites avouent qu'il faut trouver d'autres formules, redéfinir les rôles des syndicats, des pouvoirs financiers, de l'État, etc. Il y avait là une belle occasion d'établir un banc d'essai, de repenser les choses dans des perspectives nouvelles, de chercher sérieusement des solutions plus constructives.

Comme un bon libéraliste, le ministre recourt à l'idéologie quand il est confronté à une décision empirique ; il oppose les faits concrets à ses objecteurs quand ceux-ci le rejoignent au palier idéologique. Cet opportunisme a pu servir les intérêts immédiats des pouvoirs établis. Mais, bon gré mal gré, aujourd'hui, les uns et les autres, gouvernants, patrons et syndicats sont forcés de trouver ensemble des solutions neuves, parce que même le court terme de tous et chacun est gravement menacé. Personne, fût-ce le militant radical, ne peut se permettre de détruire irrémédiablement l'assiette matérielle de la collectivité.

Dans les circonstances, les extrémistes du *statu quo* et ceux de la grande « casse » partagent une attitude semblable. La majorité du peuple a signifié dans bien des enquêtes récentes qu'elle voulait chercher des solutions dans le cadre d'un minimum de garanties matérielles. Saura-t-on respecter cette exigence ? Le *statu quo* libéral ne résout pas les problèmes matériels des couches populaires. Il renforce même les inégalités. À l'autre extrême, certains propos jacobins semblent ignorer totalement les exigences démocratiques et publiques d'un consensus et d'une action progressiste chez le peuple qu'on prétend défendre. On ignore tout des cheminements historiques qu'ont suivis, dans d'autres pays, des forces ouvrières qui ont marqué des points importants dans la démocratisation des centres de décisions économiques et politiques. Avec si peu de sens politique, on parlera encore longtemps, d'une façon abstraite, d'autogestion et de parti des travailleurs.

Il existe chez nous des expériences timides d'autodétermination partielle de milieux de travail. Certaines grèves récentes ont porté sur de tels objectifs. Le ministère des Affaires sociales a lui aussi commencé à démocratiser les structures d'administration et les structures des services eux-mêmes. La première phase de mise en place de mécanismes de contrôle démocratique et de participation des citoyens nous montre qu'il y a loin encore de la coupe aux lèvres. La démocratie locale et la politique de base commencent à peine à s'affirmer. Les échecs et les erreurs sont inévitables. D'énormes obstacles sont à vaincre : passé apolitique, réflexe de minoritaire, apathie de consommateur, méfiance, peur d'être critiqué, manque de confiance, pauvreté de la conscience sociale, comportement libéraliste inconscient, individualisme latin, élitisme, fuite des responsabilités collectives, recherche d'une nouvelle providence dans l'État, perplexité devant un univers idéologique aussi éclaté, crainte d'une bureaucratisation encore plus complexe et insaisissable. Plusieurs sont ambivalents : ils réclament la participation et fuient en même temps des responsabilités effectives. Ils attendent tout de l'État et ils le rejettent dans la même foulée. Ils veulent une meilleure planification et, par ailleurs, ils refusent les démarches qui y conduisent. Seul un populisme aveugle se refuse à reconnaître ces obstacles et ces contradictions. Ce ne sont pas les utopies globales qui les vaincront, pas plus que les législations libérales à la pièce. Ni les unes ni les autres consentent à toucher effectivement au système social qui demeure le même sous ces réformes. Il faudra bien reconnaître ce qui relève d'un réformisme stérile et ce qui fait avancer réellement les choses, distinguer des positions centristes ambiguës et des vraies stratégies de dépassement.

TOURNANT DÉCISIF POUR LE SYNDICALISME Par exemple, l'évolution récente du syndicalisme conduit à une guerre interne simpliste, peu propice à l'élaboration d'une politique pour les travailleurs, d'une stratégie nouvelle de développement. Le fait qu'on ait si peu touché à l'organisation quotidienne du travail incite à penser que certaines tendances actuelles ne rejoignent pas la base, et les expériences concrètes et cruciales des travailleurs. S'agit-il d'une phase globaliste nécessaire ? Le syndicalisme réagit, il n'agit pas assez pour gagner l'ensemble du peuple et de la société à des projets de rechange.

Rien ne sert de geindre sur le passé. Le syndicalisme prendra le tournant historique actuel dans la mesure où il comblera le terrible vide libéral par des projets aussi audacieux et créateurs que réalistes. Le néo-capitalisme a fait la preuve de son inaptitude à créer une société juste et solidaire. Le chemin est libre. Les instruments critiques ne suffisent pas. Un coffre d'outils n'est pas seulement constitué de haches. Il faut l'équiper pour un tout nouveau chantier de construction.

Je ne suis pas sûr que le syndicalisme actuel investit assez de ce côté-là. Je sais bien qu'il en a plein les mains des problèmes de légitime défense. Mais on fait l'histoire en prenant l'offensive, en entraînant les hommes vers de nouveaux horizons. Une institution aussi importante que le syndicalisme ne peut éterniser des débats internes, des batailles de prestige, des luttes intestines de pouvoirs, de concurrences, de maraudage. Le capitalisme en profite et le peuple des travailleurs y perd. Les nantis peuvent se payer le luxe de safaris financiers. Après un *take over,* on peut souvent se refaire une certaine place sur l'échiquier économique. Mais les travailleurs, sans grandes possibilités de rechange, se doivent de jouer leur avenir d'une façon encore plus serrée. Ils ont droit d'exiger de leurs chefs un maximum d'humanité, d'esprit responsable, de stratégie sérieuse, de dynamique positive et de désintéressement. Les enjeux populaires sont trop vitaux et dramatiques pour être noyés dans des luttes artificielles.

À notre avis, le syndicalisme de l'avenir doit se redéfinir en fonction de la libération et de la promotion des travailleurs dans de nouveaux projets collectifs. Les programmes d'urgence ont trop la saveur libérale de l'immédiatisme. Il faut des stratégies de créativité sociale, économique et politique. Qui sait si les institutions syndicales n'ont pas à se redéfinir elles-mêmes en même temps qu'elles redéfinissent les autres instances collectives en fonction des nouveaux projets collectifs ? L'enjeu est aussi radical : il s'agit de faire avec les travailleurs un avenir qui, actuellement, semble impossible. Entre l'horizon lointain d'une société nouvelle et la revendication immédiate de quelques cents de l'heure, il y a place pour des investissements politiques stratégiques et multiplicateurs. Nous insistons sur l'importance de la libération collective du quotidien, sur la dynamique sociopolitique du travail autogéré, comme une étape essentielle.

À titre d'exemple, nous proposons ici un schéma de discussion élaboré par une de nos centrales québécoises. Voilà l'illustration concrète d'une problématique proposée aux travailleurs d'ici. Nous ferons ensuite un retour critique sur cette approche.

L'EXTENSION DES DROITS DU TRAVAILLEUR [2]

1. *Situation :*

— L'organisation du travail dans l'entreprise est désuète et inspirée des méthodes du début du siècle

— Elle répond essentiellement aux besoins économiques de l'entreprise (minimisation des coûts de production)

— Elle repose sur la soumission des travailleurs et la minimisation du coût du travail

— Elle consiste essentiellement à simplifier les tâches, à les diviser, à les mesurer

---

2. Document de discussion au Congrès de la Fédération des travailleurs du Québec (1973).

— Elle impose une surveillance et un contrôle constants par une hiérarchisation dont les contremaîtres, chefs de département, etc., sont les premiers piliers

— L'opération a consisté à rendre le travail souvent monotone et aliénant.

2. *Conséquences pour le travailleur :*

Insatisfaction croissante à l'égard :

    a. du travail

    b. des conditions entourant le travail

    c. de l'organisation de la production dans l'entreprise, de la direction et de la gestion de l'entreprise

Désintéressement graduel à l'égard :

    a. de la qualité du travail

    b. de l'amélioration des méthodes de travail

    c. du fonctionnement d'ensemble de l'entreprise et de l'économie

Canalisation des revendications :

    a. sur les aspects quantitatifs de la condition ouvrière

        — des salaires

        — des conditions de travail

Sentiment croissant d'impuissance à l'égard des problèmes qualitatifs tels :

    a. la définition de la tâche et son contenu

    b. l'organisation du travail

    c. certaines conditions de travail

    d. le contrôle de la production

    e. la gestion de l'entreprise

3. *Les coûts sociaux :*

L'employeur et par voie de conséquence les consommateurs doivent payer pour :

    — l'absentéisme

    — le sabotage

    — la qualité du produit

    — les grèves sauvages

    — la productivité, etc.

La société doit assumer les coûts :

    a. d'accidents du travail

    b. de maladies industrielles

    c. de maladies physiques et psychiques

    d. chômage, etc.

4. *Les coûts humains :*

L'absence de créativité, de contrôle, de satisfaction et d'estime du travail favorise la dépendance sociale et politique.

5. *Le problème de fond :*

Tout changement de la condition des travailleurs et toute possibilité de libération sociale, politique et économique passent par une redéfinition des conditions, de la place et du rôle des travailleurs dans leur milieu de travail même.

6. *Comment aborder la question*

    a. *Il est clair* que nous ne devons, en aucun cas, laisser de répit aux employeurs dans notre lutte pour améliorer le niveau de vie et les conditions de travail des salariés que nous représentons. Toute démobilisation, tout ralentissement sur ce terrain ne peuvent que renforcer la partie patronale.

    b. *Cependant, il ne faut pas prendre pour acquis que...* les échecs que nous avons accusés, isolément dans le passé et encore tout récemment, sur des clauses qui nous semblaient fondamentales, la sécurité, la gestion des fonds de pension, le rôle des contremaîtres, toutes ces clauses dites de droit de gérance... scellent définitivement notre sort sur ces problèmes.

    c. *Il faut redéfinir des objectifs et des stratégies* en tenant compte de notre force actuelle, de notre représentativité, de notre expérience de lutte syndicale et des différences entre nous sur les droits acquis, il nous faut penser à analyser les problèmes les plus fondamentaux que nous n'avons qu'effleurés par la convention collective et qui doivent faire l'objet maintenant de revendications plus fermes et d'éducation syndicale plus soutenue.

7. *L'utilisation de la négociation collective* [3]

— Théoriquement le cadre de négociation dans notre système est illimité.

---

3. Afin d'éviter toute ambiguïté dans les discussions, nous soumettons plus loin quelques définitions des notions de cogestion et d'autogestion.

— C'est le cadre avec lequel nous sommes le plus familier et qui peut permettre des gains importants pour les syndiqués.

— Ce cadre de référence permet de fixer des *objectifs à court terme,* à moyen terme et à long terme.

— Pour répondre aux besoins non satisfaits des travailleurs, que faut-il revendiquer et comment peut-on parvenir à nos objectifs entre autres sur les points suivants :

a. Fonds de pension, régime d'assurance, sécurité et hygiène :
Faut-il rechercher un contrôle majoritaire des syndicats par négociation ou par voie législative avec campagne d'information, etc., sur ces sujets ?

b. Discipline, rôle des contremaîtres et licenciements :
Faut-il lutter pour limiter les droits de gérance sur ces points et si oui, quels objectifs pouvons-nous nous fixer : droit de veto, consultation obligatoire au préalable, etc. ?

c. La définition des tâches, l'organisation du travail, *i.e.* la formation et la distribution du travail au sein de l'équipe, la définition des horaires et des cadences et le contrôle de la qualité de la production.

— Le syndicat doit-il se préoccuper davantage des problèmes liés au travail lui-même et de l'intéressement des travailleurs à leur travail, en somme de tout le problème de la motivation et de la satisfaction au travail ?

— Où doit-on revendiquer, sans lier ces problèmes à la convention collective, une réorganisation du travail basée sur une plus grande autonomie des travailleurs eux-mêmes — et des équipes — sur le contenu du travail et son organisation ? Cette autonomie des travailleurs peut-elle aller jusqu'à la prise de décision par les travailleurs eux-mêmes sur la répartition du travail au sein de l'équipe, les méthodes de travail, les horaires et le contrôle de la qualité, etc. ?

d. Livres comptables et résultats commerciaux, investissements et objectifs généraux de l'entreprise :
Doit-on sur ces sujets revendiquer une information obligatoire et uniforme, et accessible aux syndicats et ceci par voie de législation ou autrement ?

e. Changements technologiques :
Le contrôle des changements technologiques par les syndicats peut-il être obtenu de façon satisfaisante par voie de négociation ou plutôt de législation ?

Quelques définitions et précisions sur la cogestion et l'autogestion des travailleurs

1. *La cogestion*

   a. Définition de la formule

   Système par lequel les représentants des travailleurs et des propriétaires à part égale prennent conjointement les décisions qui concernent l'administration et le fonctionnement de l'entreprise. La zone de décisions est plus ou moins étendue ; on peut y inclure ou non les relations de travail, etc.

   b. Le cadre de fonctionnement

   Ce système peut fonctionner surtout dans le secteur nationalisé de l'économie. Il y a peu d'expériences en ce domaine dans l'économie capitaliste.

2. *L'autogestion — dans le contexte actuel du Québec*

Les objectifs :

Objectif global : Position de principe

L'objectif ici consisterait à affirmer et à élaborer pourquoi les travailleurs devraient contrôler entièrement leur milieu de travail, *i.e.* la production et la gestion de leur entreprise.

La stratégie à court terme :

La réalisation d'un tel objectif offre peu de possibilités concrètes de travail :

   a. elle permet d'appuyer des expériences coopératives, tels Cabano, Sogefor.

   b. elle permet de susciter de nouvelles expériences de contrôle des travailleurs de leur milieu de travail dans des conditions exceptionnelles, telles : fermetures d'usines, reconversion, etc.

Stratégie à long terme :

Une telle prise de position peut permettre de dégager une ligne de force de l'organisation des travailleurs, et de trouver la solution des problèmes qui les concernent, soit par eux et pour eux. C'est à tous les niveaux : politique, économique et social, qu'un tel objectif devrait trouver des applications concrètes.

Les prérequis : socialisation de l'économie

Un tel objectif doit évidemment faire ressortir les prérequis institutionnels, soit un changement du mode de propriété des institutions financières et des entreprises industrielles. Seules les entreprises socialisées ou coopératives permettent la réalisation d'un tel objectif.

Organisation politique

Un tel objectif pose carrément le problème de l'organisation politique des travailleurs et de la prise du pouvoir politique ainsi que les étapes à franchir pour réaliser cet objectif.

Pour une position claire sur l'autogestion :

Après avoir vu les implications d'un tel objectif, il serait nécessaire pour faire avancer les discussions d'analyser les avantages et les inconvénients de cette formule selon les secteurs économiques du Québec et faire ressortir les changements que ceci provoquerait dans la vie quotidienne des travailleurs. L'analyse des expériences étrangères pourrait éclairer les débats sur ce sujet.

Il existe d'autres points de vue dont nous voulons faire état ici. Par exemple, certaines politiques d'intéressement des travailleurs peuvent attacher trop exclusivement le travailleur à l'entreprise et l'éloigner de sa classe, de son syndicat et de l'inévitable combat de libération collective. De même, une cogestion non conflictuelle, comme ce fut le cas dans certains secteurs industriels européens, a lié le sort des ouvriers à la société capitaliste d'une façon encore plus accusée. Par ailleurs, en d'autres milieux, elle a permis une connaissance plus concrète et plus profonde des pouvoirs que les syndiqués affrontaient, et aussi une meilleure information, une maîtrise plus efficace de certains processus d'organisation du travail. Quant à l'autogestion, les débats ont encore cours. Certains soutiennent que les travailleurs doivent viser directement le palier de décision (Mallet). D'autres opinent qu'ils devraient chercher plutôt des formes de contrôle de l'administration et de l'exécution des politiques (Touraine), sans participer directement à la prise de décision. Quelques-uns s'inquiètent du fait que certaines expériences, même dans des contextes de propriété collective des moyens de production, ont affaibli ou tué le syndicalisme et l'action de classe. Enfin d'aucuns souhaitent que dans les conjonctures néo-capitalistes actuelles, on amorce certaines expériences d'autogestion dans des services publics (éducation, secteur hospitalier, etc.) et dans des entreprises nationalisées comme l'Hydro-Québec. Mais ces derniers sont conscients du double défi que représentent et les pouvoirs économico-politiques et les nouveaux pouvoirs technocratiques dans la lutte pour la démocratisation de l'économie. L'autogestion économique des producteurs ou des consommateurs ou l'autogestion sociale des citoyens ne suffisent pas. Il faudrait une lutte politique de réappropriation de l'État par les travailleurs, et aussi un bloc historique capable de proposer une stratégie et un modèle d'autodéveloppement bien assumé par le peuple d'ici.

DES ÉTAPES NÉCESSAIRES C'est la première fois, à notre connaissance, qu'une telle problématique est systématiquement posée à une grande partie des forces ouvrières du milieu québécois. Les réactions sont lentes. L'idée commence à peine à faire son chemin. Elle a au moins une certaine prise chez les travailleurs les plus éveillés. Les plus lucides sentent très bien qu'il faut désormais inventer d'autres scénarios de négociation. Déjà certains s'attellent à l'élaboration de négociations permanentes avec des mécanismes appropriés et des stratégies d'étape. On sent qu'une négociation traditionnelle fige un processus majeur pendant trois ans. Il ne reste plus qu'à se battre pour le respect des clauses et l'établissement de griefs à la pièce. Plusieurs se rendent compte de l'étroitesse de ce canal de relations ouvrières. Mais ils ne se font pas illusion. Seules des démarches politiques intelligentes sauront progressivement marquer des points essentiels. Par exemple, certains veulent atteindre, dans une première étape, l'objectif d'une *information obligatoire* de la part de la direction. Mais encore là, il faudra préciser les aspects névralgiques de cette information. Inutile de dire que l'histoire des enquêtes ouvrières ailleurs peut inspirer l'évolution d'un tel processus. De toute façon, la première démocratisation — c'est une chose entendue — repose sur une information complète des commettants. Mais il y a ici un danger particulier : c'est celui d'en faire une pure question de droit. Une certaine démocratie libérale a su accorder bien des fictions juridiques. Il faudra bien assurer les soutiens techniques et les positions de pouvoir pour l'application effective de tels droits.

Nous voudrions donner ici un exemple d'entente introductoire proposée par un syndicat. Ce n'est que l'esquisse bien timide d'une première tentative. Mais elle indique déjà la voie dans laquelle certains militants syndicaux de base tentent d'orienter l'action ouvrière.

Lettre d'entente sur des négociations permanentes. « Le syndicat et l'employeur s'engagent à établir des mécanismes, à briser le mur de l'ignorance qui sépare les travailleurs des orientations, de la planification et du fonctionnement de l'entreprise.

« Les parties s'engagent également à établir des mécanismes de consultation et de participation permanentes dont l'objectif est de permettre aux travailleurs et à l'employeur d'échanger sur tous les problèmes pertinents aux parties et rencontrés par le fonctionnement de l'entreprise et l'organisation du travail.

« Pour sa part le syndicat situe cette démarche dans la perspective d'une implication de plus en plus grande des travailleurs dans leur milieu de travail afin d'améliorer leurs conditions de travail tout en assurant la survie de l'entreprise dans les limites acceptables par ceux-ci, alors que l'entreprise situe cette démarche dans la perspective d'une réorganisation et d'une rationalisation nécessaires à son bon fonctionnement.

« C'est dans le cadre d'un comité de négociation permanente formé de x représentants de la compagnie, de x représentants du syndicat que ces points seront discutés. Sur chacun de ces points la négociation ne pourra débuter véritablement que lorsque les représentants de l'employeur auront fourni au comité toutes les informations et dossiers requis par les représentants du syndicat.

« La documentation fournie au comité sera accessible à tous les travailleurs et diffusée pendant les heures de travail.

« Tout accord intervenu au comité de négociation permanente devra, avant son application, être ratifié par les membres du syndicat en assemblée générale ou départementale selon le cas et par le conseil d'administration de la compagnie.

« Après avoir épuisé ces recours et avec toutes les informations requises s'il y a un désaccord final, le problème sera référé à un arbitre choisi par les parties.

« C'est sur la base des informations fournies par les parties que l'arbitre prendra sa décision qui sera exécutoire.

« Étant donné l'importance que l'information va jouer dans le cadre de ce projet avec d'incessants développements, nous considérons que l'embauche d'un agent d'information agréé par les parties acquiert une importance déterminante. »

RETOUR CRITIQUE On peut noter ici que l'aire des informations exigées devrait être mieux circonscrite et plus précise. De plus, le recours trop automatique à un tiers-arbitre marque la difficulté de vaincre un certain réflexe de dépendance. Il y a des gains à faire pouce à pouce sur le terrain du travail, des gains par les travailleurs eux-mêmes. Nous ne récusons pas l'intervention extérieure. C'est une façon de sortir du cercle privé et étroit de l'entreprise locale. Dans le deuxième tome où nous présentons un cas type, nous établissons clairement que la première victoire à viser, c'est une démocratisation économique exigeant que les cartes essentielles soient sur la table. Il faut aussi forcer les gouvernements à jouer leur rôle politique d'une façon ouverte, contrôlée. De plus, on a tout avantage à mettre le « public », les communautés : locale, régionale et nationale dans le circuit des enjeux économiques à tous les niveaux, de la base aux superstructures. Dans le même cas type nous proposons certaines formes d'élargissement socio-économique et politique, tel est le cas, par exemple, de la négociation sectorielle. N'oublions pas qu'un fort contingent de travailleurs n'est pas encore syndiqué. Voilà un obstacle majeur pour une large action politique des travailleurs, et cela à la mesure de la société. Il faut songer aussi à des combats de travail qui portent davantage sur des processus de solutions de problèmes, que sur des centaines de cas anticipés. Dans la mesure ou l'on développe des groupes de travail (« transhiérarchiques ») plus ou moins autogérés, bien des questions vont se résoudre à ce niveau. Les négociations peuvent alors porter sur les politiques, les mécanismes de contrôle et l'ensemble des processus d'organisation du travail. Nous en traitons longuement dans la présentation du cas type.

Mais revenons au terrain de travail lui-même. Les expériences que nous venons d'évoquer, ont suscité de l'intérêt dans les communautés de travail impliquées. Bien sûr, il y a des inquiétudes et des réticences. « En profiterons-nous vraiment de cette participation ? » « Va-t-on couper nos jobs ? » On est habitué à un autre genre de garanties, mais on sent aussi qu'il faut sortir d'ornières de plus en plus creuses dans l'évolution récente de la vie ouvrière. Les revendications épisodiques, à court terme, ne garantissent pas un avenir prometteur.

On n'a qu'à penser au sort des travailleurs dans ces nombreuses fermetures d'usines des dernières années. Les comités de recyclage et de reclassement restent des dispositifs insuffisants. Il y a tellement de façons de « privatiser » et « d'individualiser » des enjeux collectifs qui concernent pourtant tout le champ économico-politique. Les nouveaux programmes gouvernementaux de reconsolidation industrielle, d'assistance technique et financière, de réentraînement en usine, peuvent être des cataplasmes, s'il n'y a pas de vraies politiques économiques efficaces et contrôlables. Les travailleurs doivent s'équiper pour aller au bout et au delà de ces premières brèches, et cela d'une façon aussi critique que constructive. Qui sait s'ils ne commencent pas ainsi à se façonner une praxis économique et politique qui les préparera à construire un autre type de société ? Leur situation précaire, dans bien des cas, commande des stratégies qui leur permettent de continuer à vivre plus décemment et de changer les choses progressivement, fût-ce d'une façon radicale. Mais l'ère du syndicalisme conçu comme police d'assurance est révolue. Ce n'est pas un mince mérite des politisations récentes — malgré les erreurs compréhensibles — que d'avoir tourné cette page.

TRAVAIL AUTOGÉRÉ ET MILIEUX DYNAMIQUES Mais, il reste bien du travail à faire, surtout à la base, dans la quotidienneté des milieux de travail où il faut assumer ou inventer des solidarités et des responsabilités inédites. L'action syndicale s'est trop limitée à la pointe de l'iceberg. Souvent les 9/10 de la vie ouvrière ne sont pas atteints effectivement. Voilà la préoccupation majeure qui nous a incité à proposer des praxis de militance et d'action au cœur du milieu quotidien. Pour nous, la vie ouvrière comme telle est la première rampe de lancement d'une neuve dynamique économico-politique chez les travailleurs. On ne fera rien sans des soutiens communautaires permanents d'action, d'information, de formation et d'engagement. C'est par son expérience de travail que l'homme se comprend, se dynamise, se socialise et se politise. Quand celle-ci est aliénée, il devient dépendant et passif sur tous les autres plans. *Au contraire un travail autogéré est l'école première et permanente de l'intelligence et de l'action populaires, l'assise fondamentale d'une politique démocratique du peuple, le terreau de gestation d'un véritable leadership d'en bas, d'une solidarité soutenue et féconde, d'une libération et d'une promotion collectives authentiques.*

Nous avons le goût de plaider pour les moyens ordinaires à la portée des hommes ordinaires. Notre société technocratique siphonne par en haut des dynamismes qui devraient s'exercer à la base. Même les radicaux s'y font prendre. On délaisse rapidement le terrain des vaches pour se sécuriser dans le ciel pur de systèmes toujours irréfutables dans l'abstrait. La conscience populaire risque d'y trouver de nouvelles aliénations. Pendant ce temps, la vie ouvrière quotidienne reste pauvre, ennuyeuse et désespérante. Bien des travailleurs s'isolent, ou s'ignorent, ou se déchirent entre eux, là où ils pourraient vivre des concertations quotidiennes d'une rare densité humaine et sociale. Une fausse conception de la politique consiste à écrémer la vie et ses possibilités internes d'autodétermination et de militance. Avouons-le, combien de milieux de travail actuels ont une atmosphère délétère et parfois suffocante ? On n'a pas de goût d'y mettre le poids de ses aspirations et de ses engagements vitaux. Les uns se replient sur la vie privée, et les autres cherchent en dehors de cette quotidienneté des actions collectives qui, sans cet appui, deviennent artificielles, intermittentes et évanescentes. La vraie permanence de l'action se trouve dans les milieux de vie. Autant d'indices qui nous invitent à rénover de fond en comble ces « lieux de l'homme » pour retrouver ou créer des styles d'existence et d'action plus en accord avec les aspirations des révolutions actuelles. On ne passe pas, du jour au lendemain, de l'homme couché à l'homme debout. L'avènement d'un homme démocratique, solidaire, créateur et libre, sera le fruit d'un long cheminement. On ne fait pas pousser une fleur en tirant dessus. Les êtres humains

hésitent quand il s'agit de se changer eux-mêmes. Ils inclinent plus facilement à reporter les changements sur les autres, à attendre les solutions
d'en haut, à s'en remettre à des sauveurs. La désaliénation de la responsabilité débute dans une dynamique de travail réappropriée. Là naissent
des citoyens adultes, vigilants et féconds. C'est une évidence. L'avons-nous
prise au sérieux ?

LA RÉVOLUTION COMMENCE AU TRAVAIL En Amérique
*du Nord, après la révolution technologique, il faut opter pour une révo-
lution du travail qui assume les aspirations culturelles nouvelles. Et chez
nous au Québec, ce sera une composante essentielle du tournant historique que nous avons à prendre.* Le travail autogéré n'est pas étranger à
l'indépendance dynamique de notre société politique, et aux luttes contre
des pouvoirs économiques colonisateurs. Nous n'isolons donc pas cet
objectif d'une stratégie plus large. Mais nous disons aussi que celle-ci ne
peut mordre sur le pays réel des Québécois sans donner cohérence et
dynamisme à la quotidienneté collective du peuple. Et nous avons tenté
de faire la preuve que les milieux de travail sont les lieux privilégiés
d'actions collectives largement « diffusibles ».

Certains craindront ici un néo-communautarisme étroit. S'ils ont la
moindre conscience historique, ils devront admettre que les grands tournants des sociétés ont passé par ce lieu obligé de la transformation de la
quotidienneté socio-économique. C'est là l'intuition politique centrale de la
jeune révolution socialiste à peine amorcée dans le monde. Plusieurs maintiennent les lectures politiques des historiens élitistes. Un dénommé Marx
a viré bout pour bout les visions traditionnelles du monde. Il a démystifié
l'impérialisme des pouvoirs, des idées et des modèles reçus pour mieux
faire ressortir le primat des praxis de la vie réelle, des praxis à critiquer,
à réinventer à même l'expérience fondamentale du travail. Certains malins
ont dit que cet homme du XIXᵉ siècle ne sera vraiment compris qu'au
XXIᵉ siècle. Trève de prophétisme !

Ce chantier est à ouvrir dès maintenant. Il a l'avantage d'être à la
portée des hommes ordinaires. Il exigera des stratégies économico-politiques et socioculturelles patiemment élaborées par les travailleurs eux-
mêmes. Il forcera l'ensemble de la société à se repenser en fonction de sa
base quotidienne, en fonction de styles et d'objectifs de vie accordés aux
vraies aspirations du corps démocratique. Il changera les rapports sociaux
fondamentaux tout en brisant progressivement le monde actuel des pou-

voirs, des superstructures et des modèles reçus. Il faut un nouveau contrat social qui ne soit pas, comme l'ancien, une grimace tragique de la vraie révolution démocratique.

LA CRÉATION COLLECTIVE, UNE DÉMOCRATISATION À PEINE AMORCÉE Nous n'avons pas proposé une « solution unique » ni une doctrine abstraite. Il y a bien des « possibles » dans ce champ privilégié du travail. Encore faut-il faire confiance à l'exercice de la démocratie de base. Les élites nouvelles, comme les anciennes, se comportent très souvent comme si elles n'y croyaient pas effectivement. Certains paradoxes deviennent contradictions, quand on affirme la dimension oligarchique inévitable de toute politique, d'une part et d'autre part, la vérité démocratique irrécusable de notre système social. Y aura-t-il toujours un petit dieu idéologique et absolu sur lequel les tâches historiques devront s'enter ?

Peut-être le goût farouche d'une liberté critique et créatrice pourra maintenir la politique des « divers possibles » dans le cheminement des individus, des groupes et des sociétés. Nous plaidons pour des démarches ouvertes au proche comme au lointain. Qui sait si une approche moins systématique, plus praxéologique, à même la diversité des expériences et des aspirations de différents milieux humains, ne dégagera pas des dynamiques de libération que nos modèles tout faits et nos canons officiels nous empêchent de voir ? Loin de nous la tentation de céder à cette idéologie unilatérale qui prétend tout tirer des expériences et des communautés de base. Nous avons besoin de grandes politiques judicieuses et audacieuses, de leaderships aux larges vues, d'horizons philosophiques et culturels de longue portée.

Mais est-il si utopique de rappeler l'importance de la qualité du travail vu comme dynamique sociale, économique, culturelle et politique pour relier le quotidien et les grands enjeux collectifs ? N'est-ce pas la praxis la plus près de la vie réelle, la plus susceptible d'impliquer la majorité des citoyens ? Évidemment, nous avons élargi la conception actuelle du travail ; nous avons redonné à celui-ci les solidarités fondamentales qu'un certain technicisme avait brisées, mais nous avons surtout suggéré des formes nouvelles capables de déboucher sur des praxis historiques peut-être inédites, mais sûrement fécondes. Par rapport à l'explosion des aspirations, certaines techniques modernes prestigieuses risquent de devenir rapidement des vieux instruments pour régler des problèmes du passé.

Paradoxalement, certains démocrates ont démultiplié les médiations structurelles et les paliers hiérarchiques. Il nous faut revenir à des structures plus courtes, à des démarches transhiérarchiques qui redonnent le primat à l'action des hommes et des groupes eux-mêmes. La psychologie du « comité » auquel on se remet plus ou moins passivement doit céder au groupe d'action assez autonome et responsable pour trouver dans son activité courante des solutions efficaces et originales.

Au risque de lasser, nous insistons sur la recherche et l'expérimentation qui donnent cohérence et vie aux dynamiques de la quotidienneté. Trop peu s'inquiètent de la fragilité des assises humaines de la technopolis. Celle-ci répète l'histoire des dinosaures dans l'évolution biologique. Les composantes secondaires de l'organisme sont disproportionnées par rapport aux organes vitaux qui assurent l'équilibre dynamique d'une évolution créatrice. Quel avenir, par exemple, réserve-t-on aux gigantesques appareils économiques, à l'Est comme à l'Ouest, si la majorité des hommes ne trouvent aucun sens humain dans leurs principales activités quotidiennes. Nous voulons bien une révolution des structures et des pouvoirs, mais jamais sans la libération de contenus humains depuis trop longtemps réservés aux privilégiés de l'argent, du parti ou de l'académie.

La visée démocratique s'est pratiquement cantonnée dans les structures de surface. Elle n'a pas encore mis à profit les riches filons du sous-sol, les racines du milieu, les sources vives de la quotidienneté. Dans l'évaluation des progrès de civilisation, on a bien peu retenu les contributions majeures du peuple au travail. Pour un génie comme Michel-Ange, il y a des milliers d'artisans qui ont patiemment élaboré une praxis capable d'énormes sauts qualitatifs. Nous aimerions que les « esprits hiérarchiques » reconnaissent cette vérité historique dans une foule d'autres domaines.

Trop d'intellectuels, de politiciens, de technocrates, de leaders de tous horizons, maintiennent inconsciemment ou non, une sorte de réflexe aristocratique et individualiste, dès qu'il s'agit des démarches de création ou de décision, d'évaluation ou de contrôle. À vrai dire, plusieurs de ceux-ci ne croient pas vraiment à la création collective. À l'homme ordinaire, ils assignent les tâches d'appoint, les démarches d'exécution, la cuisine sociale, économique ou autre de la société. À eux-mêmes ils réservent les grandes œuvres et manœuvres de critique et d'innovation, de gestion et de pouvoir. On se fait taxer de populisme, de démagogie ou d'idéalisme quand on met en lumière les virtualités aliénées des hommes ordinaires et solidaires. Mais qui sait si l'émergence historique de la démocratie socio-économique, culturelle et politique n'en est qu'à son commencement ?

C'est étrange qu'on associe cette conviction avec les idéologies (dépassées ?) du XIXe siècle, au moment où notre civilisation occidentale s'inquiète davantage de la crise des autorités et des superstructures, et beaucoup moins du mal à vivre dans la quotidienneté. Peut-être faudrait-il inverser les inquiétudes, les débats et les investissements, et s'engager à refaire les bases humaines de la société, celle du travail, par exemple, pour libérer les dynamismes quotidiens qui pourraient peut-être déboucher sur d'autres solutions, d'autres projets plus humains.

Le lecteur nous reprochera peut-être de vouloir tout embrasser sous le seul angle du travail. Notre itinéraire nous a obligé de corriger certaines hypothèses unilatérales. Par exemple, celle qui supposait que les styles de vie étaient en quelque sorte des décalques des modes de travail. Tout en établissant la part de vérité de cette influence majeure, nous avons vu l'importance et la complexité des praxis culturelles, économiques et politiques qui refluaient actuellement sur les milieux de travail.

Voilà une des raisons pour lesquelles celui-ci n'occupe plus la même place dans les diverses échelles de valeurs des cultures contemporaines. L'éducation, par exemple, n'est plus conçue comme un pur moyen de préparation au travail qui lui-même ne se définit pas dans les termes d'hier. On ne saurait donc inventer les nouvelles praxis de travail sans mettre en œuvre certains dynamismes collectifs inséparables dans un cadre cohérent de pensée et d'action. C'est ce que nous avons tenté de proposer avec plus ou moins de bonheur. La prochaine étape mettra à l'épreuve de l'expérience l'étude que nous venons de livrer.

BIBLIOGRAPHIE

Adler, M., *Démocratie et conseils ouvriers,* Paris, Maspero, 1967.

Alderfer, C.P., « Job Enlargement and the Organizational Context », *Personnel Psychology,* vol. 22, 1969.

Archard, J., *Towards a More Satisfying Work Group : A Case Study of a Sheltered Experiment at Aluminium Co. of Canada,* Ottawa, 1972.

Bachman, Jerald G., Swayzer Green et Ilona Wirtanen, *Youth in Transition* (vol. III) : *Dropping Out — Problem or Symptom ?,* Institute for Social Research, Université de Michigan, 1971.

Banta, Trudy W. et Patricia Marshall, « Schools and Industry », *Manpower,* juin 1970.

Barbier, P., *Progrès technique et organisation du travail,* Paris, Dunod, 1968.

Baron, T., *Qui dirige quoi dans l'entreprise,* Paris, Éd. Organisation, 1971.

Bartlett, Lewis, « Productive Participation », *Occupational Mental Health,* vol. I, n° 2, hiver 1972.

Bauer, A., *Où en est l'art de l'évaluation sociale,* Ottawa, 1973.

Berg, Ivar, *Education and Jobs : The Great Training Robbery,* New York, Praeger, 1972.

Berger, Bennett, *Working-Class Suburb : A Study of Auto Workers in Suburbia,* Berkeley, University of California Press, 1969.

Berger, P., *The Social Construction of Reality,* New York, Doubleday, 1967.

Boivin, T., « La négociation collective dans le secteur public québécois », *in : Relations industrielles* (Laval), 4 (1972).

Bose, Keith W., « Searching for Meaning in Work : The Loss of Purpose », *The Washington Post,* 6 février 1972.

Bourdieu, P., *la Reproduction,* Paris, Minuit, 1970.

Bowlby, R.L. et W.R. Schriver, « Nonwage Benefits of Vocational Training : Employability and Mobility », *Industrial and Labor Relations Review,* juillet 1970.

Bradburn, N., *Is the Quality of Working Life Improving ? How Can You Tell ? And Who Wants to Know ?,* Ottawa, ministère du Travail du Canada, 1973.

Burck, Gilbert, « There'll Be Less Leisure Than You Think », *Fortune,* mars 1970.

Burden, D.W.E., *Participative Approach to Management : Microwax Department,* Shell U.K. Ltd., rapport non publié, 1972.

Carlson, Elliott, « Focusing on « Blue Collar Blues », *Wall Street Journal*, 6 avril 1972.

Carter, Reginald, « The Myth of Increasing Non-work vs Work Activities », *Social Problems*, vol. 18, 1970.

Champagne, J., *An Organization of People*, conférence au 25ᵉ Congrès de Industrial Relations Research Association, juin 1972.

Charpentier, A., *Mémoires, cinquante ans de vie ouvrière*, Québec, P.U.L., 1972.

Chernick, J., « Adaptation and Innovation in Wage Payment Systems in Canada », Étude n° 5, *Task Force on Labour Relations*, Ottawa, 1968.

Clark, Peter A., *Organizational Design*, London, Tavistock Publications, 1972.

Cliff, Samuel H. et Robert Hecht, « Job/Man Matching in the Seventies », *Datamation*, 1ᵉʳ février 1971.

Combe, M., *l'Alibi, vingt ans de comités d'entreprise*, Paris, Gallimard, 1969.

Constandse, William J., « A Neglected Personnel Problem », *Personnel Journal*, février 1972.

Crozier, M., *la Société bloquée*, Paris, Seuil, 1970.

C.S.N., *Ne comptons que sur nos propres moyens*, 1971.

David, M., *les Travailleurs et le sens de leur histoire*, Paris, Cujas, 1967.

Davis, L., « The Design of Jobs », *Industrial Relations*, 6 (1) 1966.

Davis, Louis E., *Job Satisfaction Research : The Post-Industrial View*, Institute of Industrial Relations, Université de Californie, 1971.

Davis, Books, Baltimore, 1972, et E.S. Walfer, Supervisor Job Design, proceedings of the Second International Congress on Ergonomics, *Ergonomics*, vol. VIII, 1965, et « Intervening Responses to Changes in Supervisor Job Designs », *Occupational Psychology*, vol. XXXIX, 1965.

Delamotte, J., « Shcherino, entreprise soviétique pilote », *Économie et Humanisme*, 52 (1973).

Delamotte, V., *Recherches en vue d'une organisation plus humaine du travail industriel*, Paris, ministère du Travail, 1972.

Denitch, B., « la Nouvelle gauche et la nouvelle classe ouvrière », *in : L'homme et la société*, 16 (1970).

Desrosiers, R., *le Travailleur québécois et le syndicalisme*, Montréal, P.U.Q., 1973.

Dettleback, William et Philip Kraft, « Organization Change Through Job Enrichment », *Training and Development Journal*, août 1971.

DeWitt, George, « Man at Work », *Personnel Journal*, vol. 49, n° 10, octobre 1970.

Dion, L., *la Prochaine révolution*, Montréal, Leméac, 1973.

Dobell, A.R. et Y.C. Ho, « An Optimal Unemployment Rate », *Quarterly Journal of Economics*, vol. 81, novembre 1967.

Dobell, A.R., *Educational Attainment of Workers*, Washington, D.C., U.S. Government Printing Office, 1972. U.S. Department of Labor.

Dubois, P., « Comment transformer les conditions de travail », *Économie et humanisme*, 214 (1973).

Dumas, E., *Dans le sommeil de nos os* (histoire d'une période du syndicalisme québécois), Montréal, Leméac, 1971.

Dumont, F., *Dialectique de l'objet économique*, Paris, Anthropos, 1970.

Durkheim, E., *De la division du travail social*, Paris, P.U.F., 1967.

Favreau, L., *les Travailleurs face au pouvoir*, Montréal, Éd. Q-P., 1972.

Fenn, Dan H., « Responding to the Employee Voice », *Harvard Business Review*, mai/juin 1972.

Fergusson, L., « La gestion des ressources humaines dans l'entreprise de demain », *in : Synopsis* 133 (1971).

Fine, Sidney, *Job Development for a Guaranteed Full Employment Policy*, W.E. Upjohn Institute for Employment Research, Washington, D.C., 1972.

Fourastier, J., *les 40 000 heures*, Paris, Laffont, 1967.

Fromm, Erich, *The Revolution of Hope*, New York, Bantam Books, 1971.

Fuchs, Victor, *The Service Economy*, New York, Columbia University Press, 1968.

Fuster, M., *Inaugurer l'entreprise*, Éd. Entreprises modernes, 1970.

Gagnon, H., *Crise syndicale*, Montréal, Éd. C.O., 1973.

Galbraith, John Kenneth, *The New Industrial State*, New York, Houghton Mifflin, 1972.

Garaudy, R., *l'Alternative*, Paris, Laffont, 1972.

Gilman, Charlotte P., *Women and Economics*, New York, Harper and Row, 1966.

Ginsberg, Eli, « A Critical Look at Career Guidance », *Manpower*, février 1972.

Gitlow, Abraham L., « Women in the American Economy : Today and Tomorrow », *Labor law Journal*, vol. 23, avril 1972.

Grier, William H. et Price M. Cobbs, *Black Rage*, New York, Bantam Books, 1969.

Goodwin, Léonard, *A Study of the Work Orientations of Welfare Recipients Participating in the Work Incentive Program*, Brookings Institution, Washington, D.C., 1971.

Grosson, W., *le Travail et le temps*, Paris, Anthropos, 1969.

Guérin, D., *le Mouvement ouvrier aux États-Unis*, Paris, Maspero, 1970.

Harmon, Willis, *Key Choices of the Next Two Decades*, communiqué à la « White House Conference on the Industrial World Ahead », février 1972.

Haynes, John, « The New Workers : A report », *New Generation*, vol. 52, n° 4, automne 1972.

Hedges, J. N., « Women Workers and Manpower Demands in the 1970's », *Monthly Labor Review*, juin 1970.

Helzel, M. F., *Élaboration d'un questionnaire sur la qualité de vie au travail*, mars 1973.

Henderson, Holly M., *When retirement Becomes a Way of Life*, The Conference Board Record, mars 1972.

Herrick, Neal, (Activities to Enrich Work in Other Developped Countries), *The Other Side of the Coin*, communiqué au séminaire commandité par le Profit Sharing Research Foundation, Evanston, Illinois, 17 novembre 1971.

Herrick, Neal, « Who's Unhappy At Work and Why », *Manpower*, vol. 4, n° 1, janvier 1972.

Herrick, N., *Mesures prises par différents pays en vue d'enrichir le travail*, U.I.M.M., avril 1972.

Herrick, N., « Government Approaches to the Humanization of Work », *Monthly Labour Review*, 96 (4) 1973.

Herzberg, Frederick, « One More Time : How Do You Motivate Employees ? », *Harvard Business Review*, janvier/février 1968.

Hoffman, E.B., *The Four-Day Week Raises New Problems*, Conference Board Record, 2 (1972).

Holt, C.C., C.D. Mac Rae, S.O. Schweitzer et R.E. Smith, *The Unemployment — Inflation Dilemma : A Manpower Solution*, Urban Institute, Washington, D.C., 1971.

House, J. S., *The Relationship of Intrinsic and Extrinsic Work Motivations to Occupational Stress and Coronary Heart Disease Risk*, thèse de doctorat non publiée, Université de Michigan, 1972.

Illich, *Libérer l'avenir*, Paris, Seuil, 1971.

Ingerman, S. et M. Lizée, *Évaluation des tâches*, Montréal, F.T.Q., 1973.

Jaccard, P., *Histoire sociale du travail*, Paris, Payot, 1960.

Jacques, Elliot, *Work, Creativity, and Social Justice*, International Universities Press, 1970.

Janess, R.A., « Manpower Mobility Programs », *in :* G.G. Somers and W.D. Woods, édit., *Cost-Benefit Analysis of Manpower Policies*, Queens University, Ontario, 1969.

Jardiller, J., *l'Organisation humaine du travail*, P.U.F., 1973.

Kende, P., *l'Abondance est-elle possible ?*, essai sur les limites de l'économie, Paris, Gallimard, 1971.

Kogi K., « Les aspects sociaux du travail par équipes au Japon », *in : Revue internationale du travail*, novembre 1971.

Larouche, V., « Satisfaction au travail, reformulation théorique », *Relations industrielles*, 27 (4) 1972. « Satisfaction au travail : problèmes associés à la mesure », *Relations industrielles* 28 (1) 1973.

Larsen, J.-M., « A Four Day per Week Application to a Continuous Production Operation in Management of Personnel », *Quarterly*, 10 (1971).

Lecht, Leonard, *Manpower Needs for National Goals in the 1970's*, New York, Praeger, 1969.

Lefebvre, H., *la Vie quotidienne dans le monde moderne*, Paris, Gallimard, 1968.

Levinson, C., *l'Inflation mondiale et les firmes multinationales*, Paris, Seuil, 1973.

Levitan, Sar, Garth Mangum et Ray Marshall, *Human Resources and the Labor Market : Labor and Manpower in the American Economy*, New York Harper and Row, 1972.

Levitt, K., *la Capitulation tranquille : la mainmise américaine sur le Canada*, Montréal, Réédition Québec, 1972.

Liberman, Jethro K., *The Tyranny of the Experts : How Professionals Are Closing the Open Society*, New York, Random House, 1967.

Macchielli, R., *l'Étude des postes de travail,* Paris, Ed. Entreprises modernes, 1968.

Mallet, S., *la Nouvelle classe ouvrière,* Paris, Seuil, 1963.

Mallet, S., *Pouvoir ouvrier,* Paris, Anthropos, 1970.

Mangum, Garth L., *Manpower Research and Manpower Policy,* A Review of Industrial Relations Research, vol. II, Industrial Relations Research Association, Madison, 1971.

Marcson, S., *Automation, Alienation and Anomie,* New-York, Harper and Row, 1970.

Marcuse, H., *l'Homme unidimensionnel,* Paris, Minuit, 1968.

Martinet, G., *les Cinq communismes,* Paris, Seuil, 1971.

Marx, K., *Travail, salaire et capital,* 1849. *Introduction à la critique de l'économie politique,* 1857, *Le Capital,* 1860.

Maslow, Abraham, *Motivation and Personality,* New York, Harper and Row, 1954.

Maurice, M., « Vie quotidienne et horaires de travail », *in I.S.S.T.,* 1965. « Le travail par équipe », *in B.I.T.,* 1 (1970).

McLean, Alan, *Mental Health and Work Organizations,* Rand McNally, 1970.

Meissner, Martin, *Technology and the Worker,* San Francisco, Chandler Publishing, 1969.

Meister, A., *Socialisme et autogestion, l'expérience yougoslave,* Paris, Seuil, 1964.

Meister, A., *Où va l'autogestion yougoslave ?,* Paris, Anthropos, 1970.

Meister, A., « L'évolution des communautés de Travail », *Économie et Humanisme,* 52 (1973).

Migué, J.-L., « L'industrialisation et la participation des Québécois au progrès économique », *in : Québec d'aujourd'hui,* Montréal, H.M.H., 1971.

Morin, P., *le Développement des organisations,* Paris, Dunod, 1971.

Morton, A. L., *Histoire du mouvement ouvrier anglais,* Paris, Maspéro, 1963.

Nobile, Philip., éd., *The Con III Controversy : The Critics Look at the Greening of America,* New York, Pocket Books, 1971.

Not, L., *Qu'est-ce que l'étude du milieu ?,* Centurion, 1973.

Palmer, John L., *Inflation, Unemployment and Poverty,* Ph. D., Université de Stanford 1971.

Paul, W. J., et K. B. Robertson, *Job Enrichment and Employee Motivation,* Londres, Gower Press, 1970.

Perroux, F., *l'Économie du XXe siècle,* Paris, P.U.F., 1961.

Pitts, R. A., « Pouvoir et idéologies dans le développement économique », *in : Sociologie et Sociétés,* 2(1972).

Ponomarev, B. N., *World Revolutionary Movement of the Working Class,* Moscou, 1967.

Portigal, A., *Recherches en cours sur la qualité de vie au travail,* Institut canadien de recherches en relations industrielles, Ontario, 1973.

Price, D. et R. Charlton, *New Directions in the World of Work : A Conference Report,* W. E. Upjohn Institute for Employment Research, Washington, D. C., 1972.

Primo, C. G., « Il Lavoro nella societa industriale avanzata », *in : Studi di sociologia,* 3(1968).

Rainville, J.-M., « Le système de relations de travail chez les enseignants du secteur public », *in* : *Relations industrielles* (Laval), 3(1972).

Ribicoff, Abraham, « The Alienation of the American Worker », *Saturday Review,* 22 avril 1972.

Richard, B., « Contribution à l'étude du travail en équipes alternantes », *in* : *Travail Humain,* 2(1970).

Richta, R., *la Civilisation au carrefour,* Paris, Anthropos, 1969.

Roche, William et Neil L. MacKinnon, « Motivating People With Meaningful Work », *Harvard Business Review,* mai/juin 1970.

Rolle, P., *Introduction à la sociologie du travail,* Larousse, 1971.

Rush, Harold M. F., *Job Design for Motivation,* The Conference Board, New York, 1971.

Sainsanlieu, R., « L'élargissement des tâches », *in* : *l'Étude du travail,* juillet 1966.

Seashore, S., *La satisfaction au travail comme indicateur de la qualité de l'emploi,* ministère du Travail, mars 1973.

Sheppard, Harold L., *The Nature of the Job Problem and the Role of New Public Service Employment,* W. E. Upjohn Institute for Employment Research, Washington, D. C., 1969.

Sheppard, Harold L., et Neal Herrick, *Where Have All the Robots Gone ?,* New York, The Free Press, 1972.

Sheppard, Harold L., *Mid-Career Change,* non publié, W. E. Upjohn Institute for Employment Research, Washington, D.C., 1972.

Sheppard, H., « Asking the Right Questions on Job Satisfaction », *Monthly Labour Review,* 96 (4) 1973.

Sherwin, Douglas, S., « Strategy for Winning Employee Commitment », *Harvard Business Review,* mai/juin 1972.

Smith, H., *la Représentation du personnel à la British Steel Corporation, in* U.I.M.M., 289 (1972).

Steiger, William A., *Can We Legislate the Humanization of Work ?,* communiqué pour l'American Association for the Advancement of Science, Philadelphie, 27 décembre 1971.

Susman, C., « Job Enlargement : effects of Culture on Worker Responses », *Industrial Relations,* 12 (1) 1973.

Tega, V., *les Horaires flexibles et la semaine réduite de travail,* H.E.C., 1973.

Telly, Charles S., Wendell French et William G. Scott, « The Relationship of Inequity to Turnover Among Hourly Workers », *Administrative Science Quarterly,* vol. 16, n° 2, juin 1971.

Thompson, Donald B., « Enrichment in Action Convinces Skeptics », *Industry Week,* 14 février 1972.

Tiger, L., *Entre hommes,* Paris, Laffont, 1969.

Touraine, A., *Sociologie de l'action,* Paris, Seuil, 1965.

Touraine, A., *Production de la société,* Paris, Seuil, 1973.

Vachet, A., *l'Idéologie libérale,* Paris, Anthropos, 1970.

Venn, Grant., *Man, Education and Manpower,* American Association of school Administrators, Washington, D. C., 1970.

Wallick, F., *The American Worker,* New York, Ballantine Books, 1972.

Walton, R., *Indicateurs de la qualité de vie professionnelle,* Ottawa, 1972.

Wilson, N.A.B., *The Quality of Working Life : A personal Report to the N.A.T.O. Committee on Challenges of Modern Society,* 1971.

Winpisinger, W., « Job Enrichment : A Union View », *Monthly Labor Review,* 96 (1973).

Wolfbein, Seymour, *Work in American Society,* Illinois, 1971.

Zagoria, Sam., « Searching For Meaning in Work : Rebellion and Reform », *The Washington Post,* 6 février 1972.

Liste des ouvrages collectifs consultés

Aliénation et idéologie dans la vie quotidienne des Montréalais francophones, P.U.M., 1973.

Les Années '70, Montréal, Conseil économique du Canada, 1970.

« La civilisation des loisirs », *in : Promotions,* juin 1972.

Colloques régionaux 1970, Stratégie pour les travailleurs du Québec, 1970.
Documentation du Bureau international du travail.
Documentation de l'Institut de recherche appliquée sur le travail, I.R.A.T., Montréal.

« L'enrichissement du potentiel humain, horizon 80 », *in : Personnel,* 160 (1973).

« L'étudiant québécois, défi et dilemmes », *in : Rapports de recherches,* ministère de l'Éducation du Québec, 1972.

« L'homme dans l'entreprise », *in : L'économie,* 114 (1972).

Inventaire et des recommandations formulées dans les rapports de 27 comités de reclassement, Québec, Ministère du travail, 1970.

Job Enrichment Bibliography, New Jersey, Roy W. Walters and Associates, Inc., avril 1972.

La Négociation collective en France, Paris, Éd. Ouvrières, 1972.

La Planification économique et l'autogestion en Yougoslavie, Montréal, Éd. C.S.N., 1971.

La Politisation des relations du travail, Département des relations industrielles de l'Université Laval, Québec, Les Presses de l'Université Laval, 1973.

Québec d'aujourd'hui, Montréal, H.M.H., 1972.

« Réforme de l'entreprise ou contrôle ouvrier », *in : Cahiers des études socialistes,* V.U.I.A., 1967.

Le Revenu annuel garanti : une approche intégrée, Conseil de développement social du Canada, 1972.

La Société québécoise et l'entreprise du Québec en l'an 2000, Montréal, H.E.C., 1972.

Survey of Working Conditions, Survey Research Center, Université de Michigan, 1970.

Le Syndicalisme canadien, une réévaluation, Québec, P.U.L., 1968.

Travail d'équipe dans l'industrie, Ottawa Travail-Canada, juin 1973.

« Travail et condition ouvrière », *in :Cahiers français,* août 1972.

« Le Week-end de quatre jours », *in : Intersocial,* 40 (1972).

Work in America, Report of a Special Task Force to the Secretary of Health, Education, and Welfare, décembre 1972.

« The Workfare State », *New Generation,* hiver 1970.

The Work Relief Employment Program : A Legislative Proposal, New York, Department of Social Services, mars 1972.

TABLE DES MATIÈRES

LES PRESSES DE L'UNIVERSITÉ DE MONTRÉAL

C.P. 6128, Montréal 101, Québec, Canada

EXTRAIT DU CATALOGUE

Achevé d'imprimer à Montréal le 1er avril 1975
par l'Imprimerie Jacques-Cartier Inc.